Gisela Schrey
Literaturästhetik der Psychoanalyse

GISELA SCHREY

LITERATUR-ÄSTHETIK DER PSYCHOANALYSE UND IHRE REZEPTION IN DER DEUTSCHEN GERMANISTIK VOR 1933

ATHENAION

Die Arbeit wurde 1973 abgeschlossen

D 291

Redaktion: Dr. Ulrike Killer
Gesamtherstellung: Decker & Wilhelm, Heusenstamm
ISBN 3-7997-0164-8
Bestell-Nr. 380215-2

INHALTSVERZEICHNIS

1 PSYCHOANALYSE UND LITERATUR

1.1
ZUR ÄSTHETIK FREUDS

1.1.1
Struktur und Motivation

Zwei Punkte sind für den Entwurf der psychoanalytischen Kunsttheorie[1] wesentlich geworden:

1 Freuds Interesse für Kunst entzündet sich am Inhalt, nicht an der künstlerischen Gestaltung. Symptomatisch sind die Bemerkungen in dem Essay *Dostojewski und die Vatertötung,* wo Dostojewski am Ethos einer aufklärerisch-fortschrittlichen Ideologie gemessen wird. Freud, der den Dichter hochschätzt („Die Brüder Karamasoff sind der großartigste Roman, der je geschrieben wurde, die Episode des Großinquisitors eine der Höchstleistungen der Weltliteratur, kaum zu überschätzen“[2]), urteilt:

> „Nach den heftigsten Kämpfen, die Triebansprüche des Individuums mit den Forderungen der menschlichen Gemeinschaft zu versöhnen, landet er rückläufig bei der Unterwerfung unter die weltliche wie unter die geistliche Autorität, bei der Ehrfurcht vor dem Zaren und dem Christengott und bei einem engherzigen russischen Nationalismus, eine Station, zu der geringere Geister mit weniger Mühe gelangt sind. Hier ist der schwache Punkt der großen Persönlichkeit. Dostojewski hat es versäumt, ein Lehrer und Befreier der Menschen zu werden, er hat sich zu ihren Kerkermeistern gesellt: die kulturelle Zukunft der Menschen wird ihm wenig zu danken haben.“[3]

2 Freuds Geschmack, nicht zuletzt sein Kult der Klassik und ihrer künstlerischen Ideale, zeigt, wie sehr er dem bildungsbürgerlichen Kanon des 19. Jahrhunderts verhaftet war. (Siehe dazu den Exkurs *Freud und die Literatur / Freud als Schriftsteller.*)

Ein weiteres kommt hinzu. Vor allem in den frühen Jahren der Isolation suchte er nach Bundesgenossen für die Psychoanalyse. Die intuitive Psychologie der Dichter, die manche psychoanalytische Entdeckung vorwegnimmt, empfand er als Bestätigung seiner – von der akademischen Psychologie einstimmig verurteilten – Thesen. Das Erkenntnisinteresse bei der Untersuchung von Kunst war also stark von dem Motiv bestimmt, dichterische Übereinstimmungen mit der Psychoanalyse zu finden. Freud selbst:

> „Es war dem Verfasser, als er sich in den auf 1893 folgenden Jahren in (. . .) Forschungen über die Entstehung der Seelenstörungen vertiefte, wahrlich nicht einge-

fallen, Bekräftigung seiner Ergebnisse bei Dichtern zu suchen, und darum war seine Überraschung nicht gering, als er an der 1903 veröffentlichten Gradiva merkte, daß der Dichter seiner Schöpfung das nämliche zugrunde lege, was er aus den Quellen ärztlicher Erfahrung als neu zu schöpfen vermeinte. Wie kam der Dichter nur zu dem gleichen Wissen wie der Arzt?"[4]

Und weiter:

„Fragen wir uns (. . .) ob die dichterische Darstellung der Genese eines Wahns vor dem Richtspruch der Wissenschaft bestehen kann."[5]

Trotz dieser Fragestellung will Freud keineswegs die Literatur an der Psychologie messen, sondern die nicht-analytische Psychologie mittels literarischer Belege ihres Unvermögens überführen:

„Da müssen wir die vielleicht unerwartete Antwort geben, daß es sich in Wirklichkeit ganz umgekehrt verhält: die Wissenschaft besteht nicht vor der Leistung des Dichters. Zwischen den hereditär-konstitutionellen Vorbedingungen und den als fertig erscheinenden Schöpfungen des Wahnes läßt sie eine Lücke klaffen, die wir beim Dichter ausgefüllt finden. Sie ahnt noch nicht die Bedeutung der Verdrängung, erkennt nicht, daß sie zur Erklärung der Welt psychopathologischer Erscheinungen durchaus des Unbewußten bedarf, sie sucht den Grund des Wahnes nicht in einem psychischen Konflikt und erfaßt die Symptome desselben nicht als Kompromißbildung.

So stünde denn der Dichter allein gegen die gesamte Wissenschaft? Nein, dies nicht – wenn der Verfasser nämlich seine eigenen Arbeiten auch der Wissenschaft zurechnen darf. Denn er selbst vertritt seit einer Reihe von Jahren – und bis in die letzte Zeit ziemlich vereinsamt – alle die Anschauungen, die er hier aus der Gradiva von W. Jensen herausgeholt und in den Fachausdrücken dargestellt hat."[6]

Wenn Freud Gemeinsamkeiten zwischen den Dichtern und seiner Lehre konstatiert, wie in der Beurteilung des Traums[7], so tut er das in der Überzeugung, daß Dichter allgemein akzeptierte Autoritäten sind:

„Wertvolle Bundesgenossen sind aber die Dichter, und ihr Zeugnis ist hoch anzuschlagen, denn sie pflegen eine Menge von Dingen zwischen Himmel und Erde zu wissen, von denen sich unsere Schulweisheit noch nichts träumen läßt. In der Seelenkunde gar sind sie uns Alltagsmenschen weit voraus, weil sie da aus Quellen schöpfen, welche wir noch nicht für die Wissenschaft erschlossen haben."[8]

Ganz ähnlich hatte sich bereits 1886 Freuds Kollege an der Wiener Universität, Richard Krafft-Ebing, in seiner vielgelesenen *Psychopathia sexualis* geäußert, einem Kompendium des nach damaligem Recht straffälligen Sexualverhaltens:

„Vorläufig dürften die Dichter bessere Psychologen sein, als die Psychologen und Philosophen von Fach, aber sie sind Gefühls- und nicht Verstandesmenschen und mindestens einseitig in der Betrachtung des Gegenstandes (. . .). Mögen auch die Erzeugnisse der Dichtkunst aller Zeiten und Völker dem Monographen einer „Psychologie der Liebe" unerschöpflichen Stoff bieten, so kann die große Aufgabe doch nur gelöst werden unter Mithilfe der Naturwissenschaft und speziell der Medicin, welche den psychologischen Stoff an seiner anatomisch-physiologischen Quelle erforscht und ihm allseitig gerecht wird."[9]

So erklärt sich die Konzentration auf den Inhalt, die an den Freudschen Kunstanalysen auffällt, zum Teil aus der Geschichte der psychoanalytischen Bewegung: Die Situation, in der diese Arbeiten entstanden sind, bestimmt Freuds erkenntnisleitendes Interesse mit.

1.1.2
Exkurs 1:
Freud und die Literatur

Literarische Verweisungen und Belege begegnen im Werk Sigmund Freuds häufig. Bevorzugt werden, Freuds humanistischer Bildung entsprechend, die Antike, Shakespeare[10] und die deutsche Klassik.

Der Begründer der Psychoanalyse war ein gründlicher Kenner und Liebhaber der Literatur[11]. Was die deutsche Literatur angeht, so ist bei chronologisch-historischer Anordnung zunächst Lessing zu nennen. In einem Brief an Thomas Mann deutet Freud an, was die Gründe seiner Affinität zu Lessing sind:

„Ich habe immer Dichter bewundert, und – beneidet, besonders wenn sie wie das Ideal meiner Jugend, Lessing, ihre Kunst dem Denken unterwerfen und sie in dessen Dienst stellten."[12]

An Lessings Werk schätzte Freud die streng-rationale, aufklärerische Tendenz: Bei den gebildeten Juden des deutschsprachigen Bürgertums galt der Autor des *Nathan* als Vorkämpfer für die Emanzipation. Die Annahme, daß Freud selbst im Stil seiner wissenschaftlichen Prosa von Lessing geprägt ist, hat er bestätigt: Lessing sei sein „bewußt gewähltes Stilmuster"[13] gewesen. Brückner[14] glaubt in Freuds Stil eher den Einfluß Heines zu erkennen – beide Thesen, Lessing oder Heine als Vorbild, schließen sich nicht aus.

Freud verehrte die deutschen Klassiker, Goethe mehr noch als Schiller. Das Fragment *Die Natur,* das Freud Goethe zuschreibt, veranlaßte ihn zum Studium der Naturwissenschaft[15]. (Nach neueren Forschungen stammt das Fragment wohl von einem jungen Schweizer Theologen namens Tobler, einem Zeitgenossen Goethes. Sicherlich ist es in Inhalt und Stil von Goethe inspiriert[16].)

Oft zitierte Freud, der die Sophien-Ausgabe besaß, Goethe aus dem Gedächtnis; Goethezitate im Werk sind Legion. Bei der Deutung des frühinfantilen Drangs, Gegenstände aus dem Fenster zu werfen, greift er auf eine *Kindheitserinnerung aus Dichtung und Wahrheit* – so der Titel der Abhandlung – zurück. Kurz, „alle Assoziationen laufen früher oder später zu Goethe“[17], wie Ludwig Marcuse resümiert.

Anläßlich der Verleihung des Goethe-Preises (1930) macht Freud den Dichter geradezu zu einem Vorläufer der Psychoanalyse: „Ich denke, Goethe hätte nicht, wie so viele unserer Zeitgenossen, die Psychoanalyse unfreundlichen Sinnes abgelehnt. Er war ihr selbst in manchen Stücken nahegekommen (   ) und manche Auffassungen, die uns Kritik und Spott eingetragen haben, werden von ihm wie selbstverständlich vertreten.“[18]

Das Verhältnis zu Goethe ist von großem psychologischem Interesse für die Freud-Biographen[19]; hier sollen Freuds literarische Vorlieben nur zur Illustration seiner Kunsttheorie dienen.

Was für die Rezeption Lessings beim jüdischen Bildungsbürgertum gesagt wurde, gilt in gewissem Sinn auch für Goethe:

> „Nicht zufällig ist der Goethekult zu Beginn des 19. Jahrhunderts im Salon der Rahel Varnhagen kreiert worden. Denn nach dem Vorbild des ‚Wilhelm Meister‘, der ‚Bildung und Persönlichkeit‘ so eigentümlich und trügerisch als eine Assimilation des Bürgerlichen an den Edelmann verstand, hat wohl niemand mit solcher Intensität gestrebt wie eben jene Juden, die man denn auch ‚Ausnahmejuden der Bildung‘ nannte. (. . .)
>
> Der verinnerlichte Goethe verhieß nicht nur den Weg zur Assimilation, sondern gleichzeitig auch die Erlösung von ihrer Qual – stets eine Rolle spielen zu müssen, ohne mit sich selbst identisch sein zu dürfen. In dieser doppelten Hinsicht war die Kultur der deutschen Klassik für die Juden gesellschaftlich eine Lebensnotwendigkeit.“[20]

Diese politischen und sozialen Komponenten spielten zweifellos auch im Falle Freuds eine Rolle.

Noch deutlicher kommt dieses Moment in der Affinität zu Heine zum Ausdruck[21]: Freud war wie Heine ein emanzipierter und assimilierter Jude, wie Heine hatte er unter antisemitischen Anfeindungen zu leiden.

Eine enge Beziehung bestand auch zu Ludwig Börne. Börnes Werke, die ihm als 14jährigem geschenkt wurden, waren das einzige, was Freud aus seiner Jugendzeit bewahrte[22]. Mehr noch: Es ist möglich, daß Freud von Börnes Aufsatz *Die Kunst, in drei Tagen ein Originalschriftsteller zu werden* Anregungen für die Methode der freien Assoziation erhalten hat[23].

Daß ihm E. T. A. Hoffmann vertraut war, beweist der Aufsatz über *Das Unheimliche* (Bd. XII, 229–262).

Rückerts Spruch „Was man nicht erfliegen kann,
muß man erhinken;
die Schrift sagt, es ist keine Schande zu hinken"
wird im Brief an Wilhelm Fließ vom 20.10.1895[24] und noch einmal viel später, zu Ende des Aufsatzes *Jenseits des Lustprinzips*, zitiert.

Hebbels *Judith* führt Freud in *Das Tabu der Virginität* an (Bd. XII, 178/178); Bd. X, 60 erwähnt er das Kandaules-Wort aus *Gyges und sein Ring*: „Rühre nimmer an den Schlaf der Welt".

Zweimal – Bd. XI, 387 und XIV, 432 – taucht Fontanes Satz „Es geht nicht ohne Hilfskonstruktionen" auf.

Zwei Dichter standen, wie Ludwig Marcuse bemerkt hat, „seinem Herzen näher als die vielzitierten Klassiker: Nestroy[25] und C. F. Meyer,"[26].

Fließ, der Freund der frühen Jahre, hatte Freud auf das Werk Meyers aufmerksam gemacht[27], und der intensiven Beschäftigung mit Meyer entsprang Freuds erster psychoanalytischer Versuch auf dem Gebiet der Literatur: Im Brief vom 20.6.1898 wird Fließ eine Analyse der *Richterin* mitgeteilt[28].

Seit seiner Jugend, zumal seit seinem Besuch bei seinem Bruder in England, hatte Freud eine ausgeprägte Vorliebe für England, das dann auch das Land seiner Emigrantenjahre wurde. Englische Bücher las er im Originaltext. Peter Brückner kommt bei seiner Untersuchung von Freuds Privatlektüre[29] zu dem Ergebnis: Freud schätzte Milton, Cervantes, Fielding, Sterne, Dickens, Thackeray, Multatuli, Jacobsen und George Eliot. Dieser Liste sind noch die übrigen Autoren hinzuzufügen, die Freud 1907 nannte.

Was an den Beispielen Lessing / Goethe / Heine aufgezeigt wurde, wird auch von Brückner hervorgehoben: es sind vorrangig inhaltliche Übereinstimmungen, die Freuds Interesse für Literatur prägen[30]. Sein literarischer Geschmack ist konventionell (im Sinne von zeittypisch und schichtenspezifisch). Die deutsche Klassik wird als Höhepunkt, als maßgebliches Muster für Dichtung überhaupt bewundert. „Klassisch" ist das höchste

Prädikat, das Freud zu vergeben hat. Über den Roman *Niels Lyhne* schreibt er an Fließ:

„Der Jacobsen hat mir tiefer ins Herz geschnitten als irgendeine Lektüre der letzten neun Jahre. Die letzten Kapitel anerkenne ich als klassisch.“[31]

Die Ergriffenheit gerade durch diesen Roman ist typisch für die Zeit. Mit dem Kult der Klassik hängt Freuds ablehnende Einstellung zur modernen Kunst[32] zusammen.

Mit Ibsen scheint Freud einigermaßen gründlich vertraut gewesen zu sein. In der *Traumdeutung* wird er zweimal erwähnt, einmal als Gestalter des Ödipuskonflikts[33], bei der zweiten Nennung mehr beiläufig[34]. In den *Bemerkungen über einen Fall von Zwangsneurose* von 1909 wird Ibsens *Klein Eyolf* zur Erklärung herangezogen[35]. In dem 1915 veröffentlichten Aufsatz *Einige Charaktertypen aus der psychoanalytischen Arbeit* analysiert Freud unter der Überschrift *Die am Erfolge scheitern* eingehend Ibsens Stück *Rosmersholm*; die Analyse ist zu lang, um hier vollständig wiedergegeben zu werden[36]. Psychoanalytisch besonders aufschlußreich ist die Gestalt der Rebekka West. Freud zählt sie, wie etwa auch Lady Macbeth, zu denjenigen, die am Erfolg scheitern. Freuds Schlußbemerkungen:

„Der psychoanalytisch arbeitende Arzt weiß, wie häufig oder wie regelmäßig das Mädchen, welches als Dienerin, Gesellschafterin, Erzieherin in ein Haus eintritt, dort bewußt oder unbewußt am Tagtraum spinnt, dessen Inhalt dem Ödipus-Komplex entnommen ist, daß die Frau des Hauses irgendwie wegfallen und der Herr an deren Stelle sie zur Frau nehmen wird. ‚Rosmersholm‘ ist das höchste Kunstwerk der Gattung, welche diese alltägliche Phantasie der Mädchen behandelt. Es wird eine tragische Dichtung durch den Zusatz, daß dem Tagtraum der Heldin die ganz entsprechende Wirklichkeit in ihrer Vorgeschichte vorausgegangen ist.“[37]

Freud fügt hinzu, daß er mit dieser Deutung die Bemerkungen seines Schülers Otto Rank in dessen Buch *Das Inzestmotiv in Dichtung und Sage* (1912) aufnehme.

Über die Interpretation des Stückes *Rosmersholm* korrespondiert Freud 1917 mit dem Arzt, Literaten und Psychoanalytiker Georg Groddeck, der das Stück ganz anders bewertet:

„Sobald man das Mißverhältnis zwischen Mittel und Resultat bei Ibsen ins Auge faßt, bemerkt man, glaube ich, daß er nicht bürgerliche Dramen, sondern Komödien geschrieben hat. Ich halte es auch für wahrscheinlich, daß er das wußte und das stille Lachen des Ironikers sehr wohl kannte. Es ist eine ironische Tragik, daß ein Prachtweib wie Rebekka durch das Rosmersholmmilieu und einen ‚Adelsmenschen‘ zugrunde gerichtet wird.“[38]

Keinem der beiden Briefpartner gelang es, den anderen von seiner Deutung zu überzeugen.

Strindberg wird im gesamten Œuvre nur an einer Stelle in *Zur Psychopathologie des Alltagslebens* zitiert, und dort betont Freud, daß er erst durch Dr. Karl Weiß auf die zitierte Strindberg-Passage aus *Die gotischen Zimmer* aufmerksam gemacht worden sei. Er schreibt:

„Von all den Dichtern, die sich gelegentlich über die kleinen Symptomhandlungen und Fehlleistungen geäußert oder sich ihrer bedient haben, hat keiner deren gemeime Natur mit solcher Klarheit erkannt und dem Sachverhalt eine so unheimliche Belebung gegeben wie Strindberg, dessen Genie bei solcher Erkenntnis allerdings durch tiefgehende psychische Abnormität unterstützt wurde.“[39]

Freud interpretiert den Dichter in seinem Sinn. Die „kleinen Symptomhandlungen und Fehlleistungen“ waren für Strindberg jedoch keine lediglich psychologisch interessanten, rational aufzuschlüsselnden Phänomene, sondern, wie aus dem kürzlich veröffentlichten *Okkulten Tagebuch* hervorgeht, Boten einer anderen Welt, einer „höheren“, mystisch-okkulten Wirklichkeit.

Am erstaunlichsten ist die Distanz zu Arthur Schnitzler, der Freud (was die dichtenden Zeitgenossen angeht) wohl am nächsten steht. Diese Nähe ist schon früh bemerkt worden[40]. Die Kontakte der beiden beschränkten sich auf konventionelle Höflichkeiten: Schnitzler gratuliert Freud im Mai 1906 zum 50. Geburtstag. Freud weist in seiner Antwort auf die Übereinstimmung des Schnitzlerschen und des eigenen Werkes hin. Dann folgt eine Pause von sechs Jahren. Wieder ergreift Schnitzler die Initiative und gratuliert dem Älteren zum 6. Mai 1912. Daraufhin schreibt Freud zum 50. Geburtstag Schnitzlers am 15. Mai. Nach zehnjährigem Schweigen gratuliert er, damals 66 Jahre alt, Schnitzler im Mai 1922 wieder zum Geburtstag. Dieser Brief ist das wichtigste Dokument für die Beziehung der beiden und erklärt Freuds absichtliche Distanz:

„Ich habe mich mit der Frage gequält, warum ich eigentlich in all diesen Jahren nie den Versuch gemacht hate, Ihren Verkehr aufzusuchen und ein Gespräch mit Ihnen zu führen (. . .). Ich meine, ich habe Sie gemieden aus einer Art von Doppelgängerscheu (. . .). Ich habe immer wieder, wenn ich mich in Ihre schönen Schöpfungen vertiefe, hinter deren poetischen Schein die nämlichen Voraussetzungen, Interessen und Ergebnisse zu finden geglaubt, die mir als die eigenen bekannt waren (. . .). So habe ich den Eindruck gewonnen, daß Sie durch Intuition – eigentlich aber in Folge feiner Selbstwahrnehmung – alles das wissen, was ich in mühseliger Arbeit an anderen

Menschen aufgedeckt habe. Ja ich glaube, im Grunde Ihres Wesens sind Sie ein psychologischer Tiefenforscher, so ehrlich unparteiisch und unerschrocken wie nur je einer war, und wenn Sie das nicht wären, hätten Ihre künstlerischen Fähigkeiten, Ihre Sprachkunst und Gestaltungskraft, freies Spiel gehabt und Sie zu einem Dichter weit mehr nach dem Wunsch der Menge gemacht. Mir liegt es nahe, dem Forscher den Vorrang zu geben.“[41]

Mit Stefan Zweig war Freud seit etwa 1908 bis zu seinem Tode (1939) befreundet. Zweig sandte immer ein Exemplar seiner neuerschienenen Arbeiten an Freud, der dazu sein Urteil abgab[42].
Daß er den Schriftsteller schätzte, geht aus dem Dostojewski-Aufsatz hervor: Dort wird Zweigs Novelle *24 Stunden aus dem Leben einer Frau*, die Freud „ein kleines Meisterwerk“[43] nennt, ausführlich behandelt. Zweig war es, der den emigrierten Psychoanalytiker in London mit dem jungen Salvador Dali bekannt machte; Zweig war es schließlich, der bei Freuds Begräbnis den Nachruf sprach[44].

Ein freundschaftliches Verhältnis zu einem zeitgenössischen Schriftsteller entwickelte sich auch in der Korrespondenz mit Arnold Zweig. Zweig bat Freud 1927, ihm sein Buch *Caliban oder Politik und Leidenschaft. Versuch über die menschlichen Gruppenaffekte, dargestellt am Antisemitismus* widmen zu dürfen; daraus entstand ein Gedankenaustausch, der erst mit Freuds Tod endete. Zweigs Haltung zur Psychoanalyse ist überschwenglich; im Gegensatz zu ihrem Begründer unterzieht er sich bereitwillig der analytischen Behandlung. Freud, der allen Äußerungen des Enthusiasmus (Arnold Zweig schreibt ihm zum Beispiel: „. . . daß Sie durch Ihr Dasein meine Wiedergeburt ermöglicht haben!“[45]) mit Nüchternheit und Ironie begegnet, rät entschieden von dem Plan ab, eine Freud-Biographie zu schreiben.

Zweig unterrichtet den „lieben Vater Freud“ von seiner Absicht, die Person Nietzsches mit psychoanalytischen Mitteln zu durchleuchten und zugleich den Zusammenhang Nietzsches mit dem Faschismus aufzudecken. Bei aller Urbanität des Tons unbestechlich in seinem Urteil, hält Freud dem Schriftsteller das unzureichende Quellenmaterial vor. Um so mehr wiegt sein Lob des Romans *Erziehung vor Verdun.* Zweig wiederum unterstützt nach Kräften die letzte große Arbeit über die Mosesgestalt.

Aus den Briefen an Arnold Zweig erfahren wir von Freud mehr über sich als sonst üblich. Zweig ist ein interessierter und verständnisvoller Briefpartner. Was sie trennt, ist ihr politischer Standort[46].

1.1.3
Exkurs 2:
Freud als Schriftsteller

Freud war ein außerordentlicher Stilist. Über den zum Teil geradezu belletristischen Charakter seiner *Studien über Hysterie* (1895) war er sich im klaren:

„Es berührt mich selbst noch eigentümlich, daß die Krankengeschichten, die ich schreibe, wie Novellen zu lesen sind, und daß sie sozusagen des ernsten Gepräges der Wissenschaftlichkeit entbehren. Ich muß mich damit trösten, daß für dieses Ergebnis die Natur des Gegenstandes offenbar eher verantwortlich zu machen ist als meine Vorliebe.
Eine eingehende Darstellung der seelischen Vorgänge, wie man sie vom Dichter zu erhalten gewohnt ist, (. . .) gestattet (mir), bei Anwendung einiger weniger psychologischer Formeln doch eine Art von Einsicht in den Hergang einer Hysterie zu gewinnen."[47]

Walter Muschg befaßte sich 1930 als erster mit dem Thema „Freud als Schriftsteller". In seiner Dissertation über *Sigmund Freuds Prosa* hat Walter Schönau das Thema wieder aufgegriffen und die „literarischen Elemente seines Stils" im einzelnen analysiert. Beide Autoren verwehren sich dagegen, Freud auf Grund seiner schriftstellerischen Qualitäten zum Künstler stilisieren zu wollen; das wäre ein Mißverständnis, dem schon Freud entgegenzutreten hatte.

Muschg stellt in seinem ausgezeichneten Essay fest, Freuds Stil sei gekennzeichnet zum einen durch „absolute rationale Präzision, bei der es nichts zwischen den Zeilen zu lesen gibt, die sich eindeutig ausdrückt, verbindliche Formeln vorbereitet und herbeiführt,"[48] zum anderen durch den „Hang zur Bildlichkeit, der Freuds Prosa auszeichnet (. . .), den verschwenderischen Gebrauch der Metapher"[40]. Das ist nicht notwendig ein Widerspruch zu rationaler Präzision, denn Freuds Bilder und Vergleiche haben Erklärungswert.

Die Bildlichkeit in Freuds Prosa, die Schönau eingehend untersucht hat, ist inhaltlich relevant für Freuds Denken. Deshalb seien die wichtigsten Resultate Schönaus kurz wiedergegeben.

Unter den verschiedenen Bildbezirken ist derjenige der Archäologie am bedeutendsten. Bereits in einer frühen Formulierung, in den gemeinsam mit Breuer erarbeiteten *Studien über Hysterie*, stellt Freud den Bezug zur Methode der Psychoanalyse her:

„So gelangte ich bei dieser ersten vollständigen Analyse einer Hysterie, die ich unternahm, zu einem Verfahren, das ich später zu einer Methode erhob und zielbewußt einleitete, zu einem Verfahren der schichtweisen Ausräumung des pathogenen psychischen Materials, welches wir gerne mit der Technik der Ausgrabung einer verschütteten Stadt zu vergleichen pflegen.“[50]

Immer wieder taucht der Bildbezirk der Archäologie auf. Norbert Hanold in Wilhelm Jensens Novelle *Gradiva*, die Freud analysiert, ist Archäologe – um nur *ein* Beispiel zu nennen. Freud benützt die Gelegenheit, in seiner Analyse der Novelle die Beziehungen zwischen archäologischem und psychoanalytischem Verfahren zu erläutern. Daß Freud archäologisch sehr interessiert war, Fachliteratur las und antike Statuen sammelte, ist bekannt[51].

In Zusammenhang mit den archäologischen Interessen steht zweifellos Freuds Romsehnsucht, die in seiner Biographie eine Sonderstellung einnimmt – Anlaß für mancherlei Spekulationen. Was die „Bedeutung Roms für Freuds Leben“ angeht, sei wieder auf Schönau verwiesen[52]. Freud selbst gibt in einem Brief an Fließ folgenden Hinweis:

„Meine Romsehnsucht ist übrigens tief neurotisch. Sie knüpft an die Gymnasialschwärmerei für den semitischen Heros Hannibal an und ich bin wirklich heuer so wenig wie er vom Trasimener See nach Rom gekommen.“[53]

Außer dem archäologischen Bildbezirk behandelt Schönau den Komplex „gefesselte Sklaven“, den Topos „Kind des Geistes“, die Wasseranalogien, die Spaziergangsphantasie, die Bilderwelt der Entdeckungsreise und die Dechiffrierungsanalogie[54].

In den späteren Schriften, in diesen „für das allgemeine Publikum geschriebenen Traktaten ist er genötigt, noch einmal von vorn anzufangen, wenngleich mit verkürzter Route und mit dem fest gegründeten System der Lehre im Hintergrund (. . .). Er verläßt sich, indem er sich in die breite Masse der Zeitgenossen hineinbegibt, auf nichts als auf den gesunden Menschenverstand, den eigenen und den der anderen (. . .). Dieser veränderten Haltung entspricht als neues formales Prinzip der Dialog“[55].

Außer dem 17bändigen wissenschaftlichen Werk hat Freud einen ausgedehnten Briefwechsel hinterlassen. Was über die stilistischen Qualitäten seiner wissenschaftlichen Prosa gesagt wurde, gilt im gleichen Maß für das Briefwerk. Freud, ein äußerst gewissenhafter Briefschreiber, verstand es, konventionelle Höflichkeit mit Originalität und Witz zu vereinen. Seine Briefe verraten die Lust an der prägnanten, geschliffenen Formulierung[56].

1.1.4 Die Funktion der Kunst für den Künstler

Das Interesse Freuds ist auch bei der Analyse der Kunst das Interesse an psychischen Mechanismen: Was leistet die Kunst, was ist ihre Funktion? (Daß ein ähnlicher Ansatz in Aristoteles' Kartharsis-Begriff vorliegt, war Freud bewußt.)[57]

Die Fragestellung macht es nötig, die spezifischen Bedingungen der Entstehung, der Rezeption und der Wirkung von Kunst in die Untersuchung miteinzubeziehen. Es geht um die Funktion der Kunst für den Künstler (Produzenten) einerseits und das Publikum (Konsumenten) andererseits.

Wie es in dem um 1907 entstandenen Aufsatz *Der Dichter und das Phantasieren* – der grundlegend ist für Freuds Ästhetik – heißt, will Freud „die Beziehungen zwischen dem Leben des Dichters und seinen Schöpfungen (. . .) studieren"[58]. Damit wird die idealistische Trennung von Leben und Werk zurückgewiesen, die das Werk als das Essentielle vom „Leben" als dem bloß Zufälligen abstrahiert. Die Psychoanalyse wertet die Biographie des Künstlers in ihrer Bedeutung auf.

Die Feststellung, „daß die Dichtung wie der Tagtraum Fortsetzung des einstigen kindlichen Spielens ist"[59], enthält die Elemente der psychoanalytischen Ästhetik: Die Antithese von Spiel und Leistung, von Lustprinzip und Realitätsprinzip beherrscht auch Freuds Begriff von Kunst. Die Realität als Bereich der Arbeit, der Pflicht, der Selbstbeherrschung (im Sinn der Wunschversagung, der „repressiven Vernunft" Herbert Marcuses) erscheint als grundsätzlich lustfeindlich – in einem Maße, daß Freud sie als unerträglich bezeichnet.

Das Spiel eröffnet dem Kind die Möglichkeit, die Realität zu bewältigen und zu überwinden. Das Unbewußte schafft sich im Spiel die Erfüllung, die die Realität seinen Wünschen vorenthält. Diese Funktion übernimmt beim Erwachsenen das Phantasieren:

> „Der Glückliche phantasiert nie, nur der Unbefriedigte. Unbefriedigte Wünsche sind die Triebkräfte der Phantasien, und jede einzelne Phantasie ist eine Wunscherfüllung, eine Korrektur der unbefriedigenden Wirklichkeit. Die treibenden Wünsche (. . .) sind entweder ehrgeizige Wünsche, welche der Erhöhung der Persönlichkeit dienen, oder erotische."[60]

Die Revolte gegen die Verdrängung unbewußter Wünsche kann sich verschieden äußern. Bereits beim frühen Freud findet sich der Vergleich von Dichtung und hysterischer Phantasie:

„Der Mechanismus der Dichtung ist derselbe wie der hysterischen Phantasien. Goethe vereinigt zum Werther etwas Erlebtes, seine Liebe zu Lotte Kästner, und etwas Gehörtes, das Schicksal des jungen Jerusalem, der durch Selbstmord endigt. Er spielt wahrscheinlich mit dem Vorsatz sich zu töten, findet darin den Berührungspunkt und identifiziert sich mit Jerusalem, dem er seine Motive aus der Liebesgeschichte leiht. Mittels dieser Phantasie schützt er sich gegen die Wirkung seines Erlebnisses. So behält Shakespeares Zusammenstellung von Dichtung und Wahn recht."[61]

Die Ähnlichkeit der psychischen Struktur von Künstler und Neurotiker ist von Freud verschiedentlich formuliert worden, zum Beispiel so:

„Der Künstler ist im Ansatze auch ein Introvertierter, der es nicht weit zur Neurose hat. Er wird von überstarken Triebbedürfnissen gedrängt, möchte Ehre, Macht, Reichtum, Ruhm und die Liebe der Frauen erwerben; es fehlen ihm aber die Mittel, um diese Befriedigung zu erreichen. Darum wendet er sich wie ein anderer Unbefriedigter von der Wirklichkeit ab und überträgt all sein Interesse, auch seine Libido, auf die Wunschbildungen seines Phantasielebens, von denen aus der Weg zur Neurose führen könnte. Es muß wohl vielerlei zusammentreffen, damit dies nicht der volle Ausgang seiner Entwicklung werde; es ist ja bekannt, wie häufig gerade Künstler an einer partiellen Hemmung ihrer Leistungsfähigkeit durch Neurosen leiden. Wahrscheinlich enthält ihre Konstitution eine starke Fähigkeit zur Sublimierung und eine gewisse Lockerheit der den Konflikt entscheidenden Verdrängungen."[62]

Den Künstler zeichnet also vor dem Neurotiker dies aus: ihm gelingt es, Wünsche, die etwa aus Gründen gesellschaftlicher Tabuisierung nicht ausgelebt werden können, auf dem Weg über die Sublimierung zu verwirklichen[63] Für die psychische Ökonomie des Künstlers leistet das Produzieren des Kunstwerks dasselbe wie der Tagtraum für den Träumer, das Rauschgift für den Süchtigen, die Religion für den Gläubigen: Ersatzbefriedigung[64].

„Nur auf einem Gebiet ist auch in unserer Kultur die „Allmacht der Gedanken" erhalten geblieben, auf dem der Kunst", schreibt Freud in „Totem und Tabu". „In der Kunst allein kommt es noch vor, daß ein von Wünschen verzehrter Mensch etwas der Befriedigung Ähnliches macht, und daß dieses Spielen – dank der künstlerischen Illusion – Affektwirkungen hervorruft, als wäre es etwas Reales."[65]

Das Kunstwerk – psychoanalytisch gedacht jede Kulturleistung – entsteht also durch Triebunterdrückung zugunsten des Sublimierungsprozesses. Kunst hat somit die Funktion eines Ventils: Sie dient der Entspannung von Konflikten, der psychischen Entlastung, sie soll das Lustprinzip mit dem Realitätsprinzip versöhnen.

„Die Kunst ist fast immer harmlos und wohltätig, sie will nichts anderes sein als Illusion. Außer bei wenigen Personen, die, wie man sagt, von der Kunst besessen sind, wagt sie keine Übergriffe ins Reich der Realität.“[66]

Wie aber läßt sich mit den beschriebenen Tendenzen der unglückliche Ausgang in der Tragödie vereinbaren? Das Vergnügen an tragischen Gegenständen ist für Freud kein unauflösbares Paradox: auch tragische Stoffe – so Freud – können dem Lustprinzip angepaßt werden: sie werden in der künstlerischen Gestaltung gewissermaßen umfunktioniert. Freud konstatiert,

„daß das künstlerische Spielen und Nachahmen der Erwachsenen, das zum Unterschied vom Verhalten des Kindes auf die Person des Zuschauers zielt, diesem die schmerzlichsten Eindrücke zum Beispiel in der Tragödie nicht erspart und doch von ihm als hoher Genuß empfunden werden kann. Wir werden so davon überzeugt, daß es auch unter der Herrschaft des Lustprinzips Mittel und Wege genug gibt, um das an sich Unlustvolle zum Gegenstand der Erinnerung und seelischen Bearbeitung zu machen.“[67]

Über die „Mittel und Wege“ gibt Freud in der Arbeit *Psychopathische Personen auf der Bühne* folgende Erklärung:

„Das Drama . . . (soll) tiefer in die Affektmöglichkeiten herabsteigen, die Unglückserwartungen noch zum Genuß gestalten, und zeigt daher den Helden im Kampf vielmehr mit einer masochistischen Befriedigung im Unterliegen. Man könnte das Drama geradezu durch diese Relation zum Leiden und Unglück charakterisieren, sei es, daß wie im Schauspiel nur die *Sorge* geweckt und dann beschwichtigt oder wie in der Tragödie das Leiden verwirklicht wird.
Die Entstehung des Dramas aus Opferhandlungen (Bock und Sündenbock) im Kult der Götter kann nicht ohne Beziehung zu diesem Sinn des Dramas sein, es beschwichtigt gleichsam die beginnende Auflehnung gegen die göttliche Weltordnung, die das Leiden festgesetzt hat. Die Helden sind zunächst Aufrührer gegen Gott oder ein Göttliches, und aus dem Elendsgefühl des Schwächeren gegen die Gottesgewalt soll durch masochistische Befriedigung und direkten Genuß der doch als groß betonten Persönlichkeit Lust gezogen werden. Es ist dies die Prometheusstimmung des Menschen, aber mit der kleinlichen Bereitwilligkeit versetzt, sich doch durch eine momentane Befriedigung zeitweilig beschwichtigen zu lassen.“[68]

Die Erklärung reicht nicht aus. Weder die Behauptung, der Sinn der Kunst sei die Beschwichtigung (in Freuds Ästhetik taucht dieser Gedanke immer wieder auf), noch die Hypothese masochistischer Tendenzen erklären befriedigend, warum tragische Stoffe dem Zuschauer gerade Vergnügen bereiten können. In dem Essay *Der Dichter und das Phantasieren* kommt Freud auf den wohl wichtigsten Faktor in diesem Zusammenhang zu sprechen, den Illusionscharakter der Kunst:

„Aus der Unwirklichkeit der dichterischen Welt ergeben sich (. . .) sehr wichtige Folgen für die künstlerische Technik, denn vieles, was real nicht Genuß bereiten könnte, kann dies doch im Spiel der Phantasie, viele an sich eigentlich peinliche Erregungen können für den Hörer und Zuschauer des Dichters zur Quelle der Lust werden.“[69]

1.1.5
Die Funktion der Kunst für das Publikum

Mit diesen Überlegungen ist die Frage nach der Funktion der Kunst für den Künstler erweitert und das Publikum in die Problemstellung einbezogen worden. In der Tat sind die beiden Aspekte – der individualpsychologische und der gruppen-, beziehungsweise sozialpsychologische – in den Arbeiten Freuds kaum zu trennen.

Kehren wir zu den Aussagen Freuds über den Künstler zurück: Freud betont zwar die Affinität des Künstlers zum Tagträumer und Neurotiker, zugleich aber auch die Differenz[70]. Sie beruht erstens auf der geglückten Sublimierungsleistung, zweitens auf dem Öffentlichkeitscharakter der Kunst. Während der Tagträumer und der Neurotiker Befriedigung finden in bloß-individuellen Träumen oder Neurosen, reicht der Künstler mit der Objektivation im Werk über das Private hinaus:

„Der Künstler hatte sich wie der Neurotiker von der unbefriedigenden Wirklichkeit in diese Phantasiewelt zurückgezogen, aber anders als der Neurotiker verstand er den Rückweg aus ihr zu finden und in der Wirklichkeit wieder festen Fuß zu fassen. Seine Schöpfungen, die Kunstwerke, waren Phantasiebefriedigungen unbewußter Wünsche, ganz wie die Träume, mit denen sie auch den Charakter des Kompromisses gemein hatten, denn auch sie mußten den offenen Konflikt mit den Mächten der Verdrängung vermeiden. Aber zum Unterschied von den asozialen, narzißtischen Traumproduktionen waren sie auf die Anteilnahme anderer Menschen berechnet, konnten bei diesen die nämlichen unbewußten Wunschregungen beleben und befriedigen. Überdies bedienten sie sich der Wahrnehmungslust der Formschönheit als ‚Verlockungsprämie‘.“ [71]

Das Publikum wird also im künstlerischen Schaffen in irgendeiner Form immer vorausgesetzt[72]. Künstlerische Gestaltung und Öffentlichkeitscharakter der Kunst stehen in einer Wechselwirkung:

„Der Künstler sucht zunächst Selbstbefreiung und führt dieselbe durch Mitteilung seines Werkes den anderen zu, die an den gleichen verhaltenen Wünschen leiden. Er stellt zwar seine persönlichen Wunschphantasien als erfüllt dar, aber diese werden zum Kunstwerk erst durch eine Umformung, welche das Anstößige dieser Wünsche mildert, den persönlichen Ursprung derselben verhüllt, und durch die Einhaltung von Schönheitsregeln den anderen bestechende Lustprämien bietet."[73]

Freud sieht die Wirkung der Kunst auf Künstler und Publikum ähnlich:

„Was uns so mächtig packt, kann nach meiner Auffassung nur die Absicht des Künstlers sein, insofern es ihm gelungen ist, sie in dem Werk auszudrücken und von uns erfassen zu lassen. Ich weiß, daß es sich um kein bloß verstandesmäßiges Erfassen handeln kann: es soll die Affektlage, die psychische Konstellation, welche beim Künstler die Triebkraft zur Schöpfung abgab, bei uns wieder hervorgerufen werden."[74]

Die Wirkung der Kunst auf den Rezipienten wird vornehmlich als Mobilisierung von Affekten, als Suggestion und dergleichen beschrieben. Nach psychoanalytischer Auffassung entspringt die Kunst dem Unbewußten des Künstlers, sie wendet sich also auch hauptsächlich an das Unbewußte des Publikums. Die Kategorien „Übertragung" und „Identifikation" sind für das Verhältnis Künstler – Publikum wesentlich:

„Suchen wir (. . .) nicht gerade jene Dichter aus, die von der Kritik am höchsten geschätzt werden, sondern die anspruchsloseren Erzähler von Romanen, Novellen und Geschichten, die dafür die zahlreichsten und eifrigsten Leser und Leserinnen finden. An den Schöpfungen dieser Erzähler muß uns vor allem ein Zug auffällig werden: sie alle haben einen Helden, der im Mittelpunkt des Interesses steht, für den der Dichter unsere Sympathie mit allen Mitteln zu gewinnen sucht und den er wie mit einer besonderen Vorsehung zu beschützen scheint.
Ich meine aber, an diesem verräterischen Merkmal der Unverletzlichkeit erkennt man ohne Mühe – Seine Majestät das Ich, den Helden aller Tagträume wie aller Romane."[75]

Wie das Produzieren des Kunstwerks dem Künstler psychische Entlastung ermöglicht, so soll auch das Konsumieren von Kunst dem Leser (Hörer / Betrachter) einen Ausweg aus der als bedrückend empfundenen Realität bieten, einen Ausweg in einen ausgegrenzten Bezirk, einen gesellschaftlich konzedierten Spielraum der Phantasie. Freud definiert Kunst als „Spiel" auch in dem Sinne, daß sie Illusion zu sein hat: Denn so dient sie der psychischen Ökonomie des Produzenten und des Publikums. Ein Anspruch oder Auftrag, der das Nur-Spielerische transzendiert, wird der Kunst in Freuds System nicht zugestanden. Das bedeutet eine Neutralisierung der Kunst.

Dem „illusionären“ Charakter des Kunstwerks korrespondiert notwendig beim Publikum völlige Identifikation:

„Der Zuschauer erlebt zu wenig (. . .) er will fühlen, wirken, alles so gestalten, wie er möchte, kurz Held sein, und die Dichter – Schauspieler ermöglichen ihm das, indem sie ihm die Identifizierung mit einem Helden gestatten.
Sie ersparen ihm auch etwas dabei, denn der Zuschauer weiß wohl, daß solches Betätigen seiner Person im Heldentum nicht ohne Schmerzen, Leiden und schwere Befürchtungen (. . .) möglich ist; daher hat sein Genuß die Illusion zur Voraussetzung, das heißt die Milderung des Leidens durch die Sicherheit, daß es erstens ein anderer ist, der dort auf der Bühne handelt und leidet, und zweitens doch nur ein Spiel, aus dem seiner persönlichen Sicherheit kein Schaden erwachsen kann.“[76]

Diese Sätze machen deutlich, wie stark Freuds Begriff von Kunst der Jahrhundertwende verhaftet ist. Seine Bestimmungen gelten für einen bestimmten Typus der Kunst; Kunst wird bewußt als schöner Schein, als Illusion konzipiert. Damit analysiert Freud die Stellung der Kunst in einem bestimmten historischen Stadium der bürgerlichen Gesellschaft, wo jede Aussage, jede mögliche Provokation durch Kunst von vornherein entschärft ist. Weshalb Adorno schreibt:

„Der Psychologismus ästhetischer Interpretation versteht sich nicht schlecht mit der philiströsen Ansicht vom Kunstwerk als einem harmonisch die Gegensätze Beschwichtigenden.“[77]

Wenn die Funktion der Kunst für das Publikum diskutiert wird, dürfen Fragen der Form nicht unberücksichtigt bleiben. Welche Rolle spielt die Form im Rezeptionsprozeß? Freud selbst charakterisiert sein Interesse an Kunst so:

„Ich habe oft bemerkt, daß mich der Inhalt eines Kunstwerks stärker anzieht als dessen formale und technische Eigenschaften, auf welche doch der Künstler in erster Linie Wert legt.“[78]

In der Tat ist es ein oft bemerkter Mangel psychoanalytischer Kunstanalysen, daß sie sich auf den Inhalt konzentrieren und von der Form abstrahieren zu können glauben.

Freuds persönliche Veranlagung mag ein Faktor sein (vor allem auf seine mangelnde Musikalität ist zum Beispiel seine Abstinenz von musiktheoretischen Analysen zurückzuführen). Die Problematik, dem Formalen nur sekundäre Bedeutung beizumessen, reicht doch tiefer. Hier muß Freuds Vorlust-Theorie, die von seinen Schülern pauschal und ungeprüft übernommen wurde, ausführlicher wiedergegeben werden:

„Wir sagten, daß der Tagträumer seine Phantasien vor anderen sorgfältig verbirgt, weil er Gründe verspürt, sich ihrer zu schämen. Ich füge nun hinzu, selbst wenn er sie uns mitteilen würde, könnte er uns durch solche Enthüllung keine Lust bereiten. Wir werden von solchen Phantasien, wenn wir sie erfahren, abgestoßen oder bleiben höchstens kühl gegen sie. Wenn aber der Dichter uns seine Spiele vorspielt oder uns das erzählt, was wir für seine persönlichen Tagträume zu erklären geneigt sind, so empfinden wir hohe, wahrscheinlich aus vielen Quellen zusammenfließende Lust. Wie der Dichter das zustandebringt, das ist sein eigenstes Geheimnis; in der Technik der Überwindung jener Abstoßung, die gewiß mit den Schranken zu tun hat, welche sich zwischen jedem einzelnen Ich und den anderen erheben, liegt die eigentliche Ars poetica.
Zweierlei Mittel dieser Technik können wir erraten: Der Dichter mildert den Charakter des egoistischen Tagtraumes durch Abänderungen und Verhüllungen und besticht uns durch rein formalen, d. h. ästhetischen Lustgewinn, den er uns in der Darstellung seiner Phantasien bietet. Man nennt einen solchen Lustgewinn, der uns geboten wird, um mit ihm die Entbindung größerer Lust aus tieferreichenden psychischen Quellen zu ermöglichen, eine *Verlockungsprämie* oder eine *Vorlust*. Ich bin der Meinung, daß alle ästhetische Lust, die uns der Dichter verschafft, den Charakter solcher Vorlust trägt, und daß der eigentliche Genuß des Dichtwerkes aus der Befreiung von Spannungen in unserer Seele hervorgeht. Vielleicht trägt es sogar zu diesem Erfolge nicht wenig bei, daß uns der Dichter in den Stand setzt, unsere eigenen Phantasien nunmehr ohne jeden Vorwurf und ohne Schämen zu genießen.“[79]

Gegen die Definition des formalen Elements als „Vorlust“ ist folgendes geltend zu machen: Die Psychoanalyse betrachtet die Kunst als Ausdruck des Unbewußten. Im Prozeß der Gestaltung wird jedoch der Schritt vom Unbewußten zum Bewußten getan. Es ist falsch, diesen Prozeß als nur äußerlich, als akzidentell zu bewerten und seinen Vollzug beim Rezipienten als pure Vorlust einzustufen[80].

1.1.6
Ansätze zu einer psychoanalytischen Mythos-, Märchen- und Symbolforschung

Wie Freud den Traum als Mittel individueller Realitätsbewältigung auffaßt, so Mythos und Märchen als Mittel kollektiver Realitätsbewältigung. Mythos und Märchen werden der Frühzeit des menschlichen Bewußtseins zugeordnet, die analog zur frühinfantilen Phase konzipiert wird; nach dem Modell der Individualpsychologie entsteht eine Gattungspsychologie der Primitiven. In *Zur Psychopathologie des Alltagslebens* schreibt Freud:

„Man wird (. . .) von verschiedener Seite her zur Vermutung gedrängt, daß wir in den sogenannten frühesten Kindheitserinnerungen nicht die wirkliche Erinnerungsspur, sondern eine spätere Bearbeitung derselben besitzen, eine Bearbeitung, welche die Einflüsse mannigfacher späterer psychischer Mächte erfahren haben mag. Die ‚Kindheitserinnerungen' der Individuen rücken so ganz allgemein zur Bedeutung von ‚Deckerinnerungen' vor und gewinnen dabei eine bemerkenswerte Analogie mit den in Sagen und Mythen niedergelegten Kindheitserinnerungen der Völker."[81]

Was die Psychoanalyse zu leisten hat, ist demnach eine psychologische Interpretation des Mythos – in Freuds oft zitierter Formulierung:

„Ich glaube in der Tat, daß ein großes Stück der mythologischen Weltauffassung, die weit bis in die modernsten Religionen hinein reicht, nichts anderes ist als in die Außenwelt der Psychologie.
Man könnte sich getrauen, die Mythen vom Paradies und Sündenfall, von Gott, vom Guten und Bösen, von der Unsterblichkeit und dergleichen in solcher Weise aufzulösen, die Metaphysik in Metapsychologie umzusetzen."[82]

Anhand des Zitats läßt sich Freuds Standpunkt zum Mythos bestimmen: Freud ist auch hier entschieden Erbe der Aufklärung, indem er den Mythos nur als Vorstufe zum Logos, als Vorstufe zur Präzision der Begrifflichkeit, gelten läßt – nicht Erbe der Romantiker, die – Schelling voran – die Wiederbelebung des „echten" Mythos forderten[83]. Die Resonanz auf diese romantische Forderung war bekanntlich im 19. und 20. Jahrhundert enorm.

Die Auffassung des Symbols spielt in der psychoanalytischen Theorie eine zentrale Rolle. Die Kritik oder die Ablehnung der Psychoanalyse entzündete sich häufig an der Symboldefinition, wie auch der „Abfall" C. G. Jungs an diesem Punkt seinen Ausgang nahm.

Zur Entwicklung des psychoanalytischen Symbolbegriffs liegen gründliche Untersuchungen vor[84], so daß die Darstellung hier knappgehalten werden kann.

Mit Phillips und Lorenzer unterscheide ich drei Stadien im Freudschen Symbolverhältnis: Beim frühen Freud, erstmals 1894, wird „Symbol" verwendet im Sinne von „Erinnerungssymbol", auch „Symptom"; es bedeutet nichts weiter als Markierung, Zeichen eines psychischen Geschehens (zum Beispiel Anzeichen für eine Entwicklung zur Neurose). Später – womit aber der frühere Sprachgebrauch im Sinne von Symptom nicht durchgängig abgelöst wird – erhält Symbol die Bedeutung von „Symbolisierung"; Freud verdeutlicht mit dem Fall einer hysterischen Patientin, die an Gesichtsneuralgie litt: Bei der Rekonstruktion der traumatischen Szene ergab sich, daß die Patientin ein Gespräch mit ihrem Mann empfunden hatte „wie einen Schlag ins Gesicht"[85].

„Die Absetzung von dem früheren Begriff des Erinnerungssymbols ist in der Tat tiefgreifend," stellt Lorenzer fest. „An die Stelle der zufällig-willkürlichen Verknüpfung tritt eine logische; der nur-zeitliche Hinweis wird vertieft zu einer genetischen Verbindung, und der verallgemeinerte, unreflektierte Bezug von Krankheit zu Kränkung wird ersetzt durch ein reflektiertes lebensgeschichtliches Verständnis."[86]

Die dritte Bedeutung des Begriffs Symbol taucht in der *Traumdeutung* auf: Sie wird gemeinhin als „eigentliche psychoanalytische Symbolik" bezeichnet. Freud hatte in seinen Traumdeutungen die Interpretation und Typologie der im Traum vorkommenden Symbole versucht (Beispiele: Stiegen, Leitern, Treppen als symbolische Darstellung des Geschlechtsaktes; Körbe, Kästchen als symbolische Darstellung der Frau).

Von großer Wichtigkeit ist die Bemerkung Lorenzers, daß die Entwicklung vom Symbol als Symptom zum Symbol im Sinne von Symbolisierung auf Freuds veränderte Konzeption seiner Psychologie hinweist; zunächst als strikt naturwissenschaftliche, physiologische Psychologie konzipiert, entwickelte sie sich – sozusagen gegen die Intentionen des Urhebers – von einer „erklärenden zu einer verstehenden Psychologie"[87].

Der immer wieder, gerade auch von der Seite der Literaturwissenschaft gegen Freud erhobene Vorwurf, er verwechsele Symbol und Symptom, wird damit hinfällig. Elisabeth Frenzel als Beispiel:

„Diese Gleichsetzung von Symbol und Symptom liegt Freuds Sprachgebrauch zugrunde und erklärt, daß bei ihm der eigentliche Symbolbegriff und der zeichenhafte einer einfachen Stellvertretung wechseln."[88]

Dem ist zu erwidern, daß das positivistisch-reduzierte Verständnis nur für eine bestimmte Stufe der psychoanalytischen Theoriebildung galt.

Ich werde mich auf die dritte Phase des Freudschen Symbolverständnisses konzentrieren, zumal sich hier Berührungspunkte mit der Literaturwissenschaft ergeben.

Eine Bestimmung dessen, was für die Psychoanalyse als Symbol zu gelten hat, gibt Freud in den *Vorlesungen zur Einführung in die Psychoanalyse*[89]. Otto Rank und Hanns Sachs definieren in *Die Bedeutung der Psychoanalyse für die Geisteswissenschaften* das Symbol im psychoanalytischen Sinne durch folgende Charakteristika:

„Die Stellvertretung für Unbewußtes, die konstante Bedeutung, die Unabhängigkeit von individuellen Bedingungen, die entwicklungsgeschichtliche Grundlage, die sprachlichen Beziehungen, die phylogenetischen Parallelen (in Mythus, Kult, Religion, etc.)"[90]

Diese Formulierung wurde verbindlich für die psychoanalytische Theorie (Rank übernimmt sie zum Beispiel wörtlich in seine *Psychoanalytische Beiträge zur Mythenforschung*[91], Walter Muschg orientiert sich noch 1930 in *Psychoanalyse und Literaturwissenschaft* an genau diesen Bestimmungen – obwohl sie zu dieser Zeit nicht mehr den letzten Stand der psychoanalytischen Forschung repräsentierten[92]), sie enthält die strittigen Punkte, die Anlaß zu Abweichungen und „Schulbildungen" wurden: konstante Bedeutung, Unabhängigkeit von individuellen Bedingungen, phylogenetischen Parallelen in Mythus, Kult, Religion.

Wie Freud diese Bestimmungen verstanden und angewandt wissen wollte, zeigt exemplarisch sein Aufsatz *Das Motiv der Kästchenwahl* (S. F., X, 24–37)[93]. Leitfaden der Untersuchung ist die Interpretation der Symbolik nach dem Muster des Traums.

Freud geht aus von einer Szene in Shakespeares *Kaufmann von Venedig:* Derjenige der drei Freier ist der richtige, der unter den drei Kästchen aus Gold, Silber und Blei das Kästchen aus Blei wählt. Er weist darauf hin, daß es sich um ein altes, aus den *Gesta Romanorum* bekanntes Motiv handelt, das eine Parallele auch im estnischen Volksepos *Kalewipoeg* hat. Mit Hilfe der Traumsymbolik wird „Kästchen" gedeutet:

„Wenn wir es mit einem Traum zu tun hätten, würden wir sofort daran denken, daß die Kästchen auch Frauen sind, Symbole des Wesentlichen an der Frau und darum der Frau selbst, wie Büchsen, Dosen, Schachteln, Körbe usw. Gestatten wir uns, eine solche symbolische Ersetzung auch beim Mythus anzunehmen, so wird die Kästchenszene im Kaufmann von Venedig wirklich zur Umkehrung (. . .). Es behandelt ein menschliches Motiv, die Wahl eines Mannes zwischen drei Frauen."[94]

Freud folgert weiter: Auch König Lear wählt zwischen drei Frauen, zwischen seinen drei Töchtern:

„Sofort fallen uns nun aus Mythus, Märchen und Dichtung andere Szenen ein, welche die nämliche Situation zum Inhalt haben: der Hirte Paris (. . .), Aschenputtel ist eine ebensolche Jüngste, die der Königssohn den beiden älteren vorzieht, Psyche im Märchen des Apulejus ist die jüngste und schönste von drei Schwestern.
Es darf uns auffallen, daß jene vorzügliche Dritte in mehreren Fällen außer ihrer Schönheit noch gewisse Besonderheiten hat: (. . .) Cordelia (. . .) bleibt stumm, Aschenputtel verbirgt sich (. . .). Wir dürfen vielleicht das Sichverbergen dem Verstummen gleichsetzen.
Entschließen wir uns, die Eigentümlichkeit unserer Dritten in der ‚Stummheit' konzentriert zu sehen, so sagt uns die Psychoanalyse: Stummheit ist im Traume eine gebräuchliche Darstellung des Todes. Auch das Sichverbergen, Unauffindbarsein, wie es der Märchenprinz dreimal beim Aschenputtel erlebt, ist im Traume ein unverkennbares Todessymbol. Die Übertragung dieser Deutungen aus der Sprache des *Traumes* auf die Ausdrucksweise des uns beschäftigenden Mythus wird uns aber wesentlich erleichtert, wenn wir wahrscheinlich machen können, daß die Stummheit auch in anderen Produktionen, die nicht Träume sind, als Zeichen des Totseins gedeutet werden muß."[95]

Als Beweis führt Freud die Grimmschen Märchen *Die zwölf Brüder* und *Die sechs Schwäne* an:

„So wäre die dritte unserer Schwestern, zwischen denen die Wahl stattfindet, eine Tote. Sie kann aber auch etwas anderes sein, nämlich der Tod selbst, die Todesgöttin.
Wenn aber die dritte der Schwestern die Todesgöttin ist, so kennen wir die Schwestern. Es sind die Schicksalsschwestern, die Moiren oder Parzen oder Nornen, deren dritte Atropos heißt: die Unerbittliche."[96]

Hier erhebt sich die Frage: Wie stimmt damit überein, daß die Dritte auch jeweils die Schönste und Beste ist?

„Widersprüche (. . .), Ersetzungen durch das volle kontradiktorische Gegenteil bereiten der analytischen Deutungsarbeit keine ernste Schwierigkeit (. . .) daß es Motive im Seelenleben gibt, welche die Ersetzung durch das Gegenteil als sogenannte Reaktionsbildung herbeiführen (. . .) daß der Mensch seine Phantasiefähigkeit zur Befriedigung seiner von der Realität unbefriedigten Wünsche verwendet. So lehnte sich denn seine Phantasie gegen die im Moirenmythus verkörperte Einsicht auf und schuf den davon abgeleiteten Mythus, in dem die Todesgöttin durch die Liebesgöttin (. . .) ersetzt ist.
Und diese Ersetzung war technisch keineswegs schwer; sie war durch eine alte Ambivalenz vorbereitet (. . .). Die Liebesgöttin selbst, die jetzt an die Stelle der Todesgöttin trat, war einst mit ihr identisch gewesen. Noch die griechische Aphrodite entbehrte nicht völlig der Beziehungen zur Unterwelt.
Dieselbe Erwägung beantwortet uns die Frage, woher der Zug der Wahl in den Mythus von den drei Schwestern geraten ist. Es hat hier wiederum eine Wunschverkehrung stattgefunden. Wahl steht an der Stelle von Notwendigkeit, von Verhängnis. So

überwindet der Mensch den Tod, den er in seinem Denken anerkannt hat. Es ist kein stärkerer Triumph der Wunscherfüllung denkbar. Man wählt dort, wo man in Wirklichkeit dem Zwang gehorcht, und die man wählt, ist nicht die Schreckliche, sondern die Schönste und Begehrenswerteste."[97]

Freud schließt mit einer Analyse der Szene in *King Lear*: Lear trägt die Leiche Cordelias auf die Bühne. Wieder erscheint dies als Umkehrung eines bekannten Motivs: Die Todesgöttin trägt den toten Helden vom Kampfplatz.

Der Aufsatz *Das Motiv der Kästchenwahl* wurde einigermaßen ausführlich referiert, um zu illustrieren, was mit den Symbolkriterien „konstante Bedeutung, Unabhängigkeit von individuellen Bedingungen, phylogenetische Parallelen in Mythus, Kult, Religion" gemeint ist. Daß die Kriterien „konstante Bedeutung und Unabhängigkeit von individuellen Bedingungen" keineswegs der Auflösung des Symbols in seinen Sexualgehalt Vorschub leisten sollten, zeigt die Kontroverse um Wilhelm Stekel. Stekel hatte in seinem 1911 erschienen Buch *Die Sprache des Traumes*, einer Art psychoanalytisches Symbollexikon, Symbol-„Übersetzungen" gesammelt – und war damit auf die entschiedene Ablehnung Freuds gestoßen.

1.2
VORLÄUFER UND PARALLELEN

1.2.1
Die Romantik und die psychoanalytische Ästhetik

Freuds Kunstanschauungen sind in mehr als einer Hinsicht der Philosophie des 19. Jahrhunderts verhaftet[98]. Als Verbindungsglied zwischen der Philosophie und Freuds Ästhetik mag der Begriff des Unbewußten gelten, der bereits in der Romantik zentral war[99].

In erster Linie ist C. G. Carus und sein Buch *Psyche. Zur Entwicklungsgeschichte der Seele*[100] zu nennen: Freud kannte erwiesenermaßen Carus. Noch Eduard von Hartmanns vielgelesene *Philosophie des Unbewußten* (zuerst 1869) nimmt auf Carus Bezug[101]. In diesem Zusammenhang muß an das Weiterwirken der romantischen Psychologen erinnert werden: an Justinus Kerner, der die an Somnambulismus und parapsychologischen Phänomenen interessierte Richtung repräsentiert, wie an Gotthilf Heinrich Schubert und sein Werk mit dem programmatischen Titel *Ansichten von der Nachtseite der Naturwissenschaften* (1808). Freud zitiert Schuberts Buch über *Die Symbolik des Traums* (1814) an verschiedenen Stellen, zuerst in der *Traumdeutung.* Hier wird die Verwandtschaft der Psychoanalyse zu Themen der Romantik und zugleich ihr qualitativer Unterschied deutlich:

> „Es ist unstreitig, daß die psychischen Leistungen des Traumes bereitswilligere und wärmere Anerkennung gefunden haben in jener, jetzt hinter uns liegenden, intellektuellen Periode, da die Philosophie und nicht die exakten Naturwissenschaften die Geister beherrschte. Aussprüche, wie die von Schubert, daß der Traum eine Befreiung des Geistes von der Gewalt der äußeren Natur sei, eine Loslösung der Seele von den Fesseln der Sinnlichkeit (. . .) erscheinen uns,heute kaum begreiflich; sie werden in der Gegenwart auch nur bei Mystikern und Frömmlern wiederholt."[102]

Einige Erkenntnisse Schuberts werden von Freud zustimmend wiedergegeben, so die These, „daß die Symbolgemeinschaft in einer Anzahl von Fällen über die Sprachgemeinschaft hinausreicht, wie bereits Schubert (1914) behauptet hat"[103]. Auch bei der Deutung der Traumsymbole bezieht sich Freud auf Schubert:

> „Die Traumdeuter des Altertums scheinen von der Voraussetzung, daß ein Ding im Traume sein Gegenteil bedeuten könne, den ausgiebigsten Gebrauch gemacht zu

haben. Gelegentlich ist diese Möglichkeit auch von modernen Traumforschern, insofern sie dem Traume überhaupt Sinn und Deutbarkeit zugestanden haben, erkannt. Siehe z. B. G. H. Schubert, Die Symbolik des Traumes, 1862, Kap. 2, Die Sprache des Traumes."[104]

Die hauptsächliche Gemeinsamkeit zwischen romantischem und psychoanalytischem Denken liegt jedoch in der Vorstellung des Unbewußten. Die psychologischen Entdeckungen der Romantik können hier nicht im einzelnen gewürdigt werden; der Nachweis, daß die Romantiker gewisse psychoanalytische Erkenntnisse intuitiv vorwegnahmen, ist in der Forschung schon wiederholt erbracht worden[105].

Thomas Mann hat in zwei Essays den Zusammenhang der Psychoanalyse mit der deutschen Romantik, des weiteren mit Kierkegaard, Schopenhauer und Nietzsche besprochen[106]. In dem 1929 entstandenen Aufsatz *Die Stellung Freuds in der modernen Geistesgeschichte* heißt es:

„Es gibt eine selbständige Abhängigkeit; und von dieser Art sind offenbar die höchst merkwürdigen Beziehungen Freuds zur deutschen Romantik – Beziehungen, deren Merkmale fast auffälliger sind als die seiner unbewußten Herkunft von Nietzsche, bisher aber wenig kritische Würdigung erfahren haben.

Auch Novalis sieht im alles erhaltenden Eros das Prinzip, das dahin drängt, das Organische zu immer größeren Einheiten zusammenzufassen, und der erotische Radikalismus seiner Gesellschaftspsychologie ist ein mystischer Vorklang der naturwissenschaftlichen Erkenntnisse und Spekulationen Freuds."[107]

Aufschlußreich ist die Reaktion Freuds auf die Thesen Thomas Manns. Lou Andreas-Salomé bringt in ihrem Brief vom 14. 7. 1929 ihre Kritik vor:

„Was mich daran störte, war eine gewisse Umkehrung des Sachverhalts, wie er wenigstens mir immer erschien – er stellt Sie offenbar vor als einen heimlich zum Mystischen und allen Dunkeltiefen von sich aus geneigten Denker, dem ers deshalb besonders hoch anrechnet, sich trotzdem gerade allem Rückständigen fest und klar entgegengeworfen und dem Fortschrittlichen allein sich geweiht zu haben. Er weiß nicht, daß (. . .) Sie nicht ursprünglich ganz andere Pläne hatten als nach den ‚Dunkelheiten' zu fahnden, sondern daß auch dauernd Ihnen die Befassung mit dergleichen oft genug fatal war und Sie nichts ehrlicher verabscheuten als die Gefahr, die Sache könnte womöglich den mystisch Interessierten Wasser auf ihre Mühlen treiben."[108]

In seinem Antwortbrief vom 18.7.1929 stimmt Freud der Kritik zwar weitgehend zu:

„Der Aufsatz von Th. Mann ist ja recht ehrenvoll. Er machte mir den Eindruck, als ob er gerade einen Aufsatz über die Romantik bereitet hatte, als die Aufforderung kam, über mich zu schreiben, und so hat er diesen halben Aufsatz vorne und rückwärts mit Psychoanalyse fourniert, wie die Tischler sagen; die Masse ist aus anderem Holz. Immerhin, wenn Mann etwas sagt, hat es Hand und Fuß."[109]

Die abschließende Bemerkung beweist jedoch, daß Freud Thomas Mann prinzipiell recht gab. Mann, der Freud durchaus nicht als heimlichen Romantiker und Irrationalisten präsentieren wollte, hat die Problematik der Affinität der Psychoanalyse zur Romantik klar erkannt, wie aus seinem Essay hervorgeht. Am Beispiel der Psychoanalyse sollte gezeigt werden, daß es nicht nur reaktionäre, sondern auch revolutionäre Romantik geben kann, und daß ein scheinbares Paradoxon wie „progressiver Antirationalismus" möglich ist. Thomas Mann erfaßt die wissenschaftliche Einstellung Freuds ganz richtig, wenn er am aufklärerischen Charakter der Psychoanalyse festhält[110]; noch der späte Freud warnt davor, das Kriterium der Bewußtheit herabzusetzen, obwohl es sich als „so unzuverlässig" erwiesen habe:

„Es ist damit wie mit unserem Leben; es ist nicht viel wert, aber es ist alles, was wir haben. Ohne die Leuchte der Bewußtseinsqualität wären wir im Dunkel der Tiefenpsychologie verloren; aber wir dürfen versuchen, uns neu zu orientieren."[111]

Die Äußerung Freuds läßt keinen Zweifel an dem prinzipiellen Unterschied zwischen romantischer Psychologie und Psychoanalyse, ein Unterschied, den Jurinetz in seinem Bemühen, Freud als romantisch-reaktionären Epigonen u. a. Schellings darzustellen, beharrlich übergeht. Jurinetz setzt an bei Freuds System von Es, Ich und Über-Ich:

„Mit dem Begriff ‚Es' kommen wir in ein Gebiet, wo alle Katzen grau sind. Der Ursprung des ‚Es' ist – augenscheinlich. Es ist ein Abglanz der deutschen romantischen Philosophie, das modernisierte Absolute Schellings. Wie bei Schelling aus dem Schoße des Absoluten sich Natur und Geist, Realität und Idee absondern, so sondern sich auch bei Freud aus dem ‚Es' das ‚Ich' und das ‚Über-Ich' ab (. . .) Und ähnlich wie für Schelling seine Polarität ein bequemes Schema war, das ihm erlaubte, ohne größere geistige Anstrengung, ohne nach der verwickelten Dialektik und Dynamik der Dinge zu forschen, alle Erscheinungen in fertige Kästchen zu legen (. . .), so verlegt auch Freud in das Gebiet des ‚Es' die Lösung der Gegensätze, die auf anderen Gebieten unlösbar sind."[112]

Das Freudsche Unbewußte als das Absolute der Philosophie Schellings: Diese Behauptung geht völlig am naturwissenschaftlich-positivistischen

Erkenntnisinteresse Freuds vorbei. Derart simplifizierend kann die Beziehung Schelling–Freud nicht bestimmt werden.

Sandkühler, ein Vertreter der Neuen Linken, disdanziert sich denn auch von der „weniger kenntnisreichen als borniert-agitatorischen Fleißarbeit von Jurinetz, der ersten parteioffiziellen Urteilsbegründung gegen die Psychoanalyse“[112a] – ein Anzeichen für die Annäherung von Marxismus und Psychoanalyse, die sich in den letzten Jahren abzeichnet. Die Festlegung Freuds auf den Idealismus Schellings weist Sandkühler mit folgendem Argument zurück:

„Freuds Theorie des Unbewußten unterscheidet sich zu grundlegend vom Unbewußten der Romantiker, um als das ‚modernisierte Absolute Schellings‘ wiedererkannt zu werden: die Psychoanalyse sieht im Unbewußten nicht den verlorenen Ort der eigentlichen Vernunftexistenz, sondern das unheimliche Verhängnis für ein nichtentfremdetes Ich.“[112b]

In seiner Untersuchung *Über einige Beziehungen zwischen Ästhetik und Therapeutik in der Philosophie des 19. Jahrhunderts* hat Odo Marquard die sachlichen Gemeinsamkeiten zwischen Schelling und Freud herausgearbeitet; Ausgangspunkt ist die romantische Naturphilosophie[113].

Marquards Verdienst ist es, daß er sich nicht zu vorschnellen Identifikationen verführen läßt, sondern den historischen Stellenwert berücksichtigt. Freud selbst formuliert den Unterschied zwischen seiner Theorie des Unbewußten und den früheren Theorien so:

„Die Philosophie hat sich allerdings wiederholt mit dem Problem des Unbewußten beschäftigt, aber ihre Vertreter haben dabei – mit wenigen Ausnahmen – eine von zwei Positionen eingenommen, die nun anzuführen sind. Entweder“ (und hier sind die diskutierten romantischen Vorläufer gemeint, G. S.) „ihr Unbewußtes war etwas Mystisches, nicht Greifbares und nicht Aufzeigbares, dessen Beziehung zum Seelischen im Dunkel blieb, oder sie haben das Seelische mit dem Bewußtsein identifiziert.“[114]

Einige literaturgeschichtliche Entwicklungen bestätigen die Annahme, romantisches Denken wirke in der psychoanalytischen Ästhetik fort:

Seit dem Ende des 18. Jahrhunderts verstärkt sich das Interesse an der Psychologie des Künstlers: Der Künstler erscheint als sozialer Außenseiter und /oder pathologische Persönlichkeit. Beispiele literarischer wie biographischer Art gibt es die Fülle: Goethes *Tasso* markiert eine frühe Phase der neuen Entwicklung, die hier nur skizziert werden kann[115]; ich erinnere an den Einbruch des Kranken / Unnormalen / Irrationalen bei E. T. A. Hoffmann oder an Mörikes Roman *Maler Nolten*, der stark autobiographische Züge trägt. Aufschlußreich auch, daß für den Shakespearekult der Romantiker Hamlet, gesehen als der psychisch Kranke, die zentrale Figur darstellt. In Hamlet findet der romantische Künstler seine Situation wieder; wie Hamlet wird er sich selbst zum Problem.

Alles deutet darauf hin, daß sich das Selbstverständnis des romantischen Künstlers gewandelt hat: Krankheit wird jetzt als konstitutiv für Künstlertum begriffen[116] – ein Gedanke, für den sich zum Beispiel bei Novalis, für den Krankheit eine elementare Erfahrung war, zahlreiche Belege finden. Goethe hat mit seiner Äußerung, die Romantik sei im Gegensatz zur Klassik „krank", den Sachverhalt richtig erkannt; wenn man sich der Wertung enthält, die bei Goethe mitschwingt, kann sein Urteil bestätigt werden.

Die romantische Überzeugung, daß Kunst und Krankheit („Krankheit" immer in einem weiten Sinn verstanden) in einem inneren Zusammenhang stehen[117], wird im Verlauf des 19. Jahrhunderts nicht aufgegeben.

Die europäische Literatur des 19. Jahrhunderts zeigt sich fasziniert von dem Abnormen, Irrationalen, Morbiden und Perversen. Psychopathologische Phänomene von der Neurose bis zum Wahnsinn sind seit der Romantik literaturfähig geworden, und die Décadence-Bewegung kann hier an romantische Traditionen anknüpfen[118].

Dieser Tendenz in der Literatur entspricht die Grundlegung in den Literaturtheorien. In welchen Punkten seiner Ästhetik Freud geistiges Gemeingut übernommen hat, wird im folgenden deutlich werden. Wichtige Berührungspunkte sind gekennzeichnet durch die Namen Novalis–Schopenhauer–Nietzsche.

1.2.1.1
Künstler und Kind

Durch den für Freud zentralen Begriff des Spiels wird der Künstler mit dem Kind verglichen. Immer wieder betont Freud den Gedanken, „daß die Dichtung wie der Tagtraum Fortsetzung und Ersatz des einstigen kindlichen Spielens ist"[119].

Daß der Künstler im Sinne Freuds dem Lustprinzip näher ist als den Forderungen des Leistungsdenkens, dem Freudschen „Realitätsprinzip", verbindet ihn mit dem Kind. Das Kind wie der Künstler lebt in seinen Phantasien – in einem unvergleichlich größeren Maße als der Erwachsene, beziehungsweise der Normalbürger, dem nur der gelegentliche „Tagtraum" zugestanden wird. Daß der Künstler bei Freud immer als Gegensatz des Bürgers figuriert, ist wiederum ein zeittypisches Klischee, das sich aus der Vorromantik und Romantik herleitet.

Kind und Künstler – so Freud – leben stärker aus dem Unbewußten, ihr Ich ist dementsprechend schwächer entwickelt. Das Unbewußte ist für den Künstler die Quelle seiner Produktivität, denn Freud versteht Künstlertum als Bewältigung einer bestimmten traumatischen Konstellation (meist frühkindlicher Art); das bedeutet, daß der Künstler – wieder in einem nichtwertenden Sinne – stärker regressiv ausgerichtet ist als andere.

Dies ist nun eine Vorstellung, die sich auch in der romantischen Dichtung häufig findet[120].

Das romantische Kind-Künstler-Symbol leitet sich her von christlicher Symbolik und ist nur zu verstehen vor dem Hintergrund der Rezeption der deutschen Mystik in der Romantik. Freud dagegen geht anders vor, wenn er Kind und Künstler einander zuordnet. Er tut das auf Grund der erwähnten Ähnlichkeiten der psychischen Struktur (größerer Nähe zum Unbewußten, usw.). Dennoch ist der Einfluß romantischer Vorstellungen spürbar: hier wie bei dem nächsten zu behandelnden Punkt, der These vom Wahnsinn des Genies[121]. In beiden Fällen sucht Freud der spekulativen Psychologie der Romantiker eine naturwissenschaftliche Fundierung zu geben.

1.2.1.2
Der „Wahnsinn des Genies"

Die Bestimmungen, die Freud für das Kind und den Künstler getroffen hat: nämlich Abwendung von der objektiven Realität, Überwiegen der Es-Triebe vor den Ich-Trieben, starke Phantasietätigkeit, Produktivität dank der Nähe zum Unbewußten, Tendenz zur Regressivität – diese Bestimmungen gelten für eine weitere Gruppe: für die Neurotiker und Geisteskranken.

In Freuds System erscheinen – wie schon gesagt – Künstler und Neurotiker durchaus als verwandt, wobei den Künstler vor dem Neurotiker die

Sublimationsleistung auszeichnet. Sublimation ist eine Leistung der Bewußtheit, der Ich-Tendenzen. In der Terminologie der idealistischen Philosophie: Der psychisch Kranke ist ganz Natur (Dominanz des Es) – der Künstler ist Natur und Geist. Dabei können sich die Gewichte verschieben. Freud hat darauf hingewiesen, daß die Grenzen zwischen Norm und Abnormität fließend sind[122].

Diese Einsicht läßt sich in zwei Richtungen weiterführen, und damit sind zugleich zwei wesentliche Konsequenzen der Freudschen Ästhetik skizziert:

1. Der Geisteskranke wird als Künstler gewürdigt [123]. Erst nach Freud war die Psychologie imstande, die künstlerischen Produktionen Geisteskranker ernst zu nehmen. Zwei Arbeiten aus den zwanziger Jahren waren es vor allem, die hier wegweisend wurden: W. Morgenthaler, *Ein Geisteskranker als Künstler,* Zürich, Bern 1921, und Hans Prinzhorn, *Bildnerei der Geisteskranken,* Berlin 1922.
2. Der Künstler wird auf seine Affinität zum Neurotiker untersucht. Die Schüler Freuds stürzten sich geradezu in diese Themenstellung; innerhalb weniger Jahrzehnte lag eine Flut von Arbeiten vor, die immer wieder *eines* bewiesen: die neurotoiden Züge in der Psyche des Künstlers. Die Popularität dieser Anschauung ist nicht zum geringsten darauf zurückzuführen, daß Freud hier nicht originell war, sondern sozusagen einen Topos in der Ästhetik aufgriff[124].

Mit dem „Wahnsinn des Dichters" beschäftigt sich bereits Plato im *Phaidros.* Allerdings war der Wahnsinn, den Plato meint, mehr religiöser als klinischer Art, Wahnsinn im Sinne von „Inspiration". „Das Mittelalter", so Ernst Robert Curtius, „hat diese wie so viele andere Prägungen des griechischen Geistes von Spätrom übernommen, hat sie bewahrt und nachbuchstabiert, bis der schöpferische Eros der italienischen Renaissance den Buchstaben wieder zum Geist erweckte. Daß die dichterische mania auch in mittelalterlichen Schreibstuben mit dem übrigen autoritären Gut des antiken Wissens einen Unterschlupf fand, ist eine Paradoxie, wenn man bedenkt, daß gerade damals das Dichten als schweißtreibende Mühsal empfunden und empfohlen wurde."[125]

Mit neuem, konkreterem Inhalt gefüllt wurde der Topos seit dem 18. Jahrhundert, besonders in der Romantik. Über den Gemeinplatz vom Wahnsinn des Dichters hinaus wurde der Wahnsinn vieler romantischer Dichter Realität, ganz zu schweigen von der psychischen Labilität und Gefährdung eines noch größeren Kreises von Künstlern.

1.2.2
Schopenhauer und die psychoanalytische Ästhetik

In der Philosophie des 19. Jahrhunderts fand die These vom Wahnsinn des Genies ebenfalls Eingang: Ihr konsequenter Verfechter wurde Arthur Schopenhauer. Schopenhauers Rezeption des Topos interessiert hier besonders, denn zwischen seiner Philosophie und der Freudschen Psychoanalyse bestehen zumindest Ähnlichkeiten. In zwei Punkten, die für das Freudsche System von Wichtigkeit sind, kann sich Freud auf Schopenhauer berufen: Zum einen wird Schopenhauer als Zeuge gegen den angeblichen Pansexualismus der Psychoanalyse zitiert:

„In dem Bedürfnis nach volltönenden Schlagworten ist man soweit gegangen, von dem ‚Pansexualismus' der Psychoanlayse zu reden und ihr den unsinnigen Vorwurf zu machen, sie erkläre ‚alles' aus der Sexualität (. . .). Der Philosoph Arthur Schopenhauer hat bereits vor geraumer Zeit den Menschen vorgehalten, in welchem Maß ihr Tun und Trachten durch sexuelle Strebungen – im gewohnten Sinne des Wortes – bestimmt wird."[126]

Zum anderen findet der späte Freud, der die Hypothese des Todestriebes eingeführt hat, Bestätigung in der Philosophie Schopenhauers: „Das Todesproblem steht nach Schopenhauer am Eingang jeder Philosophie," schreibt Freud in *Totem und Tabu*[127]. In der *Neuen Folge der Vorlesungen zur Einführung in die Psychoanalyse* von 1932 heißt es:

„Und nun scheiden sich uns die Triebe, an die wir glauben, in die zwei Gruppen der erotischen (. . .) und der Todestriebe (. . .). Sie werden vielleicht achselzuckend sagen: das ist nicht Naturwissenschaft, das ist Schopenhauersche Philosophie. Aber warum (. . .) sollte nicht ein kühner Denker erraten haben, was dann nüchterne und mühselige Detailforschung bestätigt? "

Allerdings betont Freud an derselben Stelle den Unterschied zu Schopenhauer:

„Was wir sagen, ist nicht einmal richtiger Schopenhauer. Wir behaupten nicht, der Tod sei das einzige Ziel des Lebens; wir übersehen nicht neben dem Tod das Leben. Wir anerkennen zwei Grundtriebe und lassen jedem sein eigenes Ziel."[128]

In unserem Kontext wollen wir von diesen Berührungspunkten zwischen Schopenhauer und Freud absehen[129]; hier interessiert vor allem die

Schopenhauersche Ausprägung der These vom Wahnsinn des Genies. „Schopenhauer hat sich sein Leben lang mit dem Thema ‚Genie und Wahnsinn' beschäftigt", stellt Pöggeler in seinem Aufsatz über *Schopenhauer und das Wesen der Kunst*[130] fest.

Schopenhauer sucht das Phänomen mit Hilfe der Dichotomie „Wille/ Vorstellung" zu erklären:

„Die oft bemerkte Verwandtschaft des Genies mit dem Wahnsinn beruht eben hauptsächlich auf jener, dem Genie wesentlichen, dennoch aber naturwidrigen Sonderung des Intellekts vom Willen."[131]

Wie Thomas Mann dargelegt hat, hat auch hier Freud die Schopenhauersche „Metaphysik ins Psychologische übersetzt":

„Freuds Beschreibung aber des ‚Es' und ‚Ich' – ist sie nicht aufs Haar die Beschreibung von Schopenhauers ‚Wille' und ‚Intellekt' – eine Übersetzung seiner Metaphysik ins Psychologische? "[132]

Erstaunlicher noch ist die Parallele bei der Erklärung des Wahnsinns. Schopenhauer antizipiert die psychoanalytische Lehre von der Verdrängung peinlicher Vorstellungen ins Unbewußte: Die Verdrängung kann Neurosen oder geradezu Wahnsinn veranlassen. Freud selbst gibt die Ähnlichkeit zu seiner Lehre zu, lehnt jedoch die Annahme einer Beeinflussung ab:

„In der Lehre von der Verdrängung war ich sicherlich selbständig; ich weiß von keiner Beeinflussung, die mich in ihre Nähe gebracht hätte, und ich hielt diese Idee auch lange Zeit für eine originelle, bis uns O. Rank die Stelle in Schopenhauers ‚Welt als Wille und Vorstellung' zeigte, in welcher sich der Philosoph um eine Erklärung des Wahnsinns bemüht. Was dort über das Sträuben gegen die Annahme eines peinlichen Stückes der Wirklichkeit gesagt ist, deckt sich so vollkommen mit dem Inhalt meines Verdrängungsbegriffes, daß ich wieder einmal meiner Unbelesenheit für die Ermöglichung einer Entdeckung verpflichtet sein durfte."[133]

Über der verblüffenden Analogie soll der Gegensatz zu Freud nicht vergessen werden: Obwohl Schopenhauer von der psychischen Gefährdung des Genies überzeugt ist, bleibt sein Begriff „Genie" und sein Begriff von Kunst, die er als das „Werk des Genius" definiert, rein idealistischer Art[134].

Schopenhauers Philosophie stützt sich nicht auf empirische Grundlagen, vielmehr stellt sie eine bestimmte historische, eine idealistische Ausprägung des Topos vom „Wahnsinn des Künstlers" dar. Daß bei Schopenhauer der Künstler als Genie gedeutet wird, hat eine Tradition, die bis in die Renaissance reicht. Der in der Renaissance konzipierte Geniebegriff war eine enge Verbindung eingegangen mit der Vorstellung, der Künstler tendiere zum Wahnsinn[135]. Dominant wird der Gedanke, der Künstler sei als „Genie", als Ausnahmemensch, auch außerhalb der Norm der psychischen Gesundheit, in der Ästhetik der Vorromantik und Romantik.

Mit Lange-Eichbaum lassen sich seit dem 18. Jahrhundert zwei Hauptrichtungen der Genietheorien unterscheiden:

„Die eine Richtung besagt: Das Genie ist ein Mysterium, eine Offenbarung des Metaphysischen, Göttlichen. Dieser Weg führt von der naiven Antike über die Renaissance unmittelbar zu Shaftesbury, der das Genie eine Offenbarung des Allgeistes, eine zweite Gottheit nannte. Von ihm aus zweigt ein Schienenstrang nach Frankreich und seinen Denkern ab, der andere führt nach Deutschland (direkt oder über Frankreich). Er läuft weiter über Klassizismus, Romantiker, Schelling, Schopenhauer zu Carlyle und Emerson, deren Geniekult als ausgesprochen moderne Religion nicht mehr übertroffen werden konnte; er feiert noch im Übermenschen des späten Nietzsche seinen heimlichen Triumph."[136]

Mit der idealistischen Auffassung, der Schopenhauer anhängt[137], konkurriert die materialistische:

„Die zweite Richtung hält sich zum Teil neben der ersten, zum Teil sucht sie neue Wege: es ist die Richtung des kritischen Verstandes, der aufkommenden Soziologie, Naturwissenschaft und Medizin – wenn man will, eine Art Atheismus in der Genieauffassung. Man will es ‚erklären', will es wie ein betrügerisches Medium ‚entlarven'. Dieser Weg kommt her von der französischen materialistischen Schule (. . .) und von Helvétius (. . .). Er geht weiter über Gottsched, die Milieutheoretiker (Genie ist ein Produkt der Konstellation), über die medizinisch-psychiatrische Schule der Franzosen und Italiener (Lélut, Moreau, Lombroso) ebenfalls zu Nietzsche, der Wort und Begriff Genie vollständig verwarf. Sie mündet endlich aus in dem Werk des Philosophen Zilsel (1918), der gegen die ‚Geniereligion' eifert und dem das Genie nichts anders ist als ‚wie ein Charlatan den Bauern erscheint'."[138]

Der zweiten Richtung, der analytisch-kritischen, ist auch Freud zuzurechnen[139]. Hier liegt der prinzipielle Unterschied zwischen Freuds System und Schopenhauers idealistischer Ästhetik.

1.2.3
Nietzsche und die psychoanalytische Ästhetik

Die Ähnlichkeit der Psychoanalyse mit der Philosophie Nietzsches ist augenfällig. Freud selbst spricht in der *Selbstdarstellung* von Nietzsche,

„dessen Ahnungen und Einsichten sich oft in der erstaunlichsten Weise mit den mühsamen Ergebnissen der Psychoanalyse decken“[140]. In der Forschung ist dieser Zusammenhang immer wieder herausgestellt worden[141].

An derselben Stelle betont Freud jedoch die Distanz zu Nietzsche, das heißt, die Abstinenz von seinen Schriften:

„Ich habe Schopenhauer sehr spät im Leben gelesen. Nietzsche, den anderen Philosophen, dessen Ahnungen und Einsichten sich oft in der erstaunlichsten Weise mit den mühsamen Ergebnissen der Psychoanalyse decken, habe ich gerade darum lange gemieden; an der Priorität lag mir ja weniger als an der Erhaltung meiner Unbefangenheit.“[142]

So hieß es auch schon in dem früheren Aufsatz *Zur Geschichte der psychoanalytischen Bewegung*:

„Den hohen Genuß der Werke Nietzsches habe ich mir dann in späterer Zeit mit der bewußten Motivierung versagt, daß ich in der Verarbeitung der psychoanalytischen Eindrücke durch keinerlei Erwartungsvorstellung behindert sein wollte.“[143]

Auffallend ist jedenfalls, daß die Verweisungen auf Nietzsche im Werk Freuds häufig sind und daß diese Verweisungen auf eine einigermaßen gute Kenntnis schließen lassen. Die folgenden Zitate mögen es belegen.

„Wir ahnen, wie treffend die Worte Fr. Nietzsches sind, daß sich im Traume ‚ein uraltes Stück Menschentum fortübt, zu dem man auf direktem Weg kaum mehr gelangen kann‘.“[144]

Über das Vergessen, beziehungsweise Verdrängen:

„Keiner von uns allen hat aber das Phänomen und seine psychologische Begründung so erschöpfend und zugleich so eindrucksvoll darstellen können wie Nietzsche in einem seiner Aphorismen (Jenseits von Gut und Böse, II. Hauptstück, 68): Das habe ich getan, sagt mein ‚Gedächtnis‘. Das kann ich nicht getan haben, sagt mein Stolz und bleibt unerbittlich. Endlich – gibt das Gedächtnis nach.“ [145]

Über die Projektion der Vaterfigur in die Natur:

„Einer meiner Patienten, der seinen Vater früh verloren hatte und in allem Großen und Erhabenen der Natur ihn wiederzufinden suchte, machte es mir wahrscheinlich, daß der Hymnus Nietzsches ‚Vor Sonnenaufgang‘ der gleichen Sehnsucht Ausdruck gebe.“

Dazu die Fußnote: „Also sprach Zarathustra, 3. Teil. Auch Nietzsche hatte seinen Vater nur als Kind gekannt."[146]

Über das Schuldgefühl:

„Ein Freund hat mich darauf aufmerksam gemacht, daß der ‚Verbrecher aus Schuldgefühl' auch Nietzsche bekannt war. Die Präexistenz des Schuldgefühls und die Verwendung der Tat zur Rationalisierung desselben schimmern uns aus den Reden Zarathustras ‚Über den bleichen Verbrecher' entgegen."[147]

In *Massenpsychologie und Ich-Analyse*:

„Zu Eingang der Menschheitsgeschichte war er der Übermensch, den Nietzsche erst von der Zukunft erwartet!"[148]

(Gemeint ist der Vater, der Führer der Urhorde.)

Als letztes Zitat eine Bemerkung Freuds zur psychoanalytischen Terminologie: Freud übernahm von Georg Groddeck den Terminus „Es" für das Unbewußte. Dazu lautet die Fußnote Freuds:

„Groddeck selbst ist wohl dem Beispiel Nietzsches gefolgt, bei dem dieser grammatikalische Ausdruck für das Unpersönliche und sozusagen Naturnotwendige in unserem Wesen durchaus gebräuchlich ist."[149]

Freud war also – entgegen seinen eingangs zitierten abwehrenden Äußerungen – mit den Gedanken Nietzsches vertraut. Gelesen mit dem Blick auf die Freudsche Psychoanalyse erscheinen einige wichtige Passagen Nietzsches zum Entwurf einer zukünftigen Psychologie in einem anderen Licht, wie überhaupt festgehalten werden muß, welche zentrale Rolle er der Psychologie einräumte:

„Die gesamte Psychologie ist bisher an moralischen Vorurteilen und Befürchtungen hängen geblieben; sie hat sich nicht in die Tiefe gewagt. Dieselbe als Morphologie und Entwicklungslehre des Willens zur Macht zu fassen, wie ich sie fasse, – daran hat noch Niemand in seinen Gedanken selbst gestreift; sofern es nämlich erlaubt ist, in Dem, was bisher geschrieben wurde, ein Symptom von Dem, was bisher verschwiegen wurde, zu erkennen. Die Gewalt der moralischen Vorurteile ist tief in die geistigste, in die anscheinend kälteste und voraussetzungsloseste Welt gedrungen – und wie es sich von selbst versteht, schädigend, hemmend, blendend, verdrehend. Eine eigentliche Physio-Psychologie hat mit unbewußten Widerständen im Herzen des Forschers zu kämpfen, sie hat ‚das Herz' gegen sich: schon eine Lehre von der gegenseitigen Bedingtheit der ‚Guten' und der ‚Schlimmen' Triebe macht, als feinere Immoralität, einem noch kräftigen und herzhaften Gewissen Not und Überdruß – noch mehr eine Lehre von der Ableitbarkeit aller guten Triebe aus den schlimmen. Gesetzt aber, Jemand nimmt gar die Affekte Haß, Neid, Habsucht, Herrschsucht als lebensbedingende Affekte, als Etwas, das im Gesamt-Haushalt des Lebens grundsätzlich und grundwesentlich vorhanden sein muß, folglich noch gesteigert werden muß, falls das Leben noch gesteigert werden soll, – Der leidet an einer solchen Richtung seines Urteils wie an einer Seekrankheit (. . .). Der Psychologe, der dergestalt ‚Opfer bringt' – (. . .) wird zum mindesten dafür verlangen dürfen, daß die Psychologie wieder als Herrin der Wissenschaft anerkannt werde, zu deren Dienste und Verbreitung die übrigen Wissenschaften da sind. Denn Psychologie ist nunmehr wieder der Weg zu den Grundproblemen."[150]

Dazu Thomas Mann in seinem Aufsatz *Freud und die Zukunft*:

„Was die Wahrheitsliebe betrifft, die leidend moralisch gestimmte Liebe zur Wahrheit als Psychologie, so stammt sie aus der hohen Schule Nietzsches, bei dem in der Tat das Zusammenfallen von Wahrheit und psychologischer Wahrheit, des Erkennenden mit dem Psychologen in die Augen springt: sein Wahrheitsstolz, sein Begriff selbst von Ehrlichkeit und intellektueller Reinlichkeit, sein Wissensmut und seine Wissensmelancholie, sein Selbstkennertum, Selbsthenkertum – all dies ist psychologisch gemeint, hat psychologischen Charakter."[151]

Die Forderung, daß die Psychologie in Zukunft erstens in den Mittelpunkt der Wissenschaften zu treten habe und daß diese Psychologie zweitens eine „eigentliche Physio-Psychologie", ohne Rücksicht auf moralische Vorurteile, sein müsse, stimmt in frappierender Weise mit dem Programm der Freudschen Psychoanalyse überein. Dies mag als erste und grundlegende Übereinstimmung gelten. Aber auch was die ästhetischen Anschauungen angeht, ergeben sich Parallelen zwischen Freud und Nietzsche. Ich erinnere als Beispiel an Nietzsches Idee einer „Physiologie der Ästhetik", die er 1887 in *Zur Genealogie der Moral* entfaltet; an den Abschnitt *Kunst – ein Machtwille* im dritten Buch von *Der Wille zur Macht.* Wie Freud in seinen ästhetischen Schriften betont Nietzsche den Illusionscharakter der Kunst: Kunst als Lüge, als notwendige Lüge, denn:

„Wir haben die Kunst, damit wir nicht an der Wahrheit zugrunde gehen."[152]

Sehr wohl mit Freuds Thesen vergleichbar ist Nietzsches Bemerkung über das Phänomen Künstler (Nietzsche wie Freud wiederum sind auf den gemeinsamen romantischen Ursprung dieses Gedankens zurückzuführen):

„Das Phänomen ‚Künstler' ist noch am leichtesten durchsichtig: – von da aus hinzublicken auf die Grundinstinkte der Macht usw. – auch der Religion und Moral! ‚Das Spiel', das Unnützliche – als Ideal des mit Kraft Überhäuften, als ‚kindlich'. Die ‚Kindlichkeit' Gottes, pais paizon."[153]

Noch einmal Thomas Mann:

„Ihr [der Psychoanalyse, G. S.] Wesen ist Erkenntnis, melancholische Erkenntnis, insonderheit was Kunst und Künstlertum betrifft, auf die sie es offenbar besonders abgesehen hat. Nun, das war mir nichts Neues, als es mir zum erstenmal entgegentrat. Bei Nietzsche, namentlich in seiner Wagnerkritik, hatte ich es im wesentlichen erlebt.“[154]

Wie lassen sich Freuds Nietzsche-Kenntnis und die inhaltlichen Übereinstimmungen zwischen den beiden Denkern erklären, obwohl doch Freud ausdrücklich auf seine geringfügige und späte Nietzsche-Lektüre hinweist?

Nietzsches Gedanken wurden Freud zum einen zweifellos von seiner Schülerin Lou Andreas-Salomé vermittelt, deren frühe Freundschaft mit Nietzsche Freud in seinem Nachruf auf sie erwähnt[155]. Zum anderen gibt es eine „über den Studienfreund Josef Paneth (1857–1890) laufende Beziehung zu Nietzsche“, wie Odo Marquard ermittelt hat:

„Paneth berichtete über seine Gespräche mit Nietzsche Nizza 1883/84 (. . .) (Themen: Gemeinplätze romantischer Naturphilosophie wie z. B. Unbewußtes, Phantasie. Genie-Wahnsinn etc.) brieflich an Freud (vgl. Freuds Brief an Arnold Zweig v. 11.5.1934 (. . .)) wohl in ähnlicher Weise wie – vgl. die bei E. Förster-Nietzsche, Das Leben Friedrich Nietzsches II, 2, 1904, 481–493 auszugsweise abgedruckten Briefe Paneths – an seine Braut.“[156]

Wichtiger noch als die Vermittlung Nietzschescher Philosophie durch Lou Andreas-Salomé und Josef Paneth scheint mit ein anderer Faktor zu sein (der sich nur schwer konkret fassen läßt): die allgemeine Verbreitung und Popularisierung der Ideen Nietzsches nach 1900[157]. Sie ist sicher auch an Freud nicht vorübergegangen. Es wäre vielmehr verwunderlich, wenn sich ein Niederschlag der nietzscheschen Philosophie in der Psychoanalyse *nicht* fände.

Freuds Affinität zu Nietzsche ist ein Symptom für gemeinsames Gedankengut einer Epoche, das heißt, für die auffallende Hinwendung zur Psychologie um 1900; eine recht allgemeine Ähnlichkeit also, die nicht als Gleichheit der Inhalte mißverstanden werden soll. Nietzsches auf die Spitze getriebener Idealismus, sein elitärer Kult des großen einsamen Einzelnen und die damit Hand in Hand gehende Diffamierung der Demokratie und des Sozialismus als Gleichmacherei, seine Verachtung des „allgemeinen grünen Weideglücks der Herde“[158] – all das ist nicht zu vereinen mit der aufklärerischen Intention der Psychoanalyse, die für das Individuum wie für die Gesellschaft die Herrschaft der Vernunft will („Wo Es war, soll Ich werden"). Nietzsches Abwertung des Intellekts zugunsten eines undefinierbaren Begriffs von „Leben" kann der Psychoanalyse nur als Irrationalismus gelten[159].

1.3
ZUR ÄSTHETIK DER FREUD-SCHÜLER

Um die Wirkung der psychoanalytischen Literaturmethode beurteilen zu können, müssen auch die Publikationen der Freud-Schüler herangezogen werden. Es handelt sich vor allem um Ernest Jones, Otto Rank, Theodor Reik, Franz Riklin, Hanns Sachs, Isidor Sadger und Wilhelm Stekel; ihr Forum waren die psychoanalytischen Zeitschriften[160], hauptsächlich *Imago*, die – nach einem Roman Carl Spittelers benannt – der *Anwendung der Psychoanalyse auf die Geisteswissenschaften* gewidmet war.

Die zentrale Thematik dieser Beiträge läßt sich so skizzieren: Triebe und Intentionen des Künstlers sind es, die allein ausschlaggebend sind für die Gestaltung des Werks. Psychoanalytische Mechanismen, sei es in der Lebensgeschichte des Künstlers, sei es im Kunstwerk, stehen im Mittelpunkt der Untersuchungen. Otto Rank geht in seinem materialreichen Werk *Das Inzestmotiv in Dichtung und Sage* (1912) den Gestaltungen des Ödipus- und Geschwisterkomplexes in der Literatur nach. Hamlet wird, Anregungen Freuds folgend[161], von Ernest Jones im Sinn des Ödipuskomplexes interpretiert (Ernest Jones, *The Oedipus-Complex as an Explanation of Hamlet's Mystery,* in: *American Journal of Psychology,* Vol. XXI, Jan. 1910. Auch: *Das Problem des Hamlet und der Ödipuskomplex,* in: *Schriften zur angewandten Seelenkunde,* 10. Heft, Leipzig/Wien 1911).

Psychoanalytische Literaturforschung im Gefolge Freuds bevorzugt gewisse Motivgruppen und Epochen, um ihre Kunstauffassung zu verifizieren. An Beispielen aus der Romantik kann die psychoanalytische Künstlertypologie am leichtesten untermauert werden (vgl. das Kapitel über die Affinität des romantischen und des psychoanalytischen Künstlerbegriffs). Freud befaßt sich in seiner Untersuchung über *Das Unheimliche* (Bd. XII, 229–268) mit E. T. A. Hoffmann, den er den „unerreichten Meister des Unheimlichen in der Dichtung"[162] nennt, und analysiert anhand der Erzählung *Der Sandmann* das romantische Doppelgängermotiv.

Es erleichtert die Deutungsarbeit, wenn die Literatur-Psychologen es mit Dichtern zu tun haben, deren Individualität nicht allein aus dem Werk erschlossen werden muß, sondern die Dokumente der Selbstbeobachtung hinterlassen haben – beispielsweise Briefe oder Tagebücher. Die Freudianer haben sich denn auch insbesondere mit solchen Fällen beschäftigt. Zahlreiche Publikationen befassen sich mit Goethe[163].

Aus anderen Gründen wurde Hebbel zum Paradebeispiel psychoanalytischer Untersuchungen: „Bei Friedrich Hebbel findet sich nun gar manche Bemerkung, die aussieht als wäre sie direkt den Schriften Freuds entlehnt," schreibt Sadger[164]. „Kein zweiter Poet verstand so viel von den Beziehungen und Zusammenhängen seiner Kunst mit dem Traum wie Friedrich Hebbel."[165]. In der Tat gibt es bei Hebbel Passagen, die als intuitive Vorwegnahme psychoanalytischer Erkenntnisse gedeutet werden können.

Intensive Beschäftigung mit den eigenen Träumen ist auch von Gottfried Keller bezeugt. Dazu: Wilhelm Stekel, *Die Träume der Dichter,* Wiesbaden 1912; Eduard Hitschmann, *Über Träume Gottfried Kellers,* in: *Internationale Zeitschrift für Psychoanalyse* 2, 1914, 41–42; Eduard Hitschmann, *Gottfried Keller,* Wien 1919.

Aus verschiedenen Gründen sind diese (und ähnliche) Arbeiten aus der Freud-Schule methodisch unbefriedigend. Die Crux liegt bereits in der Auswahl des Materials: Nicht für sämtliche Kunstproduktionen gilt die psychoanalytische Definition „Kunst ist Ausdruck des Unbewußten". Dichtungen, die dieser Definition nicht entsprachen, wurden entweder nicht berücksichtigt oder gewaltsam in das psychoanalytische Schema gepreßt. Die Fragwürdigkeit der Methode, die Individualbiographie des Künstlers zum Ausgang der Werkinterpretation zu machen, zeigt sich besonders deutlich bei der Musterung der Epochen, wo von der Persönlichkeit des Künstlers nichts oder nur weniges überliefert ist. Es handelt sich um die Kunst der Frühzeiten, etwa um die Anonymität der Epen; unsere Informationen über die Person „Homer" gehören in den Bereich der Mythologie. Auch im Mittelalter spielte die Persönlichkeit des Künstlers keine vergleichbare Rolle. Hanns Sachs hat die Problematik erkannt:

„Als das Wesentlichste des Kunstwerks gilt doch, daß es der Ausdruck einer Persönlichkeit ist (. . .). Daneben steht die Tatsache des Volksliedes und Volksepos, der Volkskunst und des Volkskunsthandwerks, die Kunst der Primitiven, vielerlei Eindrücke aus dem Orient, aus unserem Mittelalter – und vor allem Ravenna. Wie paßt das alles zur Gleichsetzung Kunst–Persönlichkeit? "[166]

Gleichwohl läßt sich Sachs nicht zur Revision dieser Gleichsetzung bewegen, sondern konstruiert das Modell des Künstlers in Epochen der Anonymität:

„Bei den Künstlern, die ‚unpersönliche' Kunstwerke hervorbrachten, liegen andere, eigenartige Libidobeziehungen vor (. . .). Die Voraussetzungen treffen für eine größere Anzahl Menschen nur in Epochen der Weltflucht und religiösen Askese zu

(. . .). Für diese (. . .) nur für das Jenseits lebenden Künstler-Mönche gab weder die Befriedigung der unbewußten Phantasien, noch die Entlastung durch das Affektecho, noch die Belohnung durch den Erfolg den Ansporn zu ihren Werken ab. Das Über-Ich, für die anderen nur Zensur-Instanz, trat hier an die Stelle der Zuhörerschaft, es war das einzige Publikum, auf dessen Beifall es ankam."[167]

Mangels Beweismaterials muß diese Annahme Spekulation bleiben. Der allzu enge Kunstbegriff der psychoanalytischen Schule äußert sich auch in der Überschätzung der Originalität: Die Methode ist unhistorisch.

Die Formelhaftigkeit und das Über-Persönliche gewisser Stereotypen in Stoff und Stil kennzeichnen die Kunst ganzer Jahrhunderte. Wie irreführend es ist, zum Beispiel auf das Mittelalter moderne psychologisierende Begriffe („Erlebnis", „Gefühl") zu übertragen, hat die Fehlinterpretation der mittelalterlichen Natureingänge gezeigt: Hier handelt es sich nicht um spontane Aussprache eines Dichter-Ich, sondern um abstrakte Topik. Ebenso ist es zumindest problematisch, im Falle Hartmanns von Aue „die Entblößungs- und Schaulust in verschiedenen Verdrängungsformen als eine der bedeutsamsten unbewußten Triebkräfte im dichterischen Schaffen" anzusehen, wie Otto Rank es tut[168]. Aufschlußreicher ist hier die Untersuchung des Sozialgefüges der Zeit und der Wechselbeziehungen von Kunst und Gesellschaft; die Fixierung auf die Individualpsychologie führt nicht weiter.

In diesem Zusammenhang einige Bemerkungen zur Methode der „Pathographien"[169]. Zwei Einwände vor allem sind gegen die Pathographien vorzubringen. Viele Pathographien enthalten nicht nur die Beschreibung des Lebensschicksals und der Triebstruktur des behandelten Individuums: In die Beschreibung fließt häufig die Wertung, und das heißt: die Abwertung, ein. Dieses Vorgehen kann sich nicht auf Freud berufen. Eine Persönlichkeit pathographisch untersuchen zu wollen, kam einer Entlarvung und geradezu einer Diffamierung gleich, zumal in einer Zeit, die den Kult des großen Einzelnen pflegte und den Dichter zur Idealfigur stilisierte. Die Entdeckung, daß auch er ein Geschlechtswesen sei – auf nichts anderes lief so manche Pathographie hinaus –, wirkte revolutionär; in der tabubeladenen Atmosphäre vor dem Ersten Weltkrieg war die Reaktion Empörung[170] (als Beispiel sei erinnert an die Hypothese, Heinrich von Kleist sei homosexuell gewesen). Als die Tabus schwanden, hielt sich die Einstufung der Pathographien als „unseriös", woran allerdings auch der dilettantische Charakter mancher Exemplare, etwa aus der Feder Sadgers, schuld sein dürfte.

Daß die von Freud problematisierte Abgrenzung von Normalität und Abnormalität, von „natürlichem“ und perversem Sexualverhalten, an der die meisten Pathographen festhalten, in hohem Maße gesellschaftlich bedingt war, hat der Psychoanalytiker Heinz Hartmann schon 1927 festgestellt:

„In (. . .) Pathographien werden nun von den meisten Autoren krankhafte Seelenzustände nicht nur beschrieben und nach ihren Bedingungen und Folgen untersucht, sondern auch einer Wertung unterzogen (. . .). Die Frage wird dadurch kompliziert, daß in der Art, wie der Begriff des Krankhaften auf seelischem Gebiete abgegrenzt wird, vielfach schon eine Wertung mitgedacht ist. Es ist kein Zweifel, daß in breiten Teilen der Psychiatrie, so vor allem im weiten Lande der Psychopathien, die Grenze zwischen gesund und krank tatsächlich wesentlich nach ‚sozialen‘ Gesichtspunkten gezogen wird, d. h. aber: Der Maßstab liegt hier in dem Wert, den ein Individuum in bezug auf die Anforderungen einer bestimmten Gesellschaftsordnung repräsentiert.“[171]

Freud schreibt 1930 in der Einleitung zu *Thomas Woodrow Wilson. Eine psychologische Studie*:

„Der Glaube an einen starren Rahmen der Normalität und an eine scharfe Abgrenzung des Normalen gegen das Krankhafte im Seelenleben ist in unserer Wissenschaft längst aufgegeben worden. Eine verfeinerte Diagnostik hat uns die Neurose aller Orten erkennen lassen, wo wir auf ihr Vorkommen nicht vorbereitet waren, ja sie berechtigt beinahe die Aussage, daß neurotische Symptome und Charaktereinschränkungen im gewissen Ausmaß allen Mitgliedern der Kulturgemeinschaft zu eigen geworden sind (. . .). Wir haben ferner einsehen müssen, daß für die Beurteilung seelischer Vorgänge die Kategorie normal-pathologisch ebenso unzureichend ist wie die früher alleinherrschende gut-böse.“ [172]

Karl Jaspers, ein Verächter der Psychoanalyse, hat in dieser Hinsicht Vorbildliches geleistet mit seiner „pathographischen Analyse“ Strindbergs, Swedenborgs, Hölderlins und Van Goghs, die er als Fälle von Schizophrenie begreift[173].

Jaspers distanziert sich von jeder Wertung, die mit der psychiatrischen Diagnose verbunden wird[174]. Interessant auch, daß er sich des bekannten Bildes „Muschel – Perle“ bedient, das schon in den zitierten Grillparzer- und Heinegedichten begegnete:

„Wie eine kranke Muschel Perlen entstehen läßt, so können schizophrene Prozesse einzigartige geistige Werke entstehen lassen. Und so wenig an die Krankheit der Muschel denkt, wer sich an der Perle freut, so wenig derjenige, der die für ihn lebensschaffende Kraft von Werken erfährt, an die Schizophrenie, welche vielleicht eine Bedingung ihrer Entstehung war.“[175]

Der zweite Einwand gegen die psychoanalytischen Pathographien ist schon angeklungen. Es ist der grundsätzliche Einwand, den bereits Alfred Adler und die Marxisten unter Freuds Anhängern gegen die Freudsche Psychologie erhoben: Der Gegenstand der Psychoanalyse ist das Individuum, dessen soziale Bedingungen nur am Rande interessieren (zu schweigen davon, daß der Begriff „Individualität" bei Freud nie problematisiert wird). Diese Kritik trifft auch die psychoanalytische Ästhetik, die den Künstler durchweg als „Individualität", als „Persönlichkeit" – sei es auch als abnorme Persönlichkeit – behandelt. Die zentrale Bedeutung, die damit der Begriff Individuum erhält, ist nun ein Zug, der eher ins 19. als ins 20. Jahrhundert weist:

„In einem gewissen Sinne läßt sich sagen, die Freudsche Analyse der Kunst sei durch die damals allgemein akzeptierte Ästhetik nicht gefördert worden, im Gegenteil. Zwar kannte auch diese Ästhetik wie die Freuds den Selbstausdruck des Individuums als zentralen Begriff, doch stand dieser bei ihr im engen Zusammenhang mit einem Kult des Schönen und der Persönlichkeit. Das Gemeinsame mit Freuds Ästhetik bestand also in der Überzeugung, der Künstler bringe vor allem sein eigenes Selbst zum Ausdruck, der entscheidende Unterschied aber darin, daß es der zeitgenössischen Ästhetik dabei letztlich immer nur um das Schöne ging, während Freud immer wieder in den Bereich des Unschönen par excellence hinabtauchte. In seiner Ästhetik lag das Schwergewicht ganz auf dem Selbstausdruck des Individuums."[176]

Die Pathographie stellt also nicht nur den Gegenpol zur Heroisierung und Idealisierung des Künstlers dar (als welchen sie die Zeitgenossen verstanden), sondern auch das dialektische Komplement dazu. Mit Peter Gorsen zu sprechen: Es sind „Biographismus und Pathographismus, die Konjunktur des positiven und negativen Persönlichkeitskultes, (. . .) die ein heute grassierendes Vorurteil gegen psychologische, psychoanalytische und vor allem psychopathologische Diagnosen in der Kunst verschulden"[177].

Kritik an der isolierenden Individualperspektive der Pathographien[178] soll nicht heißen Diskreditierung der Pathographie überhaupt: Eine Akzentverschiebung von der Individual- zur Sozialpsychologie könnte den pathographischen Ansatz neu fruchtbar machen.

1.3.1 Sexualistische Tendenzen

Die überwiegende Mehrzahl der psychoanalytischen Autoren erblickt in der Sexualität des Künstlers den archimedischen Punkt für das Verständnis des Kunstwerks. Rank/Sachs wehren die vorschnelle Identifikation von Unbewußtem und Sexualität ab:

„Daß nicht nur der Stoff, sondern auch die schöpferische Kraft in der Kunst überwiegend sexuell sei, ist schon mehr als einmal in intuitiver Erkenntnis ausgesprochen worden. Die Psychoanalyse muß diese Anschauung insofern einschränken, als sie statt der schlechthin sexuellen die Triebkräfte des Unbewußten einsetzt. Wenn im Unbewußten auch der Sexualität die weitaus größte Bedeutung zukommt, so füllt sie dasselbe doch nicht restlos aus."[179]

Dennoch leisten zahlreiche Arbeiten nicht mehr als die Reduktion des Künstlerischen auf sexuelle Konstitution und mögliche psychische Deformationen des Künstlers. Diese rein mechanistische Auffassung vertritt zum Beispiel Brill, wenn er den Dichter als „Oralerotiker" bestimmt:

„Er ist oralerotisch in jedem Sinne. Sein chronischer affektiver Hunger braucht dauernd orale Befriedigung (. . .). Je nach seiner Begabung und der Entwicklungsstufe seiner Libido wird er entweder ein reifer Dichter oder ein infantiler Dichterling."[180]

Oskar Pfister[181] sieht die Kunst ausschließlich unter dem therapeutischen Aspekt: Kunst ist lediglich Mittel für den Künstler, seine psychischen Schwierigkeiten zu bewältigen – nicht das Werk zählt, sondern die Heilung des Künstlers. Fragen der Form oder der Wertung haben in einer solchen Sicht keinen Ort.

Rank/Sachs versuchen gar, den Unterschied der Disziplinen – Kunst und Philosophie – mit der psychologischen Typologie von Künstler und Philosoph zu begründen:

„Die tieferen Differenzen lassen sich letzten Endes zurückführen auf eine Verschiedenheit der sexuellen Konstitution, die beim Künstler eine Hypererotik, beim Philosophen eine Anerotik zeitigt, auf verschieden ausgeprägte Partialtriebe und die mannigfachen Schicksale derselben, besonders aber auf eine beim Philosophen viel weitergetriebene Abwendung vom Sexuellen ins Geistige, Übersinnliche, Unreale."[182]

Die meisten in *Imago* veröffentlichen Artikel wiederholen stereotyp die These: Sexuelle Frustration, auch Perversion, stehen in einer – nicht näher bestimmten – Beziehung zu künstlerischer Aktivität. Als letztes Beispiel Hans Blühers Interpretation des *Niels Lyhne*:

„Es ist richtig, daß die meisten Menschen Jakobsens mit einer psychischen Lähmung herumlaufen, die eben ihr Leben interessant macht. Die Quelle ist in nichts anderem zu suchen, als in der ausgeprägten Bisexualität des Helden. Diese ist der Schlüssel zum Niels Lyhne, und nur mit ihm kann man das Werk verstehen ... "[183]

Die Quelle für die „psychische Lähmung" muß unbedingt auch in den politischen und sozialen Zuständen des ausgehenden 19. Jahrhunderts gesucht werden. Zum anderen erwähnt Blüher mit keinem Wort den binnenliterarischen Zusammenhang, in dem *Niels Lyhne* steht (Dekadenzproblematik der Künstlerromane).

Nicht die Tatsache der Beziehung von Sexualität und Künstlertum steht zur Debatte, sondern die Art und Weise dieser Beziehung. Ehe sie nicht erforscht ist, bleibt es bei einem psychoanalytischen Gemeinplatz. Die Anhänger Freuds entfernen sich mit formelhaften Vereinfachungen vom vorsichtig differenzierenden Urteil und Stil Freuds, der sich stets zurückhaltend über die Möglichkeiten psychoanalytischer Literaturanalysen äußerte. In dem Essay *Eine Kindheitserinnerung des Leonardo da Vinci*[184] heißt es:

„Die Triebe und ihre Umwandlungen sind das letzte, das die Psychoanalyse erkennen kann. Von da an räumt sie der biologischen Forschung den Platz; Verdrängungsneigung sowie Sublimierungsfähigkeit sind wir genötigt, auf die organischen Grundlagen des Charakters zurückzuführen, über welche erst sich das seelische Gebäude erhebt. Da die künstlerische Begabung und Leistungsfähigkeit mit der Sublimierung innig zusammenhängt, müssen wir zugestehen, daß auch das Wesen der künstlerischen Leistung uns psychoanalytisch unzugänglich bleibt (. . .). Unser Ziel bleibt der Nachweis des Zusammenhangs zwischen äußeren Erlebnissen und Reaktionen der Person über den Weg der Triebbetätigung. Wenn uns die Psychoanalyse auch die Tatsache der Künstlerschaft Leonardos nicht aufklärt, so macht sie uns doch die Äußerungen und die Einschränkungen derselben verständlich."[185]

Noch eindeutiger in einer späteren literaturwissenschaftlichen Arbeit (*Dostojewski und die Vatertötung*):

„Leider muß die Analyse vor dem Problem des Dichters die Waffen strecken."[186]

– und im Vorwort zu *Edgar Poe, Etude psychoanalytique par Marie Bonaparte*:

„Dank ihrer [Marie Bonapartes] Deutungsarbeit versteht man jetzt, wieviel von den Charakteren seines Werkes durch die Eigenart des Mannes bedingt ist, erfährt er aber auch, daß diese selbst der Niederschlag starker Gefühlsbindungen und schmerzlicher Erlebnisse seiner frühen Jugend war. Solche Untersuchungen sollen nicht das Genie des Dichters erklären, aber sie zeigen, welche Motive es geweckt haben und welcher Stoff ihm vom Schicksal aufgetragen wurde."[187]

1.3.2
Psychoanalytische Mythos-, Märchen- und Symbolforschung

Sigmund Freud verpflichtet, aber dennoch ein selbständiger psychoanalytischer Beitrag zur Mythosforschung ist das wichtige Buch von Karl Abraham *Traum und Mythus,* das 1909 erschien. Basis dieser Untersuchung sind, wie Abraham selbst betont, Freuds Ausführungen über die typischen Träume[188]:

„Man wird darauf hinweisen, daß der Traum ein individuelles Produkt sei, während im Mythos gewissermaßen der Gesamtgeist eines Volkes niedergelegt sei. Man wird den Vergleich daher unstatthaft finden. Dieser Einwand ist leicht zu widerlegen. Wenn auch der Traum aus Regungen des Individuums entspringt, so gibt es eben auch solche Regungen, welche allgemein menschlich sind. Diese äußern sich in den von Freud so genannten ‚typischen' Träumen. Es ist Freud gelungen, diese Gruppe von Träumen auf gewisse, allen Menschen gemeinsame Wünsche zurückzuführen, zugleich aber auch nachzuweisen, daß die nämlichen Wünsche gewissen Mythen zu Grunde liegen."[189]

Die von Freud analysierten typischen Träume lassen sich auf den gemeinsamen Nenner bringen: Sie alle enthalten

„Wünsche, welche wir uns im wachen Leben nicht eingestehen. Im Traumleben kommen diese geheimen Wünsche zum Ausdruck. Diese vielen oder allen Menschen gemeinsamen Wünsche treffen wir nun auch in den Mythen an."[190]

Freuds Deutung der Ödipussage, zuerst schriftlich fixiert in *Die Traumdeutung,* die Abraham hier zum Modell der Mytheninterpretation nimmt, bestätigte die in der psychoanalytischen Praxis gewonnene Erkenntnis von der Universalität des Ödipuskomplexes:

„Die Tragödie enthält die Realisierung zweier intim zusammenhängender Kindheitsrespektive Traumphantasien: Der Phantasie vom Tode des Vaters und vom Liebesverhältnis mit der Mutter."

„Denselben Konflikt zwischen Vater und Sohn stellt der Mythus von *Uranos* und den *Titanen* dar. Uranos sucht seine Söhne zu beseitigen, da er von ihnen eine Beeinträchtigung seiner Macht befürchtet. Sein Sohn Kronos nimmt Rache an ihm, indem er den Vater entmannt. Gerade diese Form der Rache deutet auf die sexuelle Seite des Konkurrenzverhältnisses hin. Übrigens sucht Kronos sich in der gleichen Weise gegen seine Kinder zu sichern: er verschlingt sie bis auf den jüngsten Sohn Zeus. Dieser nimmt Racht an ihm, zwingt ihn, die Kinder wieder auszuspeien und verbannt dann Kronos samt den anderen Titanen in den Tartarus; nach anderer Version entmannt auch Zeus seinen Vater."[191]

Allerdings ist es die Ausnahme, wenn der Inhalt eines Traums oder eines Mythos so unverhüllt und direkt dargestellt wird wie in der Ödipussage: In der Regel können Inhalte wie Inzestwünsche, allgemein sexuelle Wünsche, Todeswünsche erst nach langwieriger Deutungsarbeit zutage gefördert werden, wobei die Assoziationen des Träumers zu den wichtigsten Hilfsmitteln gehören. Die Freudsche Traumanalyse zeigt, daß derartige Inhalte meist von anderen Sinnschichten überlagert sind. Die Erklärung für die Entstellungen des eigentlichen Traum-Sinns, die so weit gehen können, daß der manifeste Inhalt dem latenten Inhalt widerspricht, ist beim Traum dieselbe wie beim Mythus. Es handelt sich um Themen, die nicht berührt, ausgesprochen, nicht einmal geträumt werden dürfen, Themen, die von einer psychischen Instanz, die Freud die „Zensur" nannte, also von dem internalisierten Über-Ich unterdrückt oder abgeändert werden. (Auf die gesellschaftliche Komponente weist bereits der von Freud gewählte Ausdruck „Zensur" hin.)

Um die Zensur zu umgehen, ist im Traum wie im Mythus die symbolische Darstellung nötig. Freud hatte in seiner detaillierten Analyse der Novelle *Gradiva* von Wilhelm Jensen gezeigt, daß Symbole als Sexualsymbole deutbar sind. Karl Abraham stellt für den Mythus von Prometheus fest:

„In der Sage von der Herabkunft des Feuers finden wir symbolische Umschreibungen besonders für das männliche Zeugungsorgan und für die Zeugungsfunktion. Wir werden dadurch an die Traumsymbolik erinnert. Der Bohrer, Stab oder ein ähnliches Instrument als Vertreter des männlichen Geschlechtsteiles ist ein im Traums häufiges Symbol."[192]

Abraham, der sich bei seiner Analyse des Prometheusmythos auf die Arbeiten von Adalbert Kuhn[193], ferner von Steinthal[194] und Cohen[195] stützt, unterscheidet drei „Schichten" des Verständnisses:

„Wir wissen aus Kuhns Untersuchung, daß die älteste Schicht des Mythus eine Identifikation des Menschen mit dem Feuer, der Entstehung des Menschen mit der Entstehung des Feuers darstellte. Die zweite Schicht entspricht einer späteren Anschauung, die persönliche Götter kannte. In dieser Schicht des Mythus ist der Feuergott zugleich der Menschgott, von dem der Mensch erzeugt wird. In der dritten, jüngsten Schicht ist Pramantha nicht mehr der Erzeuger, sondern der Schöpfer des Menschen und sein ‚Vorsorger'." [196]

Die drei Schichten, so Abraham, deuten auf den Prozeß der zunehmenden Entsexualisierung und Intellektualisierung: Am allgemeinsten und abstraktesten ist die jüngste Version, die „Prometheus" als „Vorsorger" interpretiert.

„Der Wunsch der zweiten Schicht der Prometheussage wäre so zu präzisieren: Wir wollen als von einem göttlichen Wesen gezeugt und als göttlich gelten; jeder von uns ist ein Pramantha. Ich weise darauf hin, daß diese Phantasie eine unverkennbare sexuelle Komponente hat. Bildet aber das Sexuelle in der zweiten Schicht eine relativ untergeordnete Komponente, so finden wir in der tiefsten Schicht einen rein sexuellen Inhalt, eine klare Wunscherfüllung auf sexuellem Gebiet. Die zweite Schicht unterscheidet sich von der ältesten durch eine weit vorgeschrittene Sexualverdrängung.
Die Symbolik der tiefsten Schicht ist unverkennbar sexuell; sie verleiht einem sexuellen Größenkomplex Ausdruck. Der Mensch identifiziert seine Zeugungskraft mit der Fähigkeit des Bohrers, in der Holzscheibe Feuer zu entflammen, mit dem Wirken des Bohrers am Himmel, des Blitzes. Die älteste Form der Prometheussage ist eine Apotheose der menschlichen Zeugungskraft."[197]

Der Weg, der der Mythosforschung hier gewiesen wird, führt, wie Abraham klar erkennt, „zum Bruch mit der hergebrachten Auffassung, daß der Mythus der bildliche Ausdruck eines philosophischen oder religiösen Gedankens sei"[198]. Wie das Prometheusbeispiel zeigt, ist das nur eine mögliche, meist späte, Bedeutungsschicht.

Abrahams Versuch, Traum- und Mythosforschung durch das Analogon des zugrundeliegenden Wunsches zu verbinden, ist auch heute noch nicht überholt, zumal, wenn man die Religion – verstanden als Ausdruck mythischen Bewußtseins – in die Mythosforschung einbezieht, wie es Freud, Abraham und die psychoanalytisch orientierte Religionswissenschaft tun:

„Die Wunschtheorie des Mythos läßt sich unschwer zu einer Wunschtheorie der Religion erweitern. Die ursprüngliche Identifikation des Menschen mit seinem Gotte ist im Mythus und in der Religion unkenntlich geworden (. . .). Wenn allmähliche, große Umwälzungen dazu geführt haben, daß man den einzigen Gott als einen Vater der Menschen betrachtet – nicht mehr im Sinne des zeugenden, sondern des sorgenden Vaters –, so liegt darin nur wieder eine Wunschphantasie, welche im Infantilen wurzelt. Es ist die gleiche Wunschphantasie, der zu Liebe die Griechen ihren Prometheus als den „Vorsorgenden" auslegten. Der Mensch wünscht sich eine sorgende Vorsehung; er projiziert diesen Wunsch an den Himmel: dort muß ein für alle Menschen sorgender Vater wohnen.
Ebenso deutlich kommt der Madonnenkultus einer im Infantilen wurzelnden Wunschphantasie entgegen. Die sorgende Mutter, die dem Kind in allen Nöten zur Seite stand, will auch der Erwachsene in den großen Nöten des Lebens nicht entbehren. Darum überträgt er seine erhalten gebliebenen Kindheitsphantasien auf die Himmelskönigin. Nichts als Erfüllungen von Wunschphantasien sind alle Anschauungen vom Fortleben nach dem Tode, ob die Phantasie sich nun ein Jenseits im Sinne des Christentums oder eine Stätte sinnlicher Freude im Sinne des Islam ausmalt."[199]

Eine detaillierte psychoanalytische Mythendeutung liefert Otto Rank mit seiner 1908 erschienen Untersuchung *Der Mythus von der Geburt des Helden.* Ranks Absicht ist es, der damals dominierenden naturmythologischen Interpretation die psychologische entgegen- oder doch gleichberechtigt zur Seite zu stellen[200], wobei er sich unter anderem auf Wilhelm Wundt berufen kann, der in seiner *Völkerpsychologie* ausführt:

„Jene Theorie von der Entwicklung der Mythen, die sie zuerst am Himmel entstehen und dann in irgendeinem späteren Zeitpunkte zur Erde wandern läßt, steht aber nicht bloß im Widerspruch mit der Geschichte des Mythus, die von einer solchen Wanderung nichts weiß, sondern auch mit der Psychologie der Mythenbildung, die jene Translokation als eine innerlich unmögliche zurückweisen muß."[201]

Rank vergleicht den Mythus von der „Geburt des Helden", wie er sich in verschiedenen Kulturkreisen darstellt: den babylonischen Sargonmythos als ältestes Zeugnis, die biblischen Moses- und Jesuserzählungen, die altindische Karnasage, die griechischen Ödipus-, Paris-, Telephos-, Perseus-, Dionysos-, Herakles-Mythen und – zentral für den ganzen Mythenkreis – den Krysosmythos in seinen unterschiedlichen Überlieferungen; ferner die Romuluslegende, die Geburtsmythen von Zoroaster, Buddha, Mithras; aus der germanischen Mythologie Siegfried, Tristan, Lohengrin, Sceaf.

Aus den durchgängig gemeinsamen Zügen konstruiert Rank „gleichsam eine Durchschnittssage":

„Der Held ist das Kind vornehmster Eltern, meist ein Königssohn. Seiner Entstehung gehen Schwierigkeiten voraus, wie Enthaltsamkeit oder lange Unfruchtbarkeit oder heimlicher Verkehr der Eltern infolge äußerer Verbote oder Hindernisse. Während der Schwangerschaft oder schon früher erfolgt eine vor seiner Geburt warnende Verkündigung (Traum, Orakel), die meist dem Vater Gefahr droht. Infolgedessen wird das neugeborene Kind meist auf Veranlassung des Vaters oder der ihn vertretenden Person, zur Tötung oder Aussetzung bestimmt; in der Regel wird es in einem Kästchen dem Wasser übergeben.

Es wird dann von Tieren oder geringen Leuten (Hirten) gerettet und von einem weiblichen Tiere oder einem geringen Weibe gesäugt. Herangewachsen findet es auf einem sehr wechselvollen Wege die vornehmen Eltern wieder, rächt sich am Vater einerseits, wird anerkannt andererseits und gelangt zu Größe und Ruhm." [202]

Den Anknüpfungspunkt für seine psychoanalytische Argumentation sieht Rank in dem gestörten Verhältnis des Helden zu seinen Eltern, das in allen erwähnten Mythen wiederkehrt[203]. Ähnlich Karl Abraham, der den Mythos von der psychoanalytischen Traumforschung her aufschlüsselte, parallelisiert

Rank den Mythus von der Geburt des Helden mit dem von Freud entdeckten „Familienroman der Neurotiker“[204]. Damit bezeichnet Freud eine typische Phantasie, die eine bestimmte Stufe in der Entwicklung des Kindes – nämlich die beginnende Ablösung von den Eltern – begleitet:

„. . . beschäftigt sich nun die Phantasie des Kindes mit der Aufgabe, die jetzt gering geschätzten Eltern loszuwerden und durch in der Regel sozial höherstehende zu ersetzen. Dabei wird das zufällige Zusammentreffen mit wirklichen Erlebnissen (die Bekanntschaft des Schloßherrn oder Gutsbesitzers oder auf dem Lande, der Fürstlichkeit in der Stadt) ausgenützt. Solche zufällige Erlebnisse erwecken den Neid des Kindes, der dann den Ausdruck in einer Phantasie findet, welche beide Eltern durch vornehmere ersetzt.“[205]

Im Familienroman, den das Kind, aber auch der erwachsene Neurotiker, bildet, fungieren die „realen“ Eltern lediglich als Pflegeeltern, als Stellvertretung der „idealen“ Eltern. Dennoch:

„Es ist nur scheinbare Treulosigkeit und Undankbarkeit; denn wenn man die häufigsten dieser Romanphantasien, den Ersatz beider Eltern oder nur des Vaters durch großartigere Personen, im Detail durchgeht, so macht man die Entdeckung, daß diese neuen und vornehmen Eltern durchwegs mit Zügen ausgestattet sind, die von den realen Erinnerungen an die wirklichen niederen Eltern herrühren, so daß das Kind den Vater eigentlich nicht beseitigt, sondern erhöht. Ja, das ganze Bestreben, den wirklichen Vater durch einen vornehmeren zu ersetzen, ist nur der Ausdruck der Sehnsucht des Kindes nach der verlorenen glücklichen Zeit, in der ihm sein Vater als der vornehmste und stärkste Mann, seine Mutter als die liebste und schönste Frau erschienen ist.“[206]

Rank stellt die Verbindung vom Familienroman der Neurotiker zum Mythos her, indem er das Ich des Kindes mit dem Helden des Mythos analogisiert, und kommt so zu dem Ergebnis,

„daß die beiden Elternpaare des Mythus dem realen und dem idealen Elternpaare der Romanphantasie entsprechen. Bei näherem Zusehen erkennt man dann auch hier, ganz wie in den kindlichen und neurotischen Phantasien, die psychologische Identität des niederen und des vornehmen Elternpaares. Auch beginnt der Mythus, entsprechend der Überschätzung der Eltern in der früheren Kinderzeit, mit dem vornehmen Elternpaar, ebenso wie die Romanphantasie, während sich in der Wirklichkeit der Erwachsene bald mit den tatsächlichen Verhältnissen abfindet. Die Phantasie des Familienromans erscheint also im Mythus, mit einer kühnen Umkehrung der wirklichen Verhältnisse, einfach realisiert.“[207]

Regelmäßig wiederkehrende Details im Mythus, die – wie Rank betont – „in den Schriften selbst der überzeugtesten Astral- und Naturmythologen keine befriedigende Aufklärung (. . .) finden, (. . .) das regelmäßige Vorkommen von Träumen (oder Orakel), ferner die Art der Aussetzung im Kästchen und im Wasser, die hilfreichen Tiere und andere konstante Motive"[208], sucht der Autor wiederum mit Hilfe der psychoanalytischen Traumforschung zu erklären. Für die Konstante „Aussetzung im Wasser" stützt er sich auf Freuds Aussagen über sogenannte „Geburtsträume" (beschrieben in *Die Traumdeutung*). Da – nach Freud – Wasserträume häufig den Vorgang der Geburt meinen[209] und weiter das Kästchen (Körbchen) als Repräsentation des Mutterleibes gilt, schließt Rank, „daß die Aussetzung des neugeborenen Helden im Kästchen und Wasser nichts anderes als einen symbolischen Ausdruck der Geburt darstellt"[210].

In den Geburts-Zusammenhang stellt Rank auch die häufig auftretende Figur des Bruders, auch Zwillingsbruders, des jungen Helden; klassisches Beispiel für diesen Typus sei die Dioskurenlegende. Dieses zweite Kind (manchmal Ersatzkind, totgeborenes Kind, das dem Vater unterschoben wird, wie in der Kyrossage) ist nach Rank die Nachgeburt – eine These, die er mit Hilfe ethnologischen Materials, vor allem Frazers, belegt[211].

Wie für Freud, so stellt auch für Rank der Mythos ein Zeugnis eines primitiven Bewußtseins- und Gesellschaftszustands dar, dem in einer zivilisierten Gesellschaft nur mehr die Vorstellungswelt der Kinder und der Geisteskranken entspricht. Im Mythos erscheint grundsätzlich die Mutter als dem Kind wohlgesonnen, der Vater als feindselig; nach Ranks Hypothese die Widerspiegelung früher, urgeschichtlicher Verhältnisse:

> „So kehrt die Mutter als schützendes und nährendes Totemtier im Heldenmythus wieder, während im Erzeuger der alte vortotemistische Urvater in seiner ganzen Primitivität weiterlebt."[212]

Obwohl nach dem Gang der Argumentation der Schluß naheliegt, der Mythos sei vom Standpunkt des „jungen Helden" gebildet:

> „Die Aussetzung stellt im Sinne ihrer symbolischen Bedeutung die unter den erschwerten Umständen der primitiven Verhältnisse erfolgte Geburt dar, die somit als die erste großartige Leistung (Aufgabe) erscheint, bei der viele den Tod finden, die der Held aber trotz aller Schwierigkeiten übersteht. So liegt schon im Sohnsein selbst das Heldenhafte" [213]

nimmt Rank an, der Mythos sei ein Produkt der Erwachsenen:

„Das eigene Heldentum findet das Durchschnitts-Ich nur in der Kindheit wieder und darum muß es seine eigene Auflehnung dem Helden unterschieben, ihm das beilegen, worin es selbst ein Held war. Es führt diese Absicht mit infantilen Motiven und Materialien aus, indem es auf seinen Kinderroman zurückgreift und ihn dem Helden unterschiebt. Der Erwachsene schafft also die Mythen mittels des Zurückphantasierens in die Kindheit, wobei er seine eigene Kindergeschichte dem Helden zuschreibt. Andererseits findet das bürgerliche Ich im übermächtigen, aus der Menge hervorragenden Volksheros seine eigenen infantilen Wünsche und Sehnsüchte realisiert."[214]

Wie Abrahams Buch *Traum und Mythus* für die Mythusforschung den ersten entscheidenden Anstoß von psychoanalytischer Seite darstellt, so für die Märchenforschung Franz Riklins *Wunscherfüllung und Symbolik im Märchen* (1908). Beide Arbeiten sind übrigens unabhängig voneinander entstanden.

Riklin wendet die zentrale Freudsche Frage nach der psychologischen Funktion der Literatur speziell auf das Märchen an und kommt zu demselben Ergebnis wie Abraham für den Mythus: Das Märchen dient der Wunscherfüllung. Von der Wunscherfüllungstheorie ergibt sich die Parallele zum Traum, zur Hysterie und gewissen Geisteskrankheiten. Im Märchen wie in den genannten psychischen Phänomenen manifestiert sich das Unbewußte:

„Die Märchen sind Dichtungen unter direkter Verwertung der unmittelbar aus dem primitiven menschlichen Seelenleben geschöpften Erfahrung und der allgemein menschlichen Wunscherfüllungstendenz, die wir in der echten Dichtung auch jetzt noch, oft nur etwas komplizierter und im Gewande anderer Anschauungen wiederfinden."[215]

Die Symbolik, die Riklin an einem Material erarbeitet hat, das neuisländische, russische und neugriechische Märchen miteinbezieht, deckt sich mit der von Freud entdeckten Traumsymbolik. Auffallend ist beim Märchen wie beim Traum zum einen die Betonung der Sexualität, zum anderen die symbolische Verkleidung, in der sexuelle Vorgänge dargeboten werden. Im einzelnen kann Riklin an einer Vielzahl von Märchen den von Freud beschriebenen Mechanismus der „Verlegung nach oben" nachweisen: Der Mund vertritt das Genitale, Essen steht für den Sexualakt, Fruchtbarkeit wird mit dem Genuß gewisser Speisen verbunden (Fisch, Blumen, Äpfel, in der griechischen Mythologie Granatäpfel). So interpretiert Riklin zum Beispiel die biblische Sündenfall-Geschichte im Sinne einer „Befruchtungssymbolik"[216]. Auch das christliche Abendmahl erhält einen sexuellen Neben- oder Untersinn:

„Die Erwähnung der Hostie in diesem Zusammenhang erinnert daran, daß auch das Liebesmahl Christi, wie es jetzt gefeiert wird, zur innigen Kommunion mit erotischer Färbung werden kann."[217]

Motiviert sind Symbolisierung wie die „Verlegung nach oben" als Infantilismen:

„Die Beispiele von Märchen, in welchen die „Verlegung nach oben" spielt, sind Belege für infantile Sexualtheorien; weshalb auch die Ansicht sich bildet, diese Maskierung sexueller Vorgänge habe sich bei den Märchenüberlieferern, den Frauen, in den Erzählungen den Kindern gegenüber gebildet."[218]

Wichtiger jedoch ist die Macht der Zensur:

„Nun wissen wir aber, daß auch in den Träumen Infantilismen eine ungemeine Ausdehnung annehmen, um zensurgerecht die Wünsche des Unbewußten im Traum auszuleben."[219]

Die Stoffe, die das Märchen behandelt, auch die untergründigen erotischen Konstellationen, sind beschränkt; immer wieder werden gewisse typische Motive variiert. Riklin resümiert in Kapitel VII (*Einige besondere sexuelle Märchenmotive*):

„Diese Motive ergeben sich aus der physiologischerweise und besonders im Traum hervortretenden Neigung zwischen Vater und Tochter, Sohn und Mutter (Ödipussage). Ferner aus der Grausamkeit (sadistische Wurzel) und der bei Frauen dementsprechend ausgebildeten Sprödheit."[220]

Aus der Ödipussituation leiten sich zwei verbreitete Märchenmotive her: Die (sexuelle) Rivalin, die Mutter, wird zur bösen Stiefmutter – der Kampf mit und die endliche Überwindung der Stiefmutter sind der Inhalt zahlreicher Märchen. Dem korrespondiert das Motiv der „verfolgten Schönheit".

Es ist nun nicht allein die erotische Versagung, die durch Wunscherfüllung im Märchen kompensiert wird, sondern auch die soziale Unterdrückung Auch in dieser Hinsicht haben Märchen Surrogatfunktion:

„Daß im Märchen soviel von Königen die Rede ist, hat an und für sich nichts Auffallendes; die Sache erhält aber ihre Wunschfarbe, sobald wir die vielen Märchen zählen, in welchen das arme Bauernmädchen einen Prinzen heiratet und der Hirtenknabe eine Königstochter.

Zwei große Gruppen von Märchen zeigen z. B. in ihrer jetzt bekannten Form als Ganzes ohne weiteres deutliche Wunschbildung, nämlich die sogenannten Stiefmuttermärchen, und die Märchen, in denen Dummlinge, Ellenbogenkinder, geistig oder körperlich Schwache, Schwachsinnige die Helden sind."[221]

Daß sich dergestalt das Lustprinzip gegen das Realitätsprinzip durchsetzen kann (die „böse Stiefmutter" wird besiegt; Wünsche gehen in Erfüllung), daß im Märchen „der (sozial) Schwache siegen kann"[222], ist subversiv. Ernst Bloch fordert in seinem Aufsatz *Zerstörung, Rettung des Mythos durch Licht* diese sozialrevolutionäre Interpretation, die bei den Märchen auf der Hand liegt, auch für den Mythos.

Schon Riklin versteht seine Formel „Märchen als Wunschgebilde" nicht nur im erotischen, sondern auch im sozialen Sinn: mit Bloch zu sprechen, Märchen als utopische Wunschgebilde:

„Was für das Individuum ein heilendes, wunscherfüllendes Surrogat für die Wirklichkeit sein kann, kann sich auch zu einem Wunschprodukt einer ganzen Volksschicht, einer großen Kategorie von Menschen in gleicher Lebenslage verallgemeinern, wobei vielleicht weniger die Zweckmäßigkeit als die psychologische Anlage, im Sinne des Wunsches zu denken, betont werden muß."[223]

Die Anfänge der psychoanalytischen Märchenforschung und ihre Fortführung, vor allem durch die sogenannte „komplexe Psychologie" C. G. Jungs sind jetzt dokumentiert in dem von Wilhelm Laiblin herausgegebenen Band *Märchenforschung und Tiefenpsychologie*[234]. Dort sind Freuds Arbeit *Märchenstoffe in Träumen* von 1913[225], auszugsweise Riklins *Wunscherfüllung und Symbolik im Märchen* und Abrahams *Traum und Mythus* abgedruckt.

Das Übergewicht der Arbeiten aus der Schule Jungs erklärt sich zum einen aus den Präferenzen des Herausgebers; zum anderen haben sich in der Tat die Jung-Anhänger stärker als die Freudianer speziell mit dem Märchen beschäftigt. Und so akzeptierte die „Fachwissenschaft", sei es die Germanistik, sei es die Volkskunde, eher Jungsche als Freudsche Deutungen – wenn sie die Beiträge der Psychologen überhaupt zur Kenntnis nahm. Denn, wie Laiblin treffend formuliert, „dieser jüngste Zweig der Märchenforschung galt lange Zeit als suspekt im Kreise der an langjähriger Tradition orientierten Fachgelehrten der übrigen Märchenforschung treibenden Wissenschaftszweige"[226]. In selbstkritischer Fairneß gibt Laiblin nicht nur den „Abwehrmechanismen gegen die Tiefenpsychologie" auf seiten der Fachgelehrten die Schuld, sondern auch der Unzulänglichkeit und Zufälligkeit mancher psychoanalytischer Märchen – und im besonderen Symboldeutung.

Als *Prinzip der psychoanalytischen Märchendeutung* – was auch die Begrenzungen und Einschränkungen dieser Methode, etwa gegenüber der Ethnologie und Soziologie, einschließt – kann gelten: Die Psychoanalyse versteht das Märchen als Manifestation des Unbewußten, als „Dramatisierung" innerseelischer Prozesse (zum Beispiel erotischer Konstellationen; Reifung; Wandlung). Hierin trifft sie sich mit der anthroposophischen Auffassung des Märchens.

Kritikern gegenüber, die der Psychoanalyse „Identifizierung von Symbol und Sexualgehalt", „Einseitigkeit" und ähnliches vorwerfen, muß immer wieder auf die Vorsicht hingewiesen werden, mit der Freud sich dem Symbol näherte. Er ist sich durchaus der Polyvalenz, in der psychoanalytischen Terminologie: der Über-Determinierung, des Symbols bewußt:

„Die Technik der Deutung nach den freien Einfällen des Träumers läßt uns für die symbolischen Elemente des Trauminhaltes meist im Stich; eine Rückkehr zur Willkür des Traumdeuters, wie sie im Altertum geübt wurde und in den verwilderten Deutungen von Stekel wieder aufzuleben scheint, ist aus Motiven wissenschaftlicher Kritik ausgeschlossen. Somit nötigen uns die im Trauminhalt vorhandenen, symbolisch aufzufassenden Elemente zu einer kombinierten Technik, welche sich einerseits auf die Assoziationen des Träumers stützt, andererseits das Fehlende aus dem Symbolverständnis des Deuters einsetzt. Kritische Vorsicht in der Auflösung der Symbole und sorgfältiges Studium derselben an besonders durchsichtigen Traumbeispielen müssen zusammentreffen, um den Vorwurf der Willkürlichkeit in der Traumdeutung zu entkräften.

Die Unsicherheiten, die unserer Tätigkeit als Deuter des Traumes noch anhaften, rühren zum Teil von unserer unvollkommenen Erkenntnis her, die durch weitere Vertiefung fortschreitend gehoben werden kann, zum anderen Teil hängen sie gerade von gewissen Eigenschaften der Traumsymbole ab. Dieselben sind oft viel- und mehrdeutig, so daß, wie in der chinesischen Schrift, erst der Zusammenhang die jedesmal richtige Auffassung ermöglicht."[227]

Soweit zur Traumdeutung. Später – in den *Vorlesungen zur Einführung in die Psychoanalyse* – betont Freud, daß sich die Symbolik nicht in der Traumsymbolik erschöpft:

„Wir haben ja erfahren, derselben Symbolik bedienen sich Mythen und Märchen, das Volk in seinen Sprüchen und Liedern, der gemeine Sprachgebrauch und die dichterische Phantasie. Das Gebiet der Symbolik ist ein ungemein großes; die Traumsymbolik ist nur ein kleiner Teil davon; es ist nicht einmal zweckmäßig, das ganze Problem vom Traum aus in Angriff zu nehmen. Viele der anderswo gebräuchlichen Symbole kommen im Traum nicht oder nur selten vor; manche der Traumsymbole finden sich nicht auf allen anderen Gebieten, sondern (. . .) nur hier oben dort.“ [228]

Den Unterschied sieht Freud darin,

„daß die Symbolik auf den genannten anderen Gebieten keineswegs nur Sexualsymbolik ist, während im Traume die Symbole fast ausschließlich zum Ausdruck sexueller Objekte und Beziehungen verwendet werden“. [229]

Auch Rank[230] und Landquist[231] wenden sich gegen dogmatisch-monokausale Interpretationen; ebenso betont Silberer die „mehrfache Determinierung“ des Symbols:

„Die Vielheit der sich dunkel regenden latenten Traumgedanken verdichtet sich in einige wenige manifeste Traumgestalten oder Symbole, so daß ein Symbol stets (. . .) mehrfach deutbar ist.“ [232]

Silberer verdankt die psychoanalytische Symbolforschung die Einführung der Unterscheidung materialer und funktionaler Phänomene – ein Beitrag, der nicht genügend gewürdigt wurde. Er trennt zwischen der

„Symbolik materialer und funktionaler Kategorie an dem gleichen Phantasieprodukt.
I. Die materiale Kategorie ist ausgezeichnet durch die Darstellung von Gedankeninhalten (. . .). Da (. . .) die Phantasien (Träumer, Träumereien, auch Dichtungen) zumeist von Wünschen beseelt sind, wird es sehr häufig der Fall sein, daß die symbolisch dargestellten Inhalte Wunschvorstellungen (d. h. die vorgestellten Befriedigungserlebnisse) sind.
II. Die funktionale Kategorie ist dadurch gekennzeichnet, daß der Zustand, die Struktur oder die Leistungsfähigkeit des eigenen Bewußtseins (. . .) selbst abgebildet wird. Sie heißt funktional, weil sie mit dem Material der Denkakte, den Inhalten, nichts zu schaffen hat.“[233]
„Die zwei Kategorien der Symbolik würden, wenn sie immer nur nebeneinander herliefen, kein Analogon abgeben für unser Problem der doppelten Deutung. Nun sind aber die Fälle, wo nur funktionale oder nur materiale Symbolik vorliegt, verschwindend selten; die Regel ist eine innige Verflechtung beider.“[234]

Silberers 1914 ausgesprochene Einschätzung

„Der weitaus überwiegende Teil der psychoanalytischen Traumliteratur befaßt sich mit der Deutung nach der materialen Kategorie“[235]

ist auch heute noch gültig: Sein Ansatz wäre methodisch erst noch auszuwerten[236].

Carl Gustav Jung erklärt in seiner Arbeit *Wandlungen und Symbole der Libido* die symbolische Auffassung der Dinge mit der Notwendigkeit „einer Verdrängung und Verschleierung des wirklichen Tatbestandes", nämlich des Tatbestandes der Sexualität. Das unzensierte Beim-Namen-Nennen ruft – so Jung – auch heute noch irrationale Widerstände hervor, „die Empörung, die sich allerorten erhebt gegen die psychoanalytische Aufdeckung der wahren Hintergründe der neurotischen oder normalen Symbolik. Immer und überall stößt man auf das odiose Kapitel der Sexualität, die sich jedem rechtschaffenen Menschen von Heutzutage als etwas Beschmutztes darstellt"[237]. Jung zieht Mythen im weitesten Sinn, aus allen Zeiten und Ländern, heran, Zeugnisse aus bildender Kunst oder Ethnologie, um die Wandlungen und Symbole der Libido zu fassen: Seine Absicht ist es, „ein individuelles Phantasiesystem auf die Zusammenhänge mit seinen Quellen zu untersuchen"[238]. Dennoch geht er nur scheinbar historisch vor: Es interessieren nicht die Wandlungen, sondern die Konstanz der Libido und ihrer Symbolik. Was Jung zusammenträgt, fügt sich zu einer Art statisch-unwandelbaren Symbolreservoirs kollektiver Natur, aus dem die individuelle Dichterphantasie schöpft[239].

Da Jung – anders als Freud – sich nicht um streng-rationale Fixierung seiner Begrifflichkeit bemüht und Begriffe, je nach Zusammenhang, flexibel behandelt, ist es angebracht, auf den Systematisierungsversuch seiner Schülerin Jacobi zurückzugreifen:

„Erscheint der Archetypus im Jetzt und Hier von Raum und Zeit, kann er vom Bewußtsein in irgendeiner Form wahrgenommen werden, dann sprechen wir von Symbol. Damit ist gesagt, daß jedes Symbol zugleich auch ein Archetypus ist, das heißt, eine „archetypische Grundzeichnung" haben muß, um als Symbol angesehen werden zu können, daß aber nicht auch ein Archetypus mit einem Symbol notwendigerweise identisch sein wird. Als zunächst formal unbestimmbares Gebilde, als „Bereitschaftssystem" (. . .) ist er allerdings immer ein potentielles Symbol und sein „Ladungskern" ist jederzeit (. . .) bereit, sich zu aktualisieren und in Erscheinung zu treten."[240]

Jung, dessen Neubestimmung des Symbols, beziehungsweise des Archetypus, sich dem Irrationalen nähert, hat mit derartigen ahistorischen Konstruktionen die Arbeitsweise Freuds aufgegeben. Der entscheidende Punkt ist die unterschiedliche Konzeption des Unbewußten:

„Die Divergenz, die hier zwischen den Auffassungen von Freud und Jung sichtbar wird, kann man wieder leicht aus ihren völlig verschiedenen Theorien in bezug auf das Unbewußte erklären. Im persönlichen Unbewußten, auf das sich Freud allein beschränkt, gibt es keine Archetypen, da seine Inhalte ausschließlich aus der Lebensgeschichte des Individuums stammen.

Hingegen sind die Inhalte des kollektiven Unbewußten, die Archetypen (. . .) als richtige Symbole anzusprechen, weil sie aus der Lebensgeschichte des Universums herkommen und niemals im Bewußtsein des Individuums waren, und so dessen Erfahrungsfähigkeit übersteigen müssen. Trotz der ihnen anhaftenden ‚Verdichtung' und ‚Überdeterminiertheit' sind die Freudschen Symbole immer kausal erklärbar und in diesem Sinne eindeutig und einpolig. Das Symbol, wie Jung es versteht, ist jedoch ein nicht kausal auflösbarer oder faßbarer (. . .) psychischer Faktor." [241]

Ein zweites wird durch die Jungsche Neufassung erreicht: die Entsexualisierung der Symbole[242] – was der allgemeinen Tendenz Jungs entspricht, die anstößige Befassung der Psychoanalyse mit der Sexualität akzeptabel zu machen. Daß es darüber zum Bruch mit Freud kommen mußte (1912), liegt auf der Hand[243].

„Wegen der sexuellen Unanständigkeiten, die in vielen psychoanalytischen Schriften leider einen bedeutenden Platz einnehmen, darf man nicht die Psychoanalyse verurteilen. Unsere aufreibenden medizinischen Forschungen bringen solch unliebsame Phantasien zwar ans Licht, doch für das Vorhandensein dieser manchmal widerlichen Dinge muß die Verlogenheit unserer sexuellen Moral verantwortlich gemacht werden."[244]

So Jung 1912. In seinen *Erinnerungen* beschreibt er den Unterschied zwischen sich und Freud:

„Für mich bedeutet der Inzest nur in den allerseltensten Fällen eine persönliche Komplikation. Meist stellt er einen hochreligiösen Inhalt dar, weshalb er auch in fast allen Kosmogonien und zahlreichen Mythen eine entscheidende Rolle spielt. Aber Freud hielt an der wortwörtlichen Auffassung fest und konnte die geistige Bedeutung des Inzestes als eines Symbols nicht fassen."[245]

„Vor allem schien mir Freuds Einstellung zum Geist in hohem Maße fragwürdig. Wo immer bei einem Menschen oder in einem Kunstwerk der Ausdruck einer Geistigkeit zutage trat, verdächtigte er sie und ließ ‚verdrängte Sexualität' durchblicken."[246]

Die Vernachlässigung der individuellen Lebensgeschichte zugunsten überindividueller Strukturen und die Unterordnung des Faktors Sexualität unter religiöse Deutungen charakterisieren auch Jungs Äußerungen zur Kunst. Das mit quasi-religiösem Gehalt befrachtete Kunstwerk rational analysieren zu wollen, kommt in seiner Sicht beinahe einem Sakrileg gleich.

Alle Versuche, „Archetypen“ zu Grundstrukturen der Kunst zu erheben, verkennen die Geschichtlichkeit der Kunst. Mythos, Märchen und Symbol sind in ihrer Funktion nicht unveränderlich, worauf Wilhelm Emrich bei der Erörterung der Symbolik in *Faust II* hingewiesen hat:

„Die Literaturwissenschaft darf nicht dabei stehen bleiben, eine Verwandtschaft der dichterischen Symbole mit den mythischen herauszuarbeiten, sondern muß ihre dichtungsgeschichtliche Besonderheit und ihren jeweils neuen Sinngehalt aufzeigen. Denn beim bloßen Nachweis der Verwandtschaft entsteht eine leere, ungeschichtliche Identität aller analogen Symbole, ja es entsteht eine äußerste Abstrahierung alles Konkreten, eine geschichtslose Gleichsetzung von Vergangenem und Gegenwärtigem.“[247]

Und an anderer Stelle:

„Wird etwa ein dichterisches Symbol durch ein psychoanalytisch erschlossenes Traumsymbol oder durch ein mythengeschichtlich nachweisbares religiöses Symbol gedeutet und erklärt, so werden zwar analoge Sinnbilder sichtbar, aber es treten auch zugleich neue Sinngebilde hinzu, die wieder zurückgenommen oder scharf von dem zu deutenden dichterischen Symbol abgegrenzt werden müssen, wenn eine wissenschaftlich zulängliche Deutung erreicht werden soll. Denn die Symbole sind trotz ihrer analogen Struktur keineswegs identisch. Goethes Geniusgestalten Mignon, der Knabe Lenker, Euphorion, Homunkulus u. a. zeigen zwar bestimmte Analogien zu den antiken Gott-Kind-Mythen, die Kerényi beschreibt, aber nichts wäre gefährlicher als der Versuch, die Goetheschen Gestalten mit Hilfe solcher Mythen schlüssig zu deuten, das dichterische Symbol also durch ein solches zweites Symbol zu erklären.“[248]

Die Herausforderung, die die Jungsche Umdeutung des psychoanalytischen Symbolbegriffs in der Arbeit *Wandlungen und Symbole der Libido* von 1912 darstellte, nötigte die Psychoanalytiker Freudscher Observanz zu einer Neufassung des Symbolbegriffs. Sie leistete Ernest Jones mit seiner 1918 erschienenen *Theorie der Symbolik*[249], „by far the most weighty and authoritative account of symbolism“, wie sie Edward Glover nennt[250].

Was Jones als „true symbol“ gilt, ist gekennzeichnet durch 1) Substitution, 2) Gemeinsamkeit von Zeichen und Bezeichnetem, 3) Verdichtung des Zeichens gegenüber dem Bezeichneten, 4) primitiverer Stand symbolischer Denkweise, 5) Verborgenheit des Bezeichneten, 8) Vergleich mit dem Witz (das heißt mit der Entstehungsweise des Witzes, wie sie Freud dargestellt hat). Die bekannten Charakteristika – Stellvertretung für Unbewußtes, konstante Bedeutung, Unabhängigkeit von individuellen Bedingungen, entwicklungsgeschichtliche Grundlage, sprachliche Beziehungen, phylogenetische Parallelen – werden zwar auch von Jones aufgeführt, jedoch die Punkte „konstante Bedeutung“ und „Unabhängigkeit von individuellen Bedingungen“, die Anlaß für Stekels und Jungs Abweichungen waren, werden modifiziert: Das Symbol in Jones' Definition ist nicht unabhängig von individuellen Bedingungen, sondern *nicht nur* abhängig von individuellen Bedingungen. So wird die Symbolinterpretation, die Jung unhistorisch vom einzelnen Fall abgelöst hatte[251], wieder festgemacht an der konkreten Lebensgeschichte des Patienten (des Träumers, des Neurotikers).

In einem Punkt allerdings hat sich die psychoanalytische Forschung auch freudianischer Richtung inzwischen von Ernest Jones' Symboldefinition distanziert: Der von Jones behauptete primitivere Stand des symbolischen Denkens wurde, vor allem durch die Entwicklung der psychoanalytischen Ich-Psychologie, widerlegt.

In der Definition, die Rank und Sachs (1914) geben, kommen beide Komponenten der Symbolbildung – der Anteil des Unbewußten wie der Anteil des Bewußten – zu ihrem Recht:

„Seine Tendenz [des Symbols, G. S.] vom Begrifflichen nach dem Anschaulichen stellt es in die Nähe des primitiven Denkens; durch diese Verwandtschaft gehört die Symbolisierung wesentlich dem Unbewußten an, entbehrt aber als Kompromißleistung keineswegs der bewußten Determinanten, die in verschieden starkem Anteil die Symbolbildung und das Symbolverständnis bedingen.“[252]

Eine neue Einschätzung der Symbolisierung zeichnet sich in den Arbeiten von Ernst Kris ab: Bei der Untersuchung des schöpferischen Prozesses gelangt Kris zur Annahme einer „Regression im Dienste des Ich“, die von der neurotischen Regression durch ihren Leistungscharakter, ihre Zweckbezogenheit unterschieden ist:

„When the artist creates during inspiration, he is subject to an ego regression, one controlled by the ego which retains the function of establishing contact with an audience. The artist identifies himself with his public in order to invite their participation, a participation postulating their subsequent identification with him.“[253]

Die bei Kris angedeutete Neubewertung der Symbolisierung wird unter anderem von Melanie Klein fortgeführt, für die die Symbolisierung die „Basis der Sublimierung“ darstellt[254], von Lawrence Kubie[255] und Frederik Hacker. Hacker formuliert die neue Einschätzung der Symbolbildung:

„Symbolism is a basic attribute of human behavior and not an archaic, frustrated, repressed, regressive, primitive, pathological, or defective form of expression.“[256]

1.3.3 Exkurs 3: Freud und seine Schüler

Der Vergleich der Freudschen Arbeiten mit den Beiträgen seiner Schüler macht – bis auf wenige kongeniale Ausnahmen – den Niveauunterschied augenscheinlich. Freuds überragende Begabung auf der einen Seite und die Durchschnittlichkeit seiner Schüler auf der anderen Seite dafür verantwortlich zu machen, stellt keine hinreichende Begründung dar. Hier wird die komplexere Frage der intellektuellen Kreis/Gruppen-Bildung berührt. Immer noch ist wenig bekannt über die zum Teil sehr schwierigen, affektiv und intellektuell belasteten Beziehungen im Kreis um Sigmund Freud.

In seinen frühen Jahren hatte sich Freud gegen Widerstände durchzusetzen, die meist nicht wissenschaftlich fundiert, sondern weltanschaulich-ideologisch bedingt waren. Er kämpfte, zuerst als einzelner, gegen die einmütige Ablehnung der Universitätspsychiatrie und -psychologie. Die wenigen Anhänger, die er im Lauf der Jahre gewann, bildeten – als Reaktion auf den Widerstand gegen die Psychoanalyse – eine äußerst kohärente Gruppe, deren Mittelpunkt Freud war. Bezeichnend für ihr Selbstverständnis ist das „Bekenntnis“ des Schülers Hanns Sachs:

„Meine Schicksalsstunde schlug, als ich die ‚Traumdeutung‘ zum ersten Mal öffnete; es war die Begegnung mit der femme fatale (. . .). Als ich das Buch beendet hatte, wußte ich, daß ich das einzige gefunden hatte, wofür zu leben es sich lohnte (. . .). Als ich Freud persönlich kennen lernte, wurde er das große Ereignis und Abenteuer meines Lebens.“[257]

Und weiter: „Unsere Beziehungen dauerten mehr als dreißig Jahre. Im Laufe dieser Zeit war ich zuerst ein Mitglied seiner kleinen Hörerschaft, dann sein Jünger, ein Angehöriger des Kreises seiner Vertrauten, ein regelmäßiger Gast in seinem Hause und schließlich sein Mitarbeiter und Gefährte. In all diesen Jahren war er die wichtigste Gestalt in meinem Leben.“[258]

Freud war also innerhalb seiner Anhängerschaft absolute Autorität[259]. Die Gefühle, die der Autorität entgegengebracht werden, sind ambivalenter Natur, wie die Psychoanalyse am Beispiel der Ödipussituation gezeigt hat. Nicht anders im Falle Freuds und seiner Schüler: Einerseits identifizierten sich die Mitglieder des Kreises mit Freud, waren auf seine Person fixiert und bildeten dadurch eine geschlossene Gruppe; sie kämpften durch wissenschaftliche Leistungen um Anerkennung, um Anerkennung durch den „Vater" – andererseits zugleich um Überwindung des „Rivalen", um Selbständigkeit.

Die Atmosphäre um Freud war gekennzeichnet durch Attraktion und Rivalität; verschärft wurden die Spannungen durch die Unnachgiebigkeit Freuds, die bis zur Intoleranz gehen konnte[260].

Wie schwierig gerade für selbständige Köpfe die Existenz neben der überragenden Persönlichkeit Freuds sein konnte, beschreibt Fritz Wittels. Er berichtet über die Mittwochabend-Sitzungen, bei denen Forschungsbeiträge zur Theorie und Praxis der Psychoanalyse diskutiert wurden:

> „Die Abende waren nicht immer interessant. Die ganze Anlage hatte für Freud den Zweck, daß er seine eigenen Gedanken durch den Filter einiger sachverständiger, wenn auch mittelmäßiger Gehirne trieb. Starke Individualitäten, sehr kritische und ehrgeizige Mitarbeiter waren ihm deshalb weniger erwünscht. Das Reich der Psychoanalyse war seine Vorstellung und sein Wille. Wer seine Vorstellungen annahm, war ihm willkommen. Er wünschte, in ein Kaleidoskop zu blicken, das durch Spiegelwirkung seine eigenen Figuren vervielfältigte."[261]

Auch Lou Andreas-Salomé, treue Anhängerin Freuds, stellt fest,

> „daß alle Selbständigkeit neben Freud, besonders eine aggressiv temperamentvolle, ihn in seinem forscherischen, also edelsten Egoismus unwillkürlich hetzt und schädigt, zu verfrühten Auseinandersetzungen zwingt etc. Der Wert, den ein selbständiger Kopf für die Sache hat, weist sich erst am Zukünftigen auf, und das führt durch Kämpfe in der Gegenwart, die wahrscheinlich nicht vermeidlich sind. Daß Freud es als Störung empfindet und sich tief nach jener Ruhe stiller Forschung sehnt, die er bis 1905 – bis zur Gründung der ‚Schule' – genoß, ist sicher." [262]

Viele gerade der intelligenten Anhänger trennten sich nach anfänglicher Harmonie, manchmal sogar persönlicher Freundschaft, von Freud. Das gilt für die leidenschaftliche Beziehung zu Wilhelm Fließ (1887–1902): Nachdem Fließ und Freud jahrelang in wissenschaftlichem Gedankenaustausch standen, werden sie über die Frage der Bisexualität zu Feinden. Fließ beansprucht die Priorität der Entdeckung.

Das Muster wiederholt sich: 1911 vollzieht sich der Bruch mit Alfred Adler. Adler hatte den Ödipuskomplx als Teilphänomen eines größeren psychischen Dynamismus, als Phase des männlichen Protestes, aufgefaßt und hatte damit eines der Freudschen Prinzipien aufgegeben, den Primat des Sexuellen. Politische Motive mögen mitgespielt haben: Freud, zeit seines Lebens ein Liberaler, war skeptisch gegenüber der Idee des Sozialismus und der Revolution und hat die marxistische Interpretation seiner Ansätze durchaus nicht gebilligt. Adler – wie die meisten seiner Anhänger – war Sozialist. Bereits 1898 hatte er ein *Gesundheitsbuch für das Schneidergewerbe* veröffentlicht; in dieser Schrift ging es darum,

„den Zusammenhang von ökonomischer Lage und Krankheiten eines Gewerbes zu schildern sowie die Gefahren darzustellen, die der Volksgesundheit aus einer gesunkenen Lebenshaltung erwachsen. Einer solchen Betrachtung, welche den Menschen nicht als Einzel- sondern als Gesellschaftsprodukt untersucht, kann sich der Arzt nicht mehr verschließen."[263]

Adler entwirft eine Psychologie, die von der Minderwertigkeit der Organe und dem daraus resultierenden, inzwischen zum landläufigen Begriff gewordenen Minderwertigkeitskomplex ausgeht[264]. Die Persönlichkeit konstituiert sich, indem die Minderwertigkeit oder das Minderwertigkeitsgefühl kompensiert wird. Auf die Affinität des Adlerschen „Machtstrebens" zu Nietzsches „Willen zur Macht" ist schon oft hingewiesen worden[265].

Freud hat Alfred Adler seinen „Abfall" nie verziehen. Zu Adlers Tod schreibt er Arnold Zweig:

„Für einen Judenbub aus der Wiener Vorstadt ist ein Tod in Aberdeen schon eine unerhörte Karriere und ein Beweis dafür, wie weit er es gebracht hat. Tatsächlich hat ihn die Welt reichlich dafür belohnt, daß er sich der Psychoanalyse entgegengestellt hat." (Brief vom 22.6.1937)

Den Primat des Sexuellen hatte auch C. G. Jung angetastet. In seiner Studie *Wandlungen und Symbole der Libido* (Leipzig, Wien 1912) hatte er den psychoanalytischen Libido-Begriff vom Biologischen ins Symbolisch-Mythische umgedeutet. Der Bruch mit Jung (1912) war für Freud besonders schmerzlich, denn er hatte den Schweizer Jung eindeutig gegenüber seinen Wiener Anhängern favorisiert. Freud hatte Jung zum „Kronprinzen" ausersehen – zum einen aus persönlicher Sympathie, zum anderen in der Absicht, die Psychoanalyse respektabel zu machen. Aus den Briefen an Karl Abraham geht hervor, wie wichtig für Freud Jungs „Ariertum" war (Freuds Schüler waren fast ausschließlich Juden):

„Vergessen Sie nicht, daß Sie es eigentlich leichter als Jung haben, meinen Gedanken zu folgen, denn erstens sind Sie völlig unabhängig, und dann stehen Sie meiner intellektuellen Konstitution durch Rassenverwandtschaft näher, während er als Christ und Pastorssohn nur gegen große innere Widerstände den Weg zu mir findet. Umso wertvoller ist dann sein Anschluß. Ich hätte beinahe gesagt, daß erst sein Auftreten die Psychoanalyse der Gefahr entzogen hat, eine jüdisch nationale Angelegenheit zu werden."[266]

Wie Freud zu Recht vermutete, trug offener oder latenter Antisemitismus wesentlich zu den Widerständen gegen die Psychoanalyse bei. Auch Jung war nicht frei von antisemitischen Gefühlen.

In der 1925 geschriebenen *Selbstdarstellung* urteilt Freud über Adler und Jung:

„In Europa vollzogen sich in den Jahren 1911 – 1913 zwei Abfallsbewegungen von der Psychoanalyse, eingeleitet von Personen, die bisher eine ansehnliche Rolle in der jungen Wissenschaft gespielt hatten, die von Alfred Adler und von C. G. Jung (. . .). Ihre Stärke dankten sie aber nicht dem eigenen Gehalt, sondern der Verlockung, von den anstößig empfundenen Resultaten der Psychoanalyse frei zu kommen, auch wenn man ihr tatsächliches Material nicht mehr leugnete. Jung versuchte eine Umdeutung der analytischen Tatsachen ins Abstrakte, Unpersönliche und Unhistorische, wodurch er sich die Würdigung der infantilen Sexualität und des Ödipus-Komplexes sowie die Notwendigkeit der Kindheitsanalyse zu ersparen hoffte."[267]

Von Adler und Jung enttäuscht, suchte Freud die Getreuen enger an sich zu binden; er gründete das sogenannte „Komitee", dem Karl Abraham, Max Eitingon, Sandor Ferenczi, Ernest Jones, Otto Rank und Hanns Sachs angehörten. Hanns Sachs berichtet:

„1913 gab er einigen seiner Schüler (. . .) Steine (= Gemmen) als Zeichen besonderer Freundschaft und Achtung (. . .). Das Geschenk der Ringe hatte eine gewisse symbolische Bedeutung: es erinnerte uns daran, daß unsere wechselseitigen Beziehungen einen gemeinsamen Mittelpunkt hatten. Es gab uns das Gefühl, zu einer Gruppe innerhalb der Gruppe zu gehören, wenn auch ohne formelle Bildung und ohne den Versuch, zu einer eigenen Vereinigung zu werden."[268]

Aber auch das „Komitee", die Gruppe innerhalb der Gruppe, war nicht von Dauer: Rank und Ferenczi wurden, in Freuds Worten, abtrünnig. Motiv für die Trennungen waren nicht nur sachliche Differenzen. Vincent Brome, dem wir die bisher beste Darstellung der Geschichte der psychoanalytischen Bewegung verdanken, schreibt:

„Leider hatte sein Charakter auch eine Kehrseite; wenn jemand eine wissenschaftliche Hypothese vorbrachte, die seinen eigenen Ansichten grundsätzlich widersprach, nahm er zuerst eine vollkommen ablehnende Haltung ein. Er war in Sorge um den wissenschaftlichen Tempel, den er mit eigenen Händen, so mühsam errichtet hatte. So wurde seine Toleranz durch Unsicherheit beeinträchtigt und seine Sehergabe durch eine gewisse patriarchalische Tyrannei."[269]

Man sollte jedoch nicht nur Freuds Charakter verantwortlich machen für die autoritäre Struktur seines Kreises, die kein Spezifikum der psychoanalytischen Bewegung darstellt, sondern ein Symptom aller auf dem Führer-Gefolge-Prinzip basierenden Gruppenbildungen darin sehen[270].

2 LITERATURWISSENSCHAFT UND PSYCHOANALYSE

Der zweite Teil dieser Arbeit befaßt sich mit einem Kapitel Wissenschaftsgeschichte speziell der deutschen Germanistik.

Die grundlegenden psychoanalytischen Veröffentlichungen zu Kunst und Literatur erschienen in den ersten beiden Jahrzehnten dieses Jahrhunderts. Wie reagierte die Fachgermanistik in Deutschland auf diese Publikationen?

Die Entwicklung verlief hier anders als zum Beispiel in den angelsächsischen Ländern, wo das geistige Klima der Rezeption der Psychoanalyse günstiger war [271]. (Dies gilt nicht nur für die Germanistik, sondern auch für die Geschichtswissenschaft [272].)

2.1 DIE SITUATION DER DEUTSCHEN GERMANISTIK NACH 1900

Nach 1900 breitet sich in der Germanistik die Kritik am Positivismus aus, der bislang herrschenden Forschungsrichtung. Das wissenschaftliche Ideal des Positivismus war dem naturwissenschaftlichen Bereich entnommen; auch die Literaturwissenschaft suchte mit den Kategorien von Ursache und Wirkung zu arbeiten. Für die Literaturgeschichte wirkte sich das darin aus, daß von der Biographie des Künstlers Kausalableitungen auf das Werk vorgenommen wurden. Möglichst vollständige Einbeziehung der Fakten, wie sie der positivistische Wissenschaftsbegriff fordert, bedeutet für die Germanistik detailliertes philologisches Einzelwissen. Hand in Hand damit geht die Abwertung der spekulativen Philosophie, die für die Positivisten als nicht exakt nachprüfbar ihre wissenschaftliche Legitimation verloren hat. Grundlegend für das Selbstverständnis des Positivismus ist das Axiom möglicher Objektivität[273].

Meist in Opposition zum Positivismus entwickelt sich nach 1900 eine Vielfalt von methodischen Neuansätzen in der Germanistik, denen die Herkunft vom Neo-Idealismus gemeinsam ist. Da der Positivismus – philosophiegeschichtlich gesehen – als Derivat des Materialismus auftritt, wird er entschieden bekämpft. Die positivistische Schule setzt in gewissem Maße Determinierung von Kunst und Künstler voraus. Dieser Auffassung tritt vor allem die geistesgeschichtliche Richtung entgegen: Literatur – so lautet die idealistische Gegenthese – ist Produkt und Ausdruck des Geistigen; daher ist Literaturgeschichte letztlich Ideengeschichte. Für sämtliche Geisteswissenschaften erhält somit die Philosophie wieder ihre zentrale Funktion. Das methodische Vorbild der Naturwissenschaften gilt nun nicht mehr. Mit Dilthey wird der qualitative Unterschied zwischen Naturwissenschaften (Erklären) und Geisteswissenschaften (Verstehen) betont, sowohl im Gegenstandsbereich als auch in den Methoden. Die geistesgeschichtliche Schule wertet das sichere („objektive") Faktenwissen und den enormen Sammlerfleiß der Positivisten als bloßes Spezialistentum ab, dem das übergreifende geistige Band fehlt[274].

Neben der dominierenden geistesgeschichtlichen Richtung zeichnet sich in der Germanistik, die die verschiedenartigsten Anregungen aus anderen Disziplinen aufgreift, ein Pluralismus der Methoden ab.

Methodische Anleihen wurden bei durchaus heterogenen Wissenszweigen gemacht: Die rassen- und stammestheoretische Literaturgeschichte zum Beispiel wandte biologische Kriterien auf die Literatur an. Damit konnte sie an organologische Vorstellungen gewisser romantischer Strömungen anknüpfen. Ohne methodische Schwierigkeiten paßte sich derartige Literaturwissenschaft bereits vor 1933 der nationalsozialistischen Weltanschauung an[275].

Vielversprechend schien die „wechselseitige Erhellung der Künste" (nach der gleichnamigen Schrift von Oskar Walzel: *Wechselseitige Erhellung der Künste. Ein Beitrag zur Würdigung kunstgeschichtlicher Begriffe,* Berlin 1917). Die Kunstwissenschaft und Kunstgeschichte sollten das Modell für die Literaturwissenschaft abgeben; Konzentration auf Form- und Stilanalysen wurde propagiert; Stil wurde verstanden als das einer Epoche gemeinsame Charakteristikum (vor allem: Max Dessoir, *Zeitschrift für Ästhetik und allgemeine Kunstwissenschaft,* 1906 ff.). In der Germanistik sind hauptsächlich die Arbeiten von Strich und Walzel zu nennen. Richtungsweisend wurden Wölfflins „Grundbegriffe": Man suchte literarische Epochen analog zu den Epochen der bildenden Kunst herauszuarbeiten. Dabei begnügte man sich jedoch keineswegs mit kunst- und literaturhistorischen Parallelisierungen, sondern sah im Spezifischen einer Epoche den Niederschlag anthropologischer Grundmöglichkeiten: der „gotische Mensch", der „barocke Mensch", etc. (Beispiel: Wilhelm Worringer, *Formprobleme der Gotik,* 1911). Solche Intentionen trafen sich mit der typologisierenden Psychologie: Eduard Spranger, *Lebensformen,* 1914; Herman Nohl, *Typische Kunststile in Dichtung und Musik,* Jena 1915[276].

Die Psychologie war in diesen Jahren eine an den Universitäten etablierte Disziplin, die sich – gemäß dem jeweiligen Selbstverständnis – den Natur- oder den Geisteswissenschaften zurechnete. Am Rande der akademischen Psychologie entwickelten Freud und seine Schüler die Psychoanalyse; Freud war sich seiner Außenseiterposition durchaus bewußt und bekam sie, vor allem in den Jahren des Anfangs, oft genug zu spüren. Das ist der wissenschaftsgeschichtliche Hintergrund, vor dem sich die Rezeption der Psychoanalyse abspielt.

Die Methode des Psychologierens war den Geisteswissenschaften im Gefolge Diltheys nicht fremd. Seine Zentralbegriffe des Erlebens und des Verstehens sind psychologische Begriffe. Ansätze zu einer psychologischen Erklärung des künstlerischen Schaffensprozesses, wie sie Freud ausgearbeitet hat, sind bereits bei Dilthey vorhanden. In dem Aufsatz *Dichterische Einbildungskraft und Wahnsinn* von 1866 heißt es:

„So walten in den Werken der dichterischen Einbildungskraft psychologische Gesetze.“[277]

In zwei Punkten berührt sich Dilthey in diesem Aufsatz mit Freuds ästhetischen Anschauungen. Erstens begreift er Kunst als Spiel:

„Er [der Dichter, G. S.] trennt von der Wirklichkeit dies Reich des schönen Scheins. So bildet sich eine Traumsphäre der Dichtung, innerhalb deren im Augenblick der Begeisterung die Bilder volle Realität haben. Die Art von Illusion, die hier stattfindet, ist der vergleichbar, die wir am spielenden Kinde gewahren. Die Kunst ist ein Spiel. Der Dichter und das spielende Kind glauben beide, das Kind an das Leben seiner Puppen und Tiere, der Poet an die Wirklichkeit seiner Gestalten. Und glauben beide doch nicht.“[278]

Zweitens sieht Dilthey wie Freud psychologische Parallelen zwischen Dichter, Träumer und Neurotiker:

„Mit seinen eigenen Gebilden lebt er [der Dichter, G. S.] wie mit wirklichen Personen, und die Schmerzen derselben fühlt er wie wirkliche Schmerzen. Er wandelt das eigene Ich in das seiner Helden, empfindet, denkt und redet aus ihnen. Gegenüber der philisterhaften Auffassung, die von dem biederen dichterischen Handwerker ausgeht, zeigt die biographische Forschung in dämonischen Naturen wie Rousseau, Goethe, Byron, Alfieri, Dickens eine solche Mächtigkeit der sinnlichen Organisation, einen so elementaren, unwillkürlich und unwiderstehlich wirkenden Bautrieb der Phantasie, daß uns ihr Seelenleben ganz geheimnisvoll fremdartig erscheint und daß die Vorgänge in ihnen uns immer wieder an Traum und Wahnsinn erinnern.

Denn auch der Träumende gibt in die von ihm erschaffenen Gestalten sein eigenes Innerstes, und dann fürchtet er sie und erschrickt vor ihnen wie vor Wirklichkeiten. Und in dem Geisteskranken steigert sich dieses alles zu Halluzinationen und Wahnideen, sein eigenes Ich kann untergehen, und er kann sich als eine andere Person wiederfinden.“[279]

Freilich erscheint die Begründung, die Dilthey für die Ähnlichkeit Dichter-Träumer-Neurotiker bereithält, einigermaßen oberflächlich – ein Beispiel vorfreudianischer Bewußtseinspsychologie:

„Ich bezeichne das, was dem Träumenden, dem Hypnotischen, dem Irren mit dem Künstler oder Dichter gemeinsam ist, als eine freie Gestaltung der Bilder und ihrer Verbindungen, uneingeschränkt von den Bedingungen der Wirklichkeit.“[280]

Im übrigen zielt Diltheys Aufsatz auf die Widerlegung der These vom Wahnsinn des Genies:

„Das Genie ist keine pathologische Erscheinung, sondern der gesunde, der vollkommene Mensch."[281]

Auch in seinem erstmals 1905 erschienen Buch *Das Erlebnis und die Dichtung* kommt Dilthey der psychoanalytischen Sehweise nahe. Leben und Werk werden als untrennbar behandelt. Das psychologische Interesse an Literatur, das Interesse am Vorgang des künstlerischen Schaffens, steht am Anfang des wichtigen Goethe-Kapitels:

„Die Phantasie des Dichters, ihr Verhältnis zu dem Stoff der erlebten Wirklichkeit und der Überlieferung, zu dem, was frühere Dichter geschaffen haben, die eigentümlichen Grundgestalten dieser schaffenden Phantasie und der dichterischen Werke, welche aus solcher Beziehung entspringen: das ist der Mittelpunkt aller Literaturgeschichte. An keinem neueren deutschen Dichter wird diese zentrale Stellung der Phantasie im dichterischen Schaffen so deutlich als an Goethe, und keiner fordert zu seinem Verständnis so die Einsicht in das Wesen der Phantasie."[282]

Daß die Person des Dichters mindestens so wichtig ist wie das Werk, spricht Dilthey am Ende des Goethe-Essays aus:

„So führen uns die Dichtungen Goethes immer zurück auf den großen Menschen, der in ihnen zu uns redet. Jedes seiner Werke weist hin auf die Persönlichkeit, die in allen gegenwärtig ist (. . .). Und kein Scheltwort, das von Briefen und biographischen Bemühungen weg auf die Dichtungen hinweist, wird dies Verhältnis umzukehren und Leben, Natur und Entwicklung Goethes zu Mitteln, seine Werke zu verstehen, herabzudrücken imstande sein. Denn was der Mensch in der Arbeit seines Lebens schließlich gewollt hat, das ist es auch was, wann sein Tag vorübergegangen ist, uns zu ihm hinzieht und unseren Blick letztlich festhält."[283]

Die Geisteswissenschaften zeigen sich also dem Psychologisieren durchaus aufgeschlossen[284], ein „Symptom jener Hinwendung zur Psychologie, die sich um die Jahrhundertwende allgemein vollzog"[285].

Große Resonanz fand Diltheys Entwurf einer „beschreibenden Psychologie", im Gegensatz zur „zergliedernden Psychologie"[286]. Freuds Entdeckung des Unbewußten weist jedoch weit über Diltheys psychologische Vorstellungen hinaus.

Die deutsche Germanistik war – pauschal gesprochen – nicht willens und auf Grund ihrer Prädispositionen nicht imstande, die Freudsche Analyse des Unbewußten zu akzeptieren[287]. Die Gedanken Diltheys waren nämlich nicht zuletzt deshalb so bereitwillig aufgenommen worden, weil sie sich mit den vorhandenen antipositivistischen Tendenzen trafen, Tendenzen, die häufig in Irrationalismus umschlugen[288].

Viëtor stellt in seinem 1945 veröffentlichten Rückblick *Deutsche Literaturgeschichte als Geistesgeschichte* fest:

„Dilthey hat eine tiefere und richtigere Auffassung des dichterischen Lebens und Schaffens gelehrt. Er hat ein neues Verständnis der Beziehung zwischen Leben und Kunst, zwischen Lebenserfahrung und Phantasie in die Wege geleitet. Andere Tendenzen wirkten in der gleichen Richtung. Nach 1900 trat dem mechanischen, antiteleologischen Evolutionismus ein Neo-Vitalismus entgegen. Gegen die experimentelle Psychologie wandte sich eine Verstehenspsychologie, gegen den anti-metaphysischen Rationalismus (dem übrigens Dilthey selbst noch recht nahestand) eine neue Metaphysik des Lebens (Bergson), eine Rehabilitierung der intuitiven Erkenntnisweisen, endlich sogar ein ausgesprochener Anti-Intellektualismus."[289]

Weniger konziliant urteilt Lukács:

„Was Dilthey gelungen ist, ist nur ein Kompromittieren und Zersetzen der kausalen Psychologie des Positivismus, an deren Stelle er eine im wesentlichen unkausale, ja antikausale ‚Morphologie' der seelischen Phänomene setzt, die für den lebensphilosophischen Relativismus der ganzen späteren Entwicklung ausschlaggebend geworden ist. Die ‚beschreibende Psychologie' und ihre intuitive Methode sind zwar (. . .) etwas außerordentlich Verschwommenes und Widersprüchliches, aber gerade dieser ihr Charakter hat ihnen eine anhaltende Nachwirkung gesichert."[290]

Diltheys Ansätze wurden von verschiedenen Schulen weiterentwickelt, denen das Selbstverständnis als geisteswissenschaftliche Psychologie und die Opposition zur naturwissenschaftlichen Psychologie gemeinsam sind[291].

2.1.1
Exkurs 4:
Psychoanalyse als wissenschaftstheoretisches Modell. Psychoanalyse – Natur- oder Geisteswissenschaft?

Psychologie dieser Art war akademisch dominierend; ihr Einfluß auf die Germanistik ist nicht zu unterschätzen. Die Psychoanalyse wird grundsätzlich der naturwissenschaftlichen Psychologie zugeordnet – eine Zuordnung, deren Berechtigung erst zu diskutieren ist. Die Frage, ob die Psychoanalyse der natur- oder geisteswissenschaftlichen Psychologie zugehört, ist bei näherer Betrachtung weitaus problematischer: Auf Grund seines positivistischen Wissenschaftsbegriffs und auf Grund seiner Herkunft von der Neurophysiologie entschied Freud die Frage zugunsten der Naturwissenschaften[292]. In der Folge ist immer wieder versucht worden, Psychoanalyse als naturwissenschaftliche Theorie zu formulieren. So zum Beispiel von Heinz Hartmann (1927):

„Ein großer Teil jener Zusammenhänge, deren Kenntnis wir der Psychoanalyse verdanken, ist ohne Zweifel genetisch, einfühlend, nacherlebend verständlich. Jene von ihr aufgedeckten Beziehungen, welche sich um den Zusammenhangstypus: Triebimpuls-Triebhandlung gruppieren, sind ebenso wie die Verdrängungen und manche Reaktionsbildungen verständlich (. . .).

Das Ziel der Psychoanalyse jedoch nicht das Verstehen von Seelischem ist, sondern das kausale Erklären, haben wir schon festgestellt (. . .). Die von der Psychoanalyse gefundenen Zusammenhänge sind zwar vielfach *auch* verständlich, aber das ist für die analytische Theorie nicht das Wesentliche. Trotzdem konnte das Mißverständnis aufkommen, als handle es sich bei der Psychoanalyse im Grunde um einen Zweig der verstehenden Psychologie."[293]

Das Bemühen um naturwissenschaftliche Fassung der Psychoanalyse – repräsentiert durch Heinz Hartmann und David Rapaport – war sicher mitmotiviert durch das Bemühen um akademische Respektabilität. Das szientistisch geprägte Klima der angelsächsischen Länder, vor allem der USA, in dem sich die exilierten Psychoanalytiker durchzusetzen hatten, hat auf diese Weise seine Spuren in der Geschichte der Psychoanalyse hinterlassen.

Szientistisch argumentiert auch Eysenk, der die Psychoanalyse als „verstehende Psychologie" bezeichnet und ihr damit jeden Anspruch auf Wissenschaftlichkeit abzusprechen glaubt:

„Der ‚verstehende' Psychologe versucht mit Hilfe seiner Alltagsmenschenkenntnis intuitiv in die inneren Vorgänge anderer Menschen Einblick zu gewinnen. Angeeignet hat sich der ‚verstehende' Psychologe seine Menschenkenntnis durch Selbstbeobachtung, durch Beobachtung anderer Menschen in verschiedenen Situationen oder möglicherweise auch durch Lektüre Shakespearescher Dramen und moderner Romane, und seine intuitiven Urteile, das ist nicht zu leugnen, sind oft erstaunlich treffend.

Aber so wertvoll und nützlich auch psychologisches Einfühlungsvermögen und psychologisches Verständnis sein mögen, mit eigentlich wissenschaftlicher Psychologie haben sie nichts gemein."[294]

Besonders ärgerlich für Eysenks am Modell der Naturwissenschaften orientierten Wissenschaftsbegriff ist das Moment der Reflexion, die Selbstbeobachtung, auf die der psychoanalytische Prozeß nicht verzichten kann[295]. Konsequent fordert der Kritiker, Psychologie und Psychoanalyse scharf zu trennen als „Wissenschaft" auf der einen Seite und „geniale Spekulation" auf der anderen Seite[296]. Sein Urteil lautet:

> „So sehr man seinen [Freuds] Hypothesen und intuitiven Einsichten Achtung zollen mag, mit der Psychoanalyse als selbstständigem, wohlintegriertem wissenschaftlichem System ist es vorbei; sie ist heute tot, obwohl man ihren einbalsamierten Körper den Gläubigen noch immer zur Schau stellt."[297]

Eysenks provokative Thesen sind nicht unwidersprochen geblieben; in den folgenden Heften der Zeitschrift *Der Monat* meldeten sich Alexander Mitscherlich[298], Otto Walther Haseloff[299] und Wolfgang Hochheimer[300] zu Wort. Wobei einer der Apologeten, Haseloff nämlich, nicht weniger szientistisch denkt als der Angreifer Eysenk: Auch Haseloff mißt Wissenschaftlichkeit ausschließlich an „science"[301], nur mit dem Unterschied, daß er die Psychoanalyse – die „echte" Psychoanalyse, nicht ihre Jungschen oder Adlerschen Ausprägungen – zur erklärenden Psychologie rechnet. Psychoanalyse – damit vertritt er den Hartmannschen und Rapaportschen Standpunkt – sei entschieden erklärende, nicht verstehende Psychologie[302].

Das Dilemma – Psychoanalyse als Natur – oder als Geisteswissenschaft? ist mit ihrer Entstehung gegeben. Die Berufung auf Freuds Selbstverständnis kann nicht genügen; nicht nur das spätere Werk, sondern bereits die Grundkonzeption Freuds reicht über den naturwissenschaftlichen Bereich hinaus[303].

Schönau, der die Bildlichkeit in Freuds Werk untersucht hat, ist auf zwei zentrale Metaphern gestoßen[304]. Einmal wird die Tätigkeit des Psychoanalytikers mit der Entzifferung einer Sprache (der Traum als Sprache, die Neurose als Sprache), zum anderen mit der Archäologie verglichen: Psychoanalyse als „Archäologie der Seele". Beide Bilder sind sehr häufig. Was in unserem Zusammenhang interessiert: Sowohl Übersetzen und Interpretieren als auch archäologisches Forschen sind traditionell Verstehensprozesse, nicht Erklärensweisen. Freuds Selbstverständnis ist also ambivalent.

Es hat denn auch nicht an Versuchen gefehlt, das Freudsche Deutungsverfahren dem hermeneutischen Verfahren in den Geisteswissenschaften zuzurechnen. Bereits 1926 hat Ludwig Binswanger auf die Verbindung zur „hermeneutischen Operation“ Schleiermachers, aber auch Droysens, Boeckhs und Diltheys hingewiesen[305].

Der holländische Psychoanalytiker Kuiper versucht 1964 und 1965, die Psychoanalyse als verstehende Psychologie zu definieren[306]; in seiner Arbeit über *Diltheys Psychologie und ihre Beziehung zur Psychoanalyse* vertritt er die These, Dilthey habe in seinem bekannten Aufsatz über beschreibende und zergliedernde Psychologie (1894) das Programm einer verstehenden Psychologie entworfen, das Freud auf Grund seiner klinischen Beobachtungen durchgeführt hat. Was er über Dilthey hinaus in die Psychologie eingeführt habe, sei die Konzeption des Unbewußten.

Kuipers Auffassung wurde von einem prominenten amerikanischen Kollegen widersprochen; Kurt R. Eissler setzt sich in seinem Beitrag über *The Relation of Explaining and Understanding in Psychoanalysis. Demonstrated by One Aspect of Freud's Approach to Literature*[307] mit Kuiper auseinander. Selbst in Freuds Arbeiten zu Kunst und Literatur scheint Eissler das Moment des Erklärens vor dem des Verstehens zu dominieren[308]. Immerhin, auch er konzediert, daß das Verstehen, ganz im Sinne Diltheys, in der Psychoanalyse seinen Platz hat:

„It has its own piquancy to consider the moves and countermoves in the history of ideas during those last few years before the ending of the century: Dilthey read the death sentence over psychologia explanans in 1894, while Freud, probably without knowing of Dilthey's psychologia comprendens, plotted out, almost at the same time, precisely a psychologia explanans, to its extremest consequences; by doing exactly what Dilthey had warned most strongly against, Freud carried neurologizing psychology ad absurdum, only to drop it and turn to creating a new psychologia explanans, which was to fulfill Dilthey's specifications, through ist extensive use of the function of understanding.“[309]

Habermas spricht vom „szientistischen Selbstmißverständnis der Metapsychologie“, denn „Freud ahnte wohl, daß die konsequente Verwirklichung des Programms einer „naturwissenschaftlichen“ oder auch nur streng verhaltenswissenschaftlichen Psychologie eben *die* Intention hätte opfern müssen, der die Psychoanalyse ihre Existenz verdankt: die Intention der Aufklärung, derzufolge aus Es Ich werden soll“[310].

Auch Habermas zieht Parallelen zwischen der Diltheyschen Hermeneutik und der Freudschen Analyse:

„Wie Freud rechnet Dilthey mit der Unzuverlässigkeit und der Verworrenheit der subjektiven Erinnerung; beide sehen die Notwendigkeit einer Kritik, die den verstümmelten Text der Überlieferung reinigt. Aber die philologische Kritik unterscheidet sich von der psychoanalytischen dadurch, daß sie (. . .) auf den intentionalen Zusammenhang des subjektiv Vermeinten als letzte Erfahrungsbasis zurückführt (. . .). Die psychoanalytische Deutung richtet sich nicht auf Sinnzusammenhänge in der Dimension des bewußt Intendierten. Die Auslassungen und Entstellungen, die sie behebt, haben einen systematischen Stellenwert, denn die symbolischen Zusammenhänge, die die Psychoanalyse zu begreifen sucht, sind durch interne Einwirkungen verderbt."[311]

Als hermeneutisches Verfahren wird die Psychoanalyse auch von Alexander Mitscherlich und seinen Schülern verstanden. So bezeichnet Alfred Lorenzer in einem Aufsatz über *Symbol, Interaktion und Praxis* die Richtung der Psychoanalyse als „kritisch-hermeneutische"[312], und Klaus Horn schreibt: „Sie [die Psychoanalyse, G. S.] ist im Kern ein hermeneutisches Verfahren."[313] Anders als Habermas ordnen diese Autoren jedoch die Psychoanalyse nicht *ausschließlich* der hermeneutischen Methode zu. Wie der programmatische Titel der Aufsatzsammlung *Psychoanalyse als Sozialwissenschaft* andeutet, enthält Psychoanalyse in dieser Definition Elemente des Erklärens wie des Verstehens:

„Das psychoanalytisch-therapeutische Verfahren (. . .) ist ausgezeichnet durch ein Alternieren zwischen objektivierend-szientistischen und hermeneutischen Methoden; wo das Verstehen (bei Patient und Therapeut) versagt, tritt das verständnis-provozierende Erklären transitorisch an seine Stelle."[314]

Die Diskussion um Naturwissenschaft und Geisteswissenschaft erhält einen anderen Akzent, wenn man Apel folgt, demzufolge „die Existenz einer Kommunikationsgemeinschaft die Voraussetzung aller Erkenntnis in der Subjekt-Objekt-Dimension ist"[315].

Damit ist die Kontroverse – Psychoanalyse als Natur- oder als Geisteswissenschaft – aufgehoben. Für alle Wissenschaft ist die Verständigung über Sinnzusammenhänge, das Wozu der Wissenschaft, vorgängig.

2.2
AUFGESCHLOSSENHEIT GEGENÜBER PSYCHOLOGIE

Die Vertreter der deutschen Literaturwissenschaften äußern sich nicht durchweg ablehnend zur Anwendung psychologischer Methoden. Die erste positive Rezension der *Studien über Hysterie* von Breuer/Freud kam nicht aus Fachkreisen, sondern von einem Literaturhistoriker, Alfred von Berger (1853–1912), Professor der Literaturgeschichte in Wien und Direktor des Burgtheaters. Er besprach das Werk in der Wiener *Morgenpresse* vom 2.2.1896 als Feuilleton unter dem Titel *Chirurgie der Seele*[316]. 1901 beurteilte Friedrich von der Leyen Freuds (1900 erschienene) *Traumdeutung* in seiner Arbeit *Traum und Märchen* positiv[317]. Die Realität des Ödipuskomplexes – Stein des Anstoßes gerade in diesen Jahren – wird von ihm voll anerkannt[318].

In ihrem 1918 veröffentlichten Werk *Motiv und Wort* praktizieren Hans Sperber und Leo Spitzer – in enger Kooperation der Literaturwissenschaft mit der Sprachwissenschaft – eine Art „Psychoanalyse des sprachlichen Ausdrucks". Diese Wendung gebraucht Spitzer, um seinen Aufsatz *Die groteske Gestaltungs- und Sprachkunst Christian Morgensterns* zu charakterisieren:

> „Mein Aufsatz bezweckt eine Art Psychoanalyse des sprachlichen Ausdrucks, die des Dichters Wortwelt ‚hintergründet' (. . .) und sucht auch die anscheinend willkürlichsten Bildungen aus der besonderen Veranlagung des Dichters zu rechtfertigen."[319]

Spitzer gelingt es, mit Hilfe der Sprachwissenschaft (das heißt: der Motivanalyse und der Sprachstatistik) anhand konkreter Einzelinterpretationen[320] der psychischen Struktur des Autors nachzuspüren. Im Falle Meyrinks (*Motiv und Wort bei Gustav Meyrink*) stellt sich als beherrschend der Motivkomplex des Erstickens, der der Blindheit und der Vampirkomplex heraus.

In seiner Besprechung des Buches *Motiv und Wort* unter dem Titel *Psychoanalyse des Stils* (1919) beeilt sich Josef Körner, vor der „Einseitigkeit" der Freudianer zu warnen; Sperber/Spitzers Methode würdigt er jedoch voll und ganz und gibt darüber hinaus Hinweise zur Differenzierung des Instrumentariums:

> „Eine Art von Psychoanalyse, aber freilich eine von solcher willkürlichen Einseitigkeit, wie erst recht von den Schrullen und Übertreibungen der orthodoxen Freud-

schule befreite, betreibt nun auch die stilpsychologische Untersuchung Sperbers und Spitzers. (. . .) hätte Sperber seinen Beitrag als eine Psychoanalyse von Meyrinks Stil bezeichnen dürfen.

Sperbers Arbeitsweise gleicht nämlich aufs Haar der Technik, vermöge welcher der Psychotherapeut sich des ‚verdrängten' Gedankenmaterials seiner Patienten bemächtigt: der fordert nämlich den Kranken auf, die unmittelbar nächsten freien Einfälle, die sich ihm darbieten, auszusprechen, und wenn so wirklich alles, was dem Sprechenden gerade durch den Kopf geht, geäußert und nicht unterdrückt wird, auch wenn es unpassend, sinnlos, ja peinlich erscheint, wird es möglich, am Schlusse der Gedankenkette das Verdrängte selbst aufzufinden.

In gleicher Weise zeigt Sperber an Meyrinks Stil, daß die Sprache dieses Dichters immer und immer wieder an gewissen Vorstellungskreisen haftet, daß seine Neubildungen und Metaphern durch eine Art von Zwangsvorstellung determiniert sind."[321]

Im übrigen weist Körner darauf hin, daß ähnliche Gedanken schon bei Dilthey vorliegen (vgl. den Titel des Buches *Das Erlebnis und die Dichtung*): Psychologie und Werk des Autors werden schon bei Dilthey in Beziehung gesetzt.

Die Psychoanalyse des Stils auf dem Wege exakter Motivforschung verteidigt Josef Körner auch in seinem Beitrag zur Festschrift für Oskar Walzel:

„Sie [gemeint ist Walzel, G. S.] warnen davor, das Erlebnis aus dem Kunstwerk zu ergrübeln, statt es aus dem Kunstwerk zu erfühlen; denn das heißt, das Wesentliche in den Hintergrund drängen zugunsten eines subalternen Bemühens. Und überhaupt sei die Frage nach dem einem Kunstwerk zugrunde liegendes Erlebnis eine der vielen ästhetischen Fragen, die nur aus dem Gefühl zu beantworten sind.

Ich teile diese Skepsis nicht. Ich bin überzeugt, daß, in gewissen Grenzen versteht sich, ein begrifflicher Nachweis sehr wohl gelingen muß."[322]

Ein praktischer Beitrag Körners zum Problem Erlebnis-Motiv ist neben anderem sein 1921 erschienenes Buch über Arthur Schnitzler. In dem erwähnten Festschrift-Aufsatz wird die dem Psychoanalytiker geläufige Parallelisierung Traum-Neurose-Dichtung zustimmend referiert:

„Auch ihn [den Dichter] haben bestimmte Erlebnisse so gewaltig erschüttert, seine Seele mit solcher Wucht getroffen, daß er in nie endendem Kampfe mit ihnen ringen muß, so lang er atmet. Sein Schaffen enthüllt sich dem tief genug eindringenden Betrachter als ein stets aufs neue, und immer vergebens in Angriff genommenener Versuch, mit seinen ‚traumatischen' Erlebnissen fertig zu werden.

Genau so aber, wie der Psychoanalytiker des ‚verdrängten' Gedankenmaterials der Träumer, Neurotiker und Psychotiker sich bemächtigt, in der gleichen Weise kann auch der Betrachter von Dichtungen die bestimmenden Erlebnisse feststellen, um die des Dichters Seele ruhelos kreist: indem er diese zur formalen Einheit gediehenen Komplexe wieder in ihre Elemente, die Motive zerschlägt, um deren materielle Einheit auszufinden."[323]

Vom sogenannten Sexualismus der orthodoxen Psychoanalyse setzt sich Körner sogleich ab:

„Von der wahnschaffenen Symbolik der Freudschule wird er allerdings keinen Gebrauch machen können noch wollen."[324]

Über die Individualanalyse hinaus tut Körner den Schritt zur Analyse der Literatur in ihren sozialen Zusammenhängen:

„Erlebnisse haben keineswegs bloß die Individuen; auch soziale Gruppen ‚erleben'; und bewahren solche Erlebnisse in bildhaften Ballungen. Im Schaffen der altdeutschen Minnesinger oder der Barocklyriker spielt das Einzelerlebnis und also das Individualmotiv eine gar geringe Rolle; diese Dichtung beruht auf einem allgemeineren Gesellschaftserlebnis und so sind auch ihre Motive nur das Abbild dieser kollektiven Erfahrnisse. Aber auch in unseren anscheinend ganz individualistischen Zeitläuften spielt das gesellschaftliche Moment eine gewichtige Rolle. Und als Ausdruck von die Individuen verbindenden Gesellschaftserlebnissen findet der Literaturforscher auch heutigen Tags noch konstante Motivreihen in den schrifttümlichen Leistungen ganzer Richtungen, Epochen, Landschaften, Nationen."[325]

Körners Überlegungen hat sich Willy Krogmann in verschiedenen Arbeiten angeschlossen[326]. Auch er hat einen deutlichen Affekt gegen die Psychoanalyse Freudschen Stils und tut ihren Beitrag zur Literaturwissenschaft in wenigen Zeilen ab:

„Nicht von der vorbestimmten Warte der Freudschüler darf man hierbei ausgehen. Die von ihr aus unternommenen Versuche, wie sie z. B. in O. Ranks Werken ‚Die Lohengrinsage' 1911, ‚Das Inzestmotiv in Dichtung und Sage' 1912 u. a. vorliegen, sind willkürlich und stark übertrieben. Sie sind durchweg ohne Wert. Unvoreingenommen muß der Betrachter an die zu untersuchenden Dichtungen herantreten."[327]

Einig mit der Psychoanalyse und mit Forschern wie Körner ist Krogmann darin, daß er „die Stoffgestaltung des Dichters als Resultante seiner Erlebnisse" auffaßt – so lautet die Überschrift eines Aufsatzes von Krogmann[328].

Der Komparatist Kurt Wais setzt sich in seiner materialreichen Untersuchung über das Vater-Sohn-Motiv in der Dichtung mit der psychoanalytischen Theorie des Ödipuskonflikts auseinander, insbesondere mit Ranks

Buch *Das Inzestmotiv in Dichtung und Sage* und Paul Federns *Die vaterlose Gesellschaft. Zur Psychologie der Revolution,* Leipzig, Wien 1919. Die Leistung der Psychoanalyse wird von Wais durchaus anerkannt; sein Einwand gegen die psychoanalytische Ödipustheorie ist meines Erachtens der gravierendste, der vorgebracht werden kann: Wais wirft Freud und seinen Schülern die unhistorische Verallgemeinerung der Ödipussituation vor:

„Die Frage nach dem sexuellen oder ‚politischen' Ursprung des Vater-Sohn-Konflikts in der Literatur ist in ihren Konsequenzen von größerer Bedeutsamkeit, als dies auf den ersten Blick erscheinen mag: erklärt man nämlich diesen Konflikt nicht aus sexuellen (. . .), sondern aus geistesgeschichtlichen, also zeitlich bedingten Ursachen, so kann dieser Konflikt nicht in allen Zeitepochen mit gleicher Stärke möglich sein, sondern er wird in Epochen mit vorwiegend revolutionärem Zeitgeist (z. B. ca. 1789, 1830ff., 1917ff.) häufige aktuelle Darstellung finden, während er in Epochen mit vorwiegend traditionalistisch-pietätvollem Zeitgeist (z. B. Wertherzeit, Romantik, Neuromantik) entweder nicht oder in moralisch-ablehnender Weise behandelt werden wird, was keineswegs als reuige Verdrängung ursprünglichen Vaterhasses, sondern als ebenso ursprüngliche und in sich berechtigte dichterische Stellung zum Vater-Sohn-Problem betrachtet werden muß."[329]

„Wenn wir das plötzliche Auftauchen des Vater-Sohn-Konflikts in der deutschen Literatur, seit ca. 1780 mit der neun Jahre später ausbrechenden französischen Revolution in Zusammenhang setzen, so mag das auf den ersten Blick etwas verwunderlich erscheinen. Bedenken wir aber, daß dem Ausbruch einer politischen Revolution immer eine längere Periode langsamer geistiger Revolutionierung vorausgeht, und erinnern wir uns, wie in solchen mit neuen Ideen und Umwälzungen schwangeren Zeiten der Aufeinanderprall der Generationen immer zuerst im kleinsten Kreise der Familie stattfindet, so begreifen wir, daß das plötzliche Auftauchen dichterisch behandelter Vater-Sohn-Konflikte auf das Nahen eines Sturmes deutete, der sich sicher als geistige, möglicherweise als politische Umwälzung auswirken mußte, ebensowenig wie es Zufall war, daß einige Jahre nach den Vater-Sohn-Dramen von 1913ff. eine politische Revolution ausbrach."[330]

Wais deutet hier eine sehr sinnvolle Möglichkeit an, psychoanalytische Erkenntnisse in die Literaturgeschichte einzubringen.

Relative Aufgeschlossenheit gegenüber der Psychologie läßt sich also bei manchen Germanisten vor 1933 konstatieren[331].

Unger fordert für die neuere Literaturgeschichte, psychologische Erkenntnisse heranzuziehen:

„Für die literaturwissenschaftliche Arbeit treten (. . .) die subjektiven, individuellen Probleme, treten die Persönlichkeiten und inneren Erlebnisse gegenüber dem objektiv Stofflichen oder Formalen in den Vordergrund. Alle diese Fragen können nun aber nur auf dem Wege psychologischer Analyse gelöst werden; die Kenntnis der allgemeinen Bedingungen, Tatsachen, Gesetze des Seelenlebens wie der Verfahrensweisen zur konkreten Verwertung dieses Wissens ist dazu nötig. Insbesondere bedarf es dazu wissenschaftlicher Einsicht in den Prozeß des dichterischen Schaffens, die verschiedenen Arten und Typen der Phantasietätigkeit, ihren Zusammenhang mit den intellektuellen und emotionellen psychischen Funktionen."[332]

Kainz erklärt zwar die „Psychologie (. . .) zufolge ihres Gegenstandes (zu einer) der wichtigsten Prinzipienlehren aller geisteswissenschaftlichen Forschung", schränkt aber im folgenden ein:

„Dieser Geltungsanspruch wird theoretisch auch selten bestritten, aber es gibt in der Entwicklung der Wissenschaft Epochen, wo er tatsächlich rein theoretisch bleibt und sich nicht in die Praxis des Zusammenarbeitens umsetzt (. . .). Es fragt sich nämlich immer, welcher Art die Psychologie ist, die den Geisteswissenschaften als Prinzipienlehre dienen soll (. . .), denn nicht jede Psychologie ist geisteswissenschaftlich verwertbar."[333]

Wenn in germanistischen Texten von „geisteswissenschaftlich verwertbarer Psychologie" gesprochen wird, ist die Gestalt- und Ganzheitspsychologie, die Strukturpsychologie und die Typenlehre gemeint, nicht die Psychoanalyse. Freud wird meist überhaupt nicht, auch nicht kritisch, erwähnt – ein Verhalten, dem die Psychoanalyse oft begegnete: Der Gegner wird totgeschwiegen, er wird als nicht-existent behandelt. Petersen benützt in seinem Aufsatz *Literaturwissenschaft und Deutschkunde* das Wort „psychologisch" immer in der eingeengten Bedeutung von typen- oder strukturpsychologisch:

„Zwischen dem philologischen und dem ästhetischen Prinzip steht vermittelnd das psychologische, das die Form der Dichtung aus der Lebensform des Schöpfers erklärt, typische Kunstformen mit typischen Geistes- und Weltanschauungsformen in Parallele bringt und durch den Erlebnisbegriff zum nationalen und geschichtlichen Zusammenhang die Brücke schlägt."[334]

Es ist nur zu offensichtlich, welcher Art der Zusammenhang war, zu dem die empfohlene typologische Psychologie die Brücke schlug. So zeigt sich zum Beispiel Müller-Freienfels der Psychoanalyse durchaus aufgeschlossen:

„Daß (. . .) Allgemeinerkenntnisse der Psychoanalytiker vielfach schematisch gehandhabt werden, darf nicht über ihren tatsächlichen Wert hinwegtäuschen (. . .). Es gilt darum, sich klar werden darüber, was daran dauernd wertvoll ist."[335]

Was Müller-Freienfels unter dem „dauernd Wertvollen“ der Psychoanalyse versteht, hat allerdings nichts mit den Intentionen Freuds gemeinsam. Er unternahm einen „volkscharakterologischen Versuch, (. . .) indem ich eine Psychologie des deutschen Menschen entwarf, worin ich auch die deutsche Dichtung auf ihre spezifisch deutschen Merkmale untersuchte (Psychologie des deutschen Menschen und seiner Kultur, München 1921)“[336].

Völkerpsychologie dieser Art betreibt auch Eduard Wechssler: *Esprit und Geist. Wesenskunde des Deutschen und des Franzosen,* 1927.

Auch Hermann Pongs möchte die Psychoanalyse der Germanistik integrieren, freilich – vorsichtig modifizierend – nicht die Resultate, sondern die Impulse:

„Es wird nötig sein, eine Gesamtansicht zu gewinnen, die beide Phänomene, Psychoanalyse und Dichtung, dem übergeordneten Lebenskreis eingliedert, d. h. dem Gesamtbegriff der Existenz (. . .), um einen mehr als formalen Hilfsbegriff zu gewinnen, der objektive Einsicht möglich macht. Wenn die Methoden, die die Psychoanalyse auf Dichtungsdeutung anwendet, bisher offenbar unzulänglich sind, so werden vielleicht die Impulse, die von ihr ausgehen, aller unangemessenen Methodik zum Trotz fruchtbar sein.“[337]

Wie Müller-Freienfels verfälscht auch Pongs mit seiner Interpretation der „brauchbaren psychoanalytischen Impulse“ die Methode Freuds:

„Es geht darum, die Wirkungsganzheit des Dichtwerks nicht ästhetisch, sondern existenziell zu sehen (. . .). Ins Ganze der Daseinsbetrachtung eingeordnet, erweist er [der Begriff der Existenz, G. S.] sich als einseitige Auswirkung des überbewußt gewordenen Vatergeistes, dem das unbewußt gebunden mütterliche Lebenselement in seiner unerschöpflichen Daseinsfülle immer ausgleichend zur Seite gestellt werden muß.“[338]

Pongs Vokabular verrät das Umschlagen in neue Mythologie.

In dem angeführten Aufsatz *Psychoanalyse und Dichtung,* den Pongs unter dem Titel *Tiefenpsychologie und Dichtung* in Band II seines Werks *Das Bild in der Dichtung* übernimmt[339], finden sich folgende Stereotype, die in der germanistischen Diskussion der Psychoanalyse immer wiederkehren:

1. Freud ist besser als seine Schüler (S. 38),
2. Die psychoanalytische Methode versagt vor „großer Dichtung“; Beispiel: Hamlet (S. 39),
3. Die anagogische Psychologie C. G. Jungs wird der Freudschen Psychoanalyse vorgezogen (S. 41, auch 52).

Der Aufsatz *Das dichterische Bild und das Unbewußte,* zuerst französisch erschienen im *Journal de Psychologie,* 1933, 120ff.[340], zeigt die von Pongs eingeschlagene Richtung deutlich. Der Aufsatz ist ein Muster für sich wissenschaftlich gebenden Antisemitismus; der „Jude" Stefan Zweig wird dem „Arier" Gottfried Keller kontrastiert und entsprechend bewertet. Pongs operiert nicht zufällig mit Begriffen der Jungschen Psychologie; über die Verbindung von sogenannter anagogischer Psychologie und Rassenlehre/Rassismus im folgenden.

Resumée: Auch bei diesen Germanisten, die sich über die Fachgrenzen hinwegzusetzen scheinen und sich psychologischen Impulsen gegenüber aufgeschlossen geben, ist der Abwehrgestus gegen die Psychoanalyse unverkennbar. Ihre Äußerungen lassen sich unschwer auf ihren wirklichen Inhalt reduzieren: für die Germanistik könne nur ein wesensverwandter Typ Psychologie fruchtbar werden[341].

So schließen sich auch Germanisten, die die Psychoanalyse zumindest teilweise zu akzeptieren vorgeben, der Diffamierung der analytischen Methode als bloß-kritisch, als „zersetzend" an.

2.3
ABLEHNUNG DER PSYCHOANALYSE

2.3.1
Argumente der Ablehnung

Im wesentlichen werden folgende Einwände von Germanisten gegen die Psychoanalyse vorgebracht:

- „Materialismus“. Mißachtung des Geistigen. Destruktion des Dichters.
- Vernachlässigung der Formproblematik.
- Ausschaltung von Wertfragen.

2.3.1.1
„Materialismus“. Freud als materialistisch – C. G. Jung als idealistisch gesehen.

Die überwiegend idealistisch („geistesgeschichtlich“) orientierte Germanistik erhob gegen die Psychoanalyse – vorausgesetzt, man nahm sie wissenschaftlich überhaupt zur Kenntnis – den Vorwurf des Materialismus und suchte einen Ausweg in eine spezifisch geisteswissenschaftliche Psychologie (s. o.). Ermatinger schreibt 1925:

> „Für den Psychologismus der materialistischen Weltauffassung bedeutet Idee (. . .) den mittels Vergeistigung der sinnlichen Einzelgestalten der sichtbaren Welt durch das menschliche Bewußtsein nachträglich geschaffenen Allgemeinheitsbegriff. Wer sich also (. . .) zu einem zukunftsfreudigen und aufbauenden Idealismus bekennen will, der muß (. . .) auch glauben, daß die Ideen (. . .) Formkräfte der Welt in ihrer Gesamtheit sind. Er muß dem Psychologismus entsagen und muß den Mut zur Metaphysik haben.“[342]

Es war vor allem die psychoanalytische Durchleuchtung des Künstlers, die auf erbitterten Widerstand stieß. Der Psychoanalyse kann der Künstler nicht mehr als der unerreichbare Olympier gelten, sie muß notwendig das überkommene Dichterideal auf allgemein-menschliche Dimensionen reduzieren. Die Untersuchung seiner spezifischen Triebstruktur hat die Entmythologisierung des „Dichters“ zur Folge. Das erschien als Sakrileg. Oskar Walzel, „der bekannteste literaturwissenschaftliche Programmatiker der Weimarer Republik“, wie Friedrich Sengle schreibt [343], formulierte:

„Das ist ja der entscheidende Grundzug der Psychoanalyse Freuds und seiner Schule, daß sie in letzter Übersteigerung materialistischer Deutung der Welt den Dichter völlig zum willenlosen Werkzeug nicht bloß des Stofflichen in ihm macht, sondern alle seelische Entwicklung restlos auf geschlechtlichen Konflikt zurückführt."[344]

Ermatinger tadelt „Übergriffe der medizinischen Psychologie in das Gebiet der Literaturgeschichte":

„Wer (...) in Hölderlin, Kleist oder Lenau nur den Gegenstand psychiatrisch-psychoanalytischer Wissenschaft sieht, der verwechselt geistige Schöpfer mit den Alltagsbesuchern ärztlicher Sprechzimmer und Heilanstalten."[345]

Auch ein dem Positivismus nahestehenden Germanist wie Harry Maync wehrt sich gegen die Zerschlagung der Dichterheroen:

„Dem Psychoanalytiker aber, der mit starker Übertreibung alle Dichtung aus erotischen Trieben und ihrer Verdrängung ableitet und den Künstler zum Sklaven seines Trieblebens herabdrückt, werden Dichteranalysen meist zu Krankengeschichten von Neurotikern."[346]

Diese Äußerungen beweisen, daß es die sogenannte „Übertreibung des sexuellen Faktors" war, an der vor allem Anstoß genommen wurde; das Schlagwort, in dem sich die stark affektiv getönte Ablehnung verdichtete, heißt Pan-Sexualisierung. Solcher Denkweise liegt es nicht fern, die wissenschaftliche Diskussion auf die personalistische Ebene zu verschieben, Freud zu diffamieren, um den wissenschaftlichen Anspruch der Psychoanalyse zu erledigen:

„Sicherlich zählt Schnitzler (...) zu einer Gruppe erotisch betonter Menschen, der auch Freud und die Seinen angehören. Abzulehnen ist nur die Behauptung, daß alle übrigen Menschen mehr oder minder ebenso erotisch die Welt erleben. Und noch entschiedener abzulehnen ist der Anspruch, daß alle Dichtung als Ergebnis erotischer Veranlagung und der Hemmung dieser Anlage gefaßt werde."[347]

Walzel bringt dieses Scheinargument vergleichsweise unpolemisch vor; darin ist sein Ton untypisch. Meist handelt es sich um direkte persönliche Angriffe. Freuds Grundsatz war es, seine Person aus der Diskussion um die Psychoanalyse herauszuhalten. Wie sehr er dennoch von derartigen Anwürfen getroffen wurde, zeigt seine Bemerkung, daß „das Verhalten ihrer damaligen Vertreter nicht rühmlich für die deutsche Wissenschaft war. Ich beziehe mich dabei nicht auf die Tatsache der Ablehnung (...), aber für das Ausmaß von Hochmut und gewissenloser Verschmähung der

Logik, für die Roheit und Geschmacklosigkeit der Angriffe gibt es keine Entschuldigung"[348].

Herbert Cysarz wertet das Verfahren der Analyse und der kritischen Theoriebildung vorweg als „Rationalismus" ab, der dem Gegenstand nicht adäquat werden könne:

„Das starre Werkzeug des Rationalismus kommt vorweg nicht an das Unmittelbare heran. (. . .) Der Zugang öffnet sich allein einer dynamischen Begriffstechnik, die, mit sensiblen Organen ausgerüstet, das Zeitliche zunächst überhaupt zu ergreifen imstande ist."[349]

Cysarz plädiert hier für einen höchst anfechtbaren Subjektivismus („sensible Organe"): Vom Intuitionismus, der schon bei Dilthey angelegt ist, zum offenen Irrationalismus ist es nicht weit. Dementsprechend erachtet es Cysarz nicht für eine selbstverständliche Forderung wissenschaftlicher Fairneß, Methoden und Ergebnisse der psychoanalytischen Literaturbetrachtung im einzelnen zu mustern. Sein apodiktisches Urteil: „Die naturwissenschaftliche Psychologie führt an den echten Tatbestand so wenig auch nur heran wie etwa die Mineralogie an den Kern der Architektur"[350] scheint keiner Begründung zu bedürfen. Die zu dieser Zeit (1926!) immerhin schon beträchtliche psychoanalytische Literatur wird nicht erwähnt, die Problematik wird in ein paar Sätzen in einer Fußnote abgemacht. Symptomatisch auch, daß Cysarz auf keine der differenzierten Arbeiten Freuds zur Literatur eingeht, sondern auf die Pathographien („Pathographien" überdies in Anführungszeichen) von Paul Möbius aus den Jahren 1890 bis 1900 sowie auf Cesare Lombrosos *Genie und Wahnsinn* von 1864. Walter Muschg dagegen sah in der psychoanalytischen Entmythologisierung von Kunst und Künstler einen Fortschritt. Er wertet die Überwindung des Idealismus in der Germanistik als positiv:

„Wenn man bedenkt, wie tief der Literaturwissenschaft die Tradition der heroischen Idealisierung sowohl des Dichters wie der erdichteten Gestalt eingepflanzt ist und mit welchem Erfolg diese mythenbildnerische Überlieferung sich noch heute durchzusetzen weiß, dann wird auch der Literaturhistoriker in dieser Methode nicht mit Unrecht so etwas wie ein Gottesgericht über seine Forschung erblicken."[351]

Mit seiner Bereitschaft, psychoanalytische Erkenntnisse miteinzubeziehen, steht Muschg relativ isoliert[352]. Allerdings halten manche seiner Kategorien einer kritischen Überprüfung nicht stand. Wenn er in einem Aufsatz mit dem bezeichnenden Titel *Dichtung als archaisches Erbe* den Dichter ausdrücklich nicht als „den Literatentyp, sondern den seltenen schöpferischen Gestalter“ [353] definiert, wird seine Terminologie reaktionär. Mit seinen Vorstellungen vom „archaischen Erbe,“ vom Dichter, der aus den Kräften des Unbewußten schöpft, rückt Muschg in die Nähe C. G. Jungs.

Eine Konstante in der Diskussion um Psychologie und Literaturwissenschaft ist die Kontrastierung von Freud und Jung. Übereinstimmend wird die Jungsche Variante der Tiefenpsychologie bevorzugt:

„Sollte sich von Adler und besonders von Jung aus nicht ein ertragreicherer Weg auftun zur Erfassung künstlerischer Leistung als von der Schule Freuds? Dinge, die nicht nur am Künstler, die am Kunstwerk erfühlt werden können, enthüllen sich durch Jung.“[354]

Wenn von Berührungspunkten zwischen Germanistik und Jungscher Psychologie die Rede ist, dürfte das Hauptmotiv Jungs Opposition zur Freudschen Psychoanalyse sein. Einer der weitestverbreiteten Vorwürfe gegen Freud lautet, die Psychoanalyse sei nur-medizinisch, nur-analysierend. Mit dem Schlagwort „Synthese statt Analyse“ suchte man sie zu erledigen. Jung schließt sich diesen Stimmen an: Die Freudsche Psychoanalyse, schreibt er 1930, ist „keine gesunde Psychologie“ [355] und, in bezug auf die Kunst:

„Die reduktive Methode Freuds ist eben eine medizinische Behandlungsmethode, welche eine krankhafte und uneigentliche Bildung zum Objekt hat (. . .) sie schält aus dem schimmernden Gewand des Kunstwerks die nackte Alltäglichkeit des elementaren homo sapiens heraus, zu welcher Spezies auch der Dichter zählt. Der goldene Schein höchsten Schaffens, (. . .) erlischt, weil er derselben Ätzmethode ausgesetzt wurde, wie die trügerische Phantastik einer Hysterie.“[356]

Und weiter:

‚Um dem Kunstwerk gerecht zu werden, muß die analytische Psychologie das medizinische Präjudizium gänzlich abstreifen, denn das Kunstwerk ist keine Krankheit, und verlangt daher eine ganz andere Orientierung als die ärztliche.“[357]

Der Ausdruck „Ätzmethode“ meint dasselbe wie der stereotype Vorwurf, die Psychoanalyse Freuds sei zersetzend[358].

Solche Tendenzen fanden in der Germanistik vorbereiteten Boden. So rühmt beispielsweise die Walzel-Schülerin Edith Aulhorn den sittlichen

Gehalt der „Ansichten Jungs, (. . .) der mehr als andere die aufbauende, die synthetische Aufgabe der Psychoanalyse betont hat und Wege zur Selbstbefreiung des einzelnen weisen möchte“[359].

Im Grunde beweist die Praktik, „Synthese“ gegen „Analyse“ auszuspielen, nur die Oberflächlichkeit der Auseinandersetzung. Der Vorwurf ist kaum etwas anderes als ein begrifflicher Taschenspielertrick, denn die Wirkung der Freudschen Analyse ist eben synthetisch. Freud hat das verschiedentlich ausgesprochen:

„Die Störung schwindet dann, während sie auf ihren Ursprung zurückgeführt wird; die Analyse bringt auch gleichzeitig die Heilung.“[360]

„Der neurotische Kranke bringt uns ein zerrissenes, durch Widerstände zerklüftetes Seelenleben entgegen, und während wir daran analysieren, (. . .) wächst dieses Seelenleben zusammen, fügt die große Einheit, die wir sein Ich heißen, sich alle die Triebregungen ein, die bisher von ihm abgespalten und abseits gebunden waren.“[361]

Zu diesem Punkt ist auch ein Brief Freuds an die lebensphilosophisch beeinflußte eher „synthetisch“ arbeitende Lou Andreas-Salomé zu erwähnen:

„Ich verspüre oft so wenig synthetisches Bedürfnis. Die Einheit dieser Welt scheint mir etwas Selbstverständliches, was der Hervorhebung nicht wert ist. Was mich interessiert, ist die Scheidung und Gliederung dessen, was sonst in einen Urbrei zusammenfließen würde.

Kurz, ich bin offenbar Analytiker und meine, die Synthese macht keine Schwierigkeiten, wenn man erst die Analyse hat.“[362]

Wie die Jung-Zitate zeigen, unterscheidet sich Jungs Behandlung des Phänomens Kunst grundlegend von Freud. Jung gibt die nüchterne Freudsche Fragestellung nach der Funktion der Kunst auf und fällt damit zurück in die Idealisierung der Kunst. Man begegnet dem Kunstwerk nicht wie jedem anderen Objekt wissenschaftlichen Forschens, sondern zelebrierend, ehrfürchtig, hingegeben. Das entspricht einer traditionellen Bewußtseinseinstellung in der Germanistik. Ich zitiere zwei prominente Zeugen, Dilthey und Walzel:

„(. . .) soll jeder Buchstabe Lessings uns heilig sein. Wir durchmustern, was er zurückließ, nicht mit dem neugierigen Auge des Forschers, sondern mit dem ängstlichen Eifer des Sohnes, welcher in der Hinterlassenschaft seines Vaters nach einem Geheimnis forscht, das für ihn bestimmt war.“[362]

„Überhaupt sollte von Kunst nur reden, wer in höherem Ausmaß solche Fähigkeit [Erlebnisfähigkeit, G. S.] besitzt. Zu kläglich klingt, zu peinlich läßt sich's fühlen und zu unerquicklich wirkt es, wenn einer, der unfähig ist künstlerischen Erlebens, von Kunstwerken spricht.

Das Kunstwerk kann nur als Ganzes erlebt, niemals begrifflich erfaßt werden." [364]

Ebenso empfanden es zeitgenössische Germanisten als wesensverwandt, daß Jung seinen Lesern möglicherweise desillusionierende Einsichten in die Konstitution des Künstlers erspart. Jungs Beitrag zur Dichtertypologie stellt ein Aufsatz über Goethe und Spitteler dar, enthalten in dem umfangreichen, zuerst 1920 erschienen Buch *Psychologische Typen.*

In diesem Werk teilt Jung die Menschen in Introvertierte und Extravertierte (sowie Mischformen und Unterkategorien) ein; im Kapitel *Das Typenproblem in der Dichtkunst* wird Goethe als der typische Extravertierte dem Schweizer Epiker Spitteler als dem typischen Introvertierten kontrastiert. In Spittelers Werk *Prometheus und Epimetheus* wiederum sieht Jung die Typenproblematik dichterisch gestaltet: Prometheus als der Introvertierte, Epimetheus als der Extravertierte[365].

Nach der psychischen Genese oder der Entlastungsfunktion des Kunstwerks fragt Jung nicht. Sein Leitbegriff ist der des lebensphilosophischen Erlebnisses:

„Nichts wäre verkehrter als anzunehmen, der Dichter schaffe aus überkommenem Stoff, er schafft vielmehr aus dem Urerlebnis, dessen dunkle Natur der mythologischen Figur bedarf (. . .). Das Urerlebnis ist wort- und bildlos, denn es ist eine Vision ‚im dunklen Spiegel'. Es ist bloß mächtigste Ahnung, die zum Ausdruck werden möchte."[366]

Der Prozeß der künstlerischen Produktion wird mystifiziert:

„Die Psychologie des Schöpferischen ist eigentlich weibliche Psychologie, was beweist, daß das schöpferische Werk aus unbewußten Tiefen emporwächst, recht eigentlich aus dem Reiche der Mütter.

Das wachsende Werk ist des Dichters Schicksal und bestimmt seine Psychologie. Nicht Goethe macht den Faust, sondern Faust macht Goethe. Und was ist Faust? Faust ist ein Symbol, nicht ein bloß semiotischer Hinweis auf ein längst Bekanntes, sondern der Ausdruck eines urlebendig Wirkenden in der Seele des Deutschen, dem Goethe zur Geburt verholfen hat."[367]

Jungs Methode erschöpft sich in Paraphrasen in quasi-religiöser Terminologie – die Anstrengung rationalen Begreifens unterbleibt. Der Anteil des Bewußtseins an der künstlerischen Produktion wird geleugnet:

„Der schöpferische Prozeß, soweit wir ihn überhaupt zu verfolgen vermögen, besteht in einer unbewußten Belebung des Archetypus und in einer Entwicklung und Ausgestaltung desselben bis zum vollendeten Werk. Die Gestaltung des urtümlichen Bildes ist gewissermaßen eine Übersetzung in die Sprache der Gegenwart, wodurch es sozusagen jedem ermöglicht wird, wieder den Zugang zu den tiefsten Quellen des Lebens zu finden, die ihm sonst verschüttet wären."[368]

„Beim visionären Erlebnis [gemeint ist das Kunstschaffen, G. S.] (. . .) klingt (. . .) nichts aus dem Bereich menschlicher Taglebensklugheit an, aber Träume, nächtliche Ängste und unheimliche Ahnungen seelischer Finsternis werden lebendig."[369]

Der Erlebnis-Begriff wird von Jung sowohl auf die künstlerische Kreativität als auch auf den Vorgang der Rezeption angewandt. Auch der Betrachter soll nachvollziehend erleben:

„Um seinen [des Kunstwerks, G. S.] Sinn zu verstehen, muß man sich von ihm gestalten lassen, wie es den Dichter gestaltet hat (. . .). Das Wiedereintauchen in den Urzustand der ‚participation mystique' ist das Geheimnis des Kunstschaffens und der Kunstwirkung, denn auf dieser Stufe des Erlebens erlebt nicht mehr der Einzelne, sondern das Volk, es handelt sich dort nicht mehr um das Wohl und Wehe des Einzelnen, sondern um das Leben des Volkes."[370]

Der von Freud eingeführte Begriff des Unbewußten erfährt bei Jung eine totale inhaltliche Umdeutung. Freud hatte das Unbewußte als individuelles Unbewußtes konzipiert, das in seinen Manifestationen (Traum, Phantasien, Fehlleistungen) in gewissem Sinn kontrollierbar ist. Jung hingegen definiert das Unbewußte als überpersönliches, als kollektives Unbewußtes, das sich somit begrifflicher Fixierung entzieht. Die Unterscheidung von persönlichem und kollektivem Unbewußten wird auch in die Kunstbetrachtung eingebracht:

„Ich habe (. . .) den Fall eines symbolischen Kunstwerkes angenommen und überdies eines, dessen Quelle nicht im persönlichen Unbewußten des Autors zu suchen ist, sondern in jener Sphäre unbewußter Mythologie, deren urtümliche Bilder Gemeingut der Menschheit sind. Ich habe deshalb diese Sphäre als das kollektive Unbewußte bezeichnet und damit unterschieden von einem persönlichen Unbewußten."[371]

Die Trennung von persönlichem und kollektivem Unbewußten, dem die Unterscheidung von symptomatischer und symbolischer Kunst entspricht, wird von der Germanistik aufgegriffen. Pongs zumal hält sie für so entscheidend, daß er sie zum Maßstab literarischer Wertung machen möchte:

„Unschätzbar müßte die Psychoanalyse werden, wenn es gelänge, in ihr sozusagen das Reagenzmittel zu finden, woran sich untrüglich die unechten Dichtungen erweisen als solche, die nur dem subjektiven oder privaten Unbewußten dienen, die nur Wunschbilder (. . .) sind, abgelöst von dem Boden, auf dem die großen allgemeingültigen Symbole wachsen; derart, daß also die echte objektive Dichtung erst beginnen würde jenseits des Bereiches, der psychoanalytisch erfaßbar ist. (. . .) In den Gegensatzpaaren (. . .) Symptom und Symbol, subjektive Ambivalenz des Gefühls und objektive Doppelwertigkeit (. . .) sind Grundbegriffe gefunden, mit denen sich in dieser Richtung arbeiten läßt.“[372]

Das Beispiel Jungs zeigt, wie in den ausführlichen Zitaten bereits angeklungen ist, wieder einmal die innere Verwandtschaft von Irrationalismus und Faschismus[373]. Schon das Vokabular ist aufschlußreich: Da ist die Rede von „mythologischen Figuren, von Visionen und Ahnungen“ – aber: „das Kunstwerk dieser Art ist nicht das Einzige, das der nächtlichen Sphäre entstammt, an ihr nähren sich auch Seher und Propheten, Führer und Erleuchter“[374]. Damit weist Jung selbst den Weg für eine Übersetzung seiner Kategorien ins Politische:

„Ist es denkbar,“ – ebenfalls im Jahr 1930 geschrieben! – „daß ein Nicht-Deutscher einen ‚Faust‘ oder ‚Also sprach Zarathustra‘ geschrieben hätte? Beide spielen wohl auf dasselbe an, auf etwas, das in der deutschen Seele vibriert, ein ‚urtümliches Bild‘. Dieses Bild ist dem Unbewußten seit Urzeiten eingegraben, wo es schläft, bis die Ungunst der Zeit es weckt (. . .) wenn ein großer Irrtum das Volk vom richtigen Wege lenkt.“ [375]

Ganz deutlich wird Jung, als er 1933 die Leitung des *Zentralblattes für Psychotherapie* übernimmt. Jetzt spricht er seine rassistischen Vorurteile offen aus und führt die Differenzen zwischen Freud und ihm zurück auf die „tatsächlich bestehenden und einsichtigen Leuten schon längst bekannten Verschiedenheiten der germanischen und der jüdischen Psychologie“[376].

Im Januar 1934 schreibt er:

„Das arische Unbewußte hat ein höheres Potential als das jüdische; das ist der Vorteil und der Nachteil einer dem Barbarischen noch nicht völlig entfremdeten Jugendlichkeit. Meines Erachtens ist es ein schwerer Fehler der bisherigen medizinischen Psychologie gewesen, daß sie jüdische Kategorien, die nicht einmal für alle Juden verbindlich sind, unbesehen auf den christlichen Germanen oder Slawen verwandte. Damit hat sie nämlich das kostbarste Geheimnis des germanischen Menschen, seinen schöpferisch ahnungsvollen Seelengrund als kindisch-banalen Sumpf erklärt, während meine warnende Stimme durch Jahrzehnte des Antisemitismus verdächtigt wurde. Diese Verdächtigung ist von Freud ausgegangen. Er kannte die germanische Seele nicht, so wenig wie alle seine germanischen Nachbeter sie kannten. Hat sie die gewaltige Erscheinung des Nationalsozialismus, auf den eine ganze Welt mit erstaunten Augen blickt, eines Besseren belehrt? “[377]

Natürlich hat sich Jung später bemüht, von derartigen Äußerungen abzurücken. Ich zitiere abschließend eine Stimme aus dem Kreis seiner Schüler, Aniela Jaffé:

„Sein [Jungs, G. S.] aktiver Einsatz für die Juden hinderte ihn jedoch nicht, als Psychologe den Unterschied zwischen jüdischer und nicht-jüdischer Psychologie öffentlich hervorzuheben. (. . .) Die Tatsache, daß Jung damit in einem Augenblick an die Öffentlichkeit trat, da das Judesein eine Lebensbedrohung war, und daß er die psychologisch-rassischen Unterscheidungen auf das wissenschaftliche Programm der Internationalen Gesellschaft setzte, muß als ein schwerer Fehler angesehen werden."[378]

Keineswegs kann Jungs Verhalten so leichtfertigpsychologisierend abgetan werden, wie es bei Jaffé der Fall ist:

„In der Rückschau fügen sich dem ordnenden Blick auch seine (Jungs) damaligen Fehler und Irrtümer in sein Leben und Werk, ohne daß die Größe seiner Persönlichkeit vermindert würde. In den Worten der Jungschen Psychologie könnte man von einem Manifestwerden seines Schattens sprechen, der als ein Archetypus zu jedem Menschen gehört und oft um so dunkler ist, ein je helleres Licht von der Persönlichkeit ausgeht. Jung hat der Welt und den Menschen zu viel gegeben, als daß sein Schatten je seine geistige Bedeutung und seine menschliche Größe in Frage stellen könnte."[3

Für die Jungsche Umgestaltung der Freudschen Psychoanalyse läßt sich neben seinem Antisemitismus ein zweites Motiv erkennen: sein Hang zu wissenschaftlichen Kompromissen[380]. Bei Jung werden als anstößig empfundene Resultate der Psychoanalyse entweder modifiziert oder ganz eliminiert: So veranschlagt er die Bedeutung der Sexualität viel geringer als Freud.

Daß die deutsche Germanistik vorwiegend Jung, nicht Freud, als wesensverwandt[380a] empfand, ist bezeichnend. Vorläufig soll dieses Verhalten mit der mangelnden Resonanz erklärt werden, die die Ideen der Aufklärung in der deutschen Wissenschaft gefunden haben.

Als Vertreter der Jungschen Tiefenpsychologie auf dem Feld der Literaturwissenschaft sind vor allem Hedwig von Beit[381], Marie-Louise von Franz, Aniela Jaffé[382] und Erich Neumann[383] zu nennen. Beit und Franz haben sich hauptsächlich mit dem Märchen befaßt. Im Zentrum dieser Literaturbetrachtung stehen Symbol und Archetypus; das Forum der Jung-Anhänger stellen die *Eranos*-Jahrbücher dar.

Auch außerhalb des deutschsprachigen Raums fand Jungs Psychologie beachtliche Resonanz, oft in eklektizistischem Sinn in Verbindung mit

Elementen der Freudschen oder Adlerschen Theorien, oft in Verbindung mit der Mythologie Kérényis oder Eliades[384]. Jungs Attraktion, hierzulande passé, ist in den USA offensichtlich noch nicht verblaßt[385].

2.3.1.2
Das Problem der Form

Das Interesse der Psychoanalyse an Literatur richtet sich, wie gezeigt, auch nach Freuds eigenem Zeugnis vornehmlich auf den Inhalt. Probleme der Form bleiben sowohl bei Freud als auch bei seinen Schülern weithin unberücksichtigt, so daß die Kritik, die in dieser Beziehung an der psychoanalytischen Methode geübt wird, nicht unberechtigt ist[386]. Fasziniert von der Entdeckung des Unbewußten, verfielen die Freudianer in das entgegengesetzte Extrem, die bewußten, rational kontrollierten Momente des künstlerischen Schaffens unterzubewerten[387].

Die Form eines Kunstwerks hat nach Freud lediglich die Funktion der Vorlust: Diese These wurde bereits diskutiert.

Das Versagen der Psychoanalyse vor der Formproblematik muß jedoch nicht endgültig sein. Die stärkere Betonung der Ich-Psychologie in der psychoanalytischen Theorie kann dazu beitragen, die Frage der Form in der Kunst neu zu fassen. Von den verschiedenen Ansätzen, die vor allem von amerikanischen Autoren vorgetragen worden sind, greife ich Simon O. Lessers Arbeit heraus. Ausgehend von der Freudschen Frage nach der Funktion der Form für den Leser, differenziert er die Freudsche Antwort (Vorlust; Milderung anstößiger Inhalte):

> „Die Aspekte der Erzählkunst, die wir der Form zuordnen, haben drei grundlegende Funktionen; Vergnügen zu machen, Schuld- und Angstgefühle zu verhindern oder zu mildern und das Verstehen zu erleichtern – kurz, den Stoff mit der erwünschten Klarheit zu umreißen. Vielleicht sollte man genauer sagen, daß die Form nur ein einziges Ziel hat: die Übermittlung des bedeutungsvollen Inhalts auf eine Weise, die das größte Vergnügen verleiht und Schuld- und Angstgefühle verringert. Jedenfalls stehen die verschiedenen unterscheidbaren Funktionen in enger und harmonischer Wechselbeziehung."[388]

Lessers Aufsatz kann hier nicht in extenso wiedergegeben werden; ich füge nur eine weitere wichtige Bemerkung an:

„Das letzte formale Problem (. . .) ist keinesfalls das einfachste. Wir erwarten von dem Erzähler, daß er aus bloßem Wortmaterial eine dreidimensionale Welt schafft, die so lebensnah oder so in Übereinstimmung mit gewissen psychologischen Realitäten zu sein scheint, daß wir uns in sie versetzt fühlen können. Gleichzeitig soll er uns klarmachen, daß diese Welt nur eine Illusion darstellt – ein gemaltes Schiff auf einer gemalten See. Wir bitten uns also das Vorrecht aus, zugleich Teilnehmer an der Handlung und von ihr abgerückte Zuschauer zu sein.“[389]

2.3.1.3 Die Frage der Wertung

Nicht ablösbar von den Fragen der Form ist die literarische Wertung. Pongs – hier stellvertretend zitiert – kritisiert,

„daß die Psychoanalyse mit ihrem Sich-Einbohren in den dichterischen Schaffensvorgang das Geheimnis der Gestalt, der Form mißachtet und am Einmalig-Schöpferischen der Persönlichkeit verständnislos vorbeisieht, womit alle eigentlich künstlerischen Wertfragen ausgeschaltet werden.“[390]

Dieser oft erhobene Vorwurf trifft einen Kern der psychoanalytischen Literaturbetrachtung; in der Tat ist der Psychoanalyse Jensens Novelle *Gradiva* von gleichem Interesse wie *Hamlet.* Der Freudsche Ansatz – die Frage nach der Funktion der Kunst – ist neutral gegen ästhetische Werte. Freud und seine Schüler sehen Kunst hauptsächlich in ihrem therapeutischen Zweck für Künstler und Publikum. Ziel ist die gelungene Anpassung via Sublimierung, bzw. psychische Entlastung via Identifikation. Kunst gilt als ein vor- oder nicht-rationaler Weg zur Realitätsbewältigung. In einigen beinahe abfälligen Äußerungen zum Stellenwert der Kunst zeigt sich, daß Freud die intellektgesteuerte Möglichkeit der Realitätsbewältigung (Wissenschaft) höher bewertet.

Kunst wird unter therapeutischen Gesichtspunkten beurteilt: „Identifikation“ ist für Freud eine so zentrale Kategorie, daß er sie geradezu zum Maßstab der Wertung macht. In dem Essay *Psychopathische Personen auf der Bühne* führt Freud die Unterscheidung zwischen psychologischem und psychopathologischem Drama ein: Beim psychologischen Drama ist die Möglichkeit der Identifikation gegeben, die beim psychopathologischen Drama fehlt. Aus diesem Grund akzeptiert Freud die psychopathische Figur Hamlet auf der Bühne, nicht jedoch *Die Andere* von Bahr:

„(Hamlet) behandelt das Thema, wie ein bisher normaler Mensch durch die besondere Natur der ihm gestellten Aufgabe zum Neurotiker wird, indem eine bisher glücklich verdrängte Regung sich zur Geltung zu bringen sucht. Der Hamlet zeichnet sich durch drei Charaktere aus, die für unsere Frage wichtig scheinen. 1. Daß der Held nicht psychopathisch *ist,* sondern es in der uns beschäftigenden Handlung erst *wird.* 2. Daß die verdrängte Regung zu jenen gehört, die bei uns allen in gleicher Weise verdrängt ist, deren Verdrängung zu den Grundlagen unserer persönlichen Entwicklung gehört, während die Situation gerade an dieser Verdrängung rüttelt. Durch diese beiden Bedingungen wird es uns leicht, uns im Helden wiederzufinden; wir sind desselben Konflikts fähig wie er, denn ‚wer unter gewissen Umständen seinen Verstand nicht verliert, hat keinen zu verlieren'."
3. Aber es scheint Bedingung der Kunstform, daß die zum Bewußtsein dringende Regung, so sicher sie kenntlich ist, so wenig mit deutlichem Namen genannt wird, so daß sich der Vorgang im Hörer wieder mit abgewandter Aufmerksamkeit vollzieht und er von Gefühlen ergriffen wird, anstatt sich Rechenschaft zu geben."[391]

Und weiter:

„Der kranke Neurotiker ist für uns ein Mensch, in dessen Konflikt wir keine Einsicht gewinnen können, wenn er ihn fertig mitbringt. Umgekehrt, wenn wir diesen Konflikt kennen, vergessen wir, daß er ein Kranker ist, so wie er bei Kenntnis desselben aufhört, selbst krank zu sein. Aufgabe des Dichters wäre es, uns in dieselbe Krankheit zu versetzen, was am besten geschieht, wenn wir die Entwicklung mit ihm durchmachen. (. . .) Wo uns die fremde und fertige Neurose entgegentritt, werden wir im Leben nach dem Arzt rufen und die Figur für bühnenunfähig halten.

Dieser Fehler scheint bei Der Anderen von Bahr vorzuliegen, außerdem der andere im Problem liegende, daß es uns nicht möglich ist, von dem Vorrecht des einen, das Mädchen voll zu befriedigen, eine nachfühlende Überzeugung zu gewinnen. Ihr Fall kann also nicht der unsere werden."[392]

In dem Aufsatz zu Jensens *Gradiva* finden sich Sätze, die, so könnte es scheinen, den Maßstab psychologischer Wahrscheinlichkeit auf die Kunst übertragen. Freud handelt darüber, „ob die dichterische Darstellung der Genese eines Wahnes vor dem Richtspruch der Wissenschaft bestehen kann"[393].

Das Kriterium der psychologischen Wahrscheinlichkeit übernehmen die Freudianer unbesehen. In zahlreichen Arbeiten, zumeist in *Imago* veröffentlicht, untersuchen sie Literatur unter dem Aspekt, ob sie die Richtigkeit der psychoanalytischen Lehre belege. Ein Kunstwerk wird als gelungen gewertet, wenn die Gestaltung der Figuren und der Konflikte den Erkenntnissen der Freudschen Psychologie entspricht. Das führt mitunter zu Ergebnissen, die in ihrer Fixierung auf psychoanalytische Konstellationen grotesk wirken. Beispiel:

„Der Psychoanalytiker, der sich mit Gottfried Kellers Dichtungen beschäftigt, wird sehr angenehm berührt durch die Tatsache, daß der Dichter die Behauptung der Psychoanalyse von der Regelmäßigkeit und Bedeutsamkeit infantilen Liebens durch zahlreiche Beispiele unterstützt.“[394]

Freud revidiert in einer späteren Studie (*Das Unheimliche*) seine Ansicht. Anhand gewisser romantischer Strömungen, deren Wirklichkeitsverständnis das materialistisch-konkrete transzendiert, erweitert er sein Kriterium der psychologischen Folgerichtigkeit:

„Zu den vielen Freiheiten des Dichters gehört auch die, seine Darstellungswelt nach Belieben so zu wählen, daß sie mit der uns vertrauten Realität zusammenfällt, oder sich irgendwie von ihr entfernt. Wir folgen ihm in jedem Fall.“[395]

Freud gesteht also der Kunst die relative Eigengesetzlichkeit der Fiktion zu.

Aus Freuds therapeutischem Kunstverständnis Kriterien für die ästhetische Wertung, namentlich die Unterscheidung von Kitsch und Kunst, zu gewinnen, hat Hanns Sachs versucht. Kunst – so Sachs – schaffe neue Erlebnismöglichkeiten, während sich der Kitsch auf vertraute Wirkungen verlasse. Kunst löse tiefgehende psychische Wirkungen aus, während es sich bei der Rezeption von Kitsch nur um vorübergehende und oberflächliche Affekte handeln könne[396].

Der Versuch, ästhetische Wertungen an der Reaktion der Rezipienten abzulesen, scheint mir nicht aussichtsreich. Aus zwei Gründen: Sachs läßt die historische Dimension beiseite – für eine Theorie der künstlerischen Wertung ist es jedoch unerläßlich, den Wandel im Geschmack und im Wertgefühl zu berücksichtigen. Differenziert werden mußte auch nach sozialer Schichtung: „hohe Kunst“ und „niedere Kunst“ haben ihre soziologisch beschreibbaren Zielgruppen[397].

Die Argumente, die gegen die psychoanalytische Methode vorgebracht wurden, decken sich nicht völlig mit den wirklichen Motiven, die – wohl meist uneingestanden – die Abwehrhaltung gegen die Analyse bedingen. Außer den expliziten, meist fachspezifischen Gründen muß die zugrundeliegende Bewußtseinseinstellung untersucht werden: Damit wird das weite Feld der Vorurteilsforschung beschritten.

2.3.2
Exkurs 5:
Zum Selbstverständnis deutscher Germanisten vor 1933

Um den Widerstand gegen die Psychoanalyse zu analysieren, muß das zugrundeliegende Selbstverständnis der Germanistik geklärt werden.

Der Wissenschaftsbegriff der Germanisten bis 1933, beziehungsweise bis 1945 ist wesentlich durch die Lebensphilosophie, speziell Diltheyscher Prägung, bestimmt. Auch die Wissenschaft soll dem übergeordneten Begriff des irrationalen Erlebens dienen:

„Sogar Wege, die abzulehnen oder nur zum geringen Teil empfehlbar waren, zielen letzten Endes auf vertieftes Erleben."[398]

Für Ermatinger ist „das Lern- und Lehrgebiet [der Literaturgeschichte, G. S], neben der Religion, das heiligste, das es für ein Volk gibt. Wem der Beruf der Ergründung und Deutung dichterischer Werke geworden ist, soll sich dessen bewußt sein, daß er zum Hüter der herrlichsten Schätze seines Volkes bestellt und sein Amt nicht ein Handwerk, sondern ein Tempeldienst ist, den er mit Hingabe seiner ganzen Person an das Heilige auszuüben hat"[399].

Werner Mahrholz[400] unterscheidet zwischen Dichtung und Literatur: Dichtung ist unmittelbar zu Gott, Literatur gehört dem Tag, der Mode an; Literatur kann geschichtlich-kausal behandelt werden, Dichtung auf keinen Fall.

Dem Gestus hohepriesterlichen Zelebrierens entspricht als geistige Haltung hingegebene Gläubigkeit, nicht jedoch kritische Distanz zum Gegenstand. Werte werden „gehütet", also kritiklos hingenommen, anstatt analysiert und in ihrem Anspruch geprüft zu werden. Mangel an Rationalität, beziehungsweise mangelnder Wille zur Rationalität trennt diese Germanistik von Freuds Wissenschaftsverständnis. Freiheit von Vorurteilen, auch wenn sie als „Werte" ausgegeben werden, ist Vorbedingung für die Diskussion der Psychoanalyse. Ermatinger fährt fort:

„Jede Methode ist unfruchtbar, (. . .) die nicht auf weltanschaulichem Boden organisch gewachsen ist. Das ist der Grund, warum heute die literaturgeschichtlichen Werke des Georgeschen Kreises (. . .) so stark wirken. Geist sprüht hier zum Geist, Ideen glühen auf und senden ihre Strahlen über die Welt, Bekenntnisse werden abgelegt und entzünden die Seelen, Metaphysik hat die Psychologie verdrängt."[401]

Diese Sätze bedürfen kaum eines Kommentars. „Weltanschaulicher Boden", „organisch gewachsen" – bereits die an biologischen Metaphern reiche Sprache zeigt die Affinität mit faschistischer Ideologie. Ermatingers Äußerungen lassen sich nicht als einzelne überspitzte Formulierungen bagatellisieren; sie sind Symptome einer irrationalistischen Grundhaltung, die bei Dilthey latent vorhanden ist. Der lebensphilosophische Ansatz enthält Implikationen, die sich schließlich gegen den Begriff von Wissenschaft wandten. Die politische Wirkung des Irrationalismus in der Weimarer Republik war eindeutig demokratiefeindlich, präfaschistisch im Sinn der intellektuellen Wegbereitung[402].

Der Hang zum Irrationalismus reicht bis in die Anfänge des Faches Germanistik zurück. Conrady spricht von der „spezifischen Prädisposition des Faches Deutsche Philologie, wie es sich als deutsche Wesenslehre seit dem 19. Jahrhundert herausgebildet hat ( ). Das führt schon bei den Brüdern Grimm wie selbstverständlich zu einer Sprachgebung, in der Metaphern wuchern, die aus dem Bezirk des Biologischen ( ) stammen und dadurch nicht eben an Genauigkeit gewinnen. Ahnen und Schauen haben größere Bedeutung als analytisch-verständige Sachlichkeit"[403].

Das geistesgeschichtliche Verfahren, auf Vorläufer faschistischen Denkens aufmerksam zu machen, bleibt ungenügend, wenn es nicht durch soziologische, auch sozialpsychologische Analysen dieser Bewußtseinshaltung ergänzt wird. Solche Analysen können von der Germanistik ohne Einbeziehung von Geschichte, Soziologie und Psychologie nicht geleistet werden.

Franz Greß hat eine sehr gründliche Untersuchung zum Thema „Germanistik und Politik" vorgelegt, die sich auf folgende Komplexe konzentriert:

„1. am Beispiel Wilhelm Scherers den Versuch der Konstituierung einer ‚positiven' Wissenschaft, die zugleich Träger einer ‚nationalen Ethik' sein soll,
2. am Beispiel der Schulreform von 1890/1900 und der Arbeit R. Hildebrands die Rolle des Faches Deutsch im Verhältnis zu technischer und humanistischer Bildung,
3. am Beispiel August Sauers und Josef Nadlers die Überführung der ‚positiven' Wissenschaft in eine protofaschistische Ideologie."[404]

Für die Germanistik weist Conrady auf die sozialen Motive hin:

„Zu den Gründen der Ausbildung einer völkisch-nationalen Deutschwissenschaft gehört auch der soziale Herkunfts- und Bildungsbereich der akademischen Germanistik (. . .). Es scheint, als habe die Sicht von der Warte des Bildungsbürgertums aus nicht ausgereicht, um die modernen Entwicklungen des Industriezeitalters und seiner

Gesellschaft und Aufstieg und Bedeutung des vierten Standes abzuschätzen. Im Gegenteil war der Vorbehalt gegenüber den modernen Entwicklungen kennzeichnend."[405]

Eine schichtenspezifische Untersuchung könnte auch dazu beitragen, den nur scheinbar paradoxen Umstand zu klären, daß Freud und die Psychoanalyse bis 1933 zwar in der deutschen Universitäts-Wissenschaft nicht akzeptiert worden waren, in der Literatur aber ein um so größeres Echo gefunden hatten.

2.3.3 Exkurs 6: Die deutschen Schriftsteller und die Psychoanalyse

Psychoanalytisch beeinflußt waren – die folgende Aufzählung ist nur eine kleine Auswahl – Franz Werfel[406], Jakob Wassermann, Hugo von Hofmannsthal, Rainer Maria Rilke[407], Franz Kafka, Hermann Hesse[408], Alfred Döblin[409], Robert Musil[410], Thomas Mann.

Von Freuds Freundschaft mit Stefan Zweig, Arnold Zweig, Georg Groddeck war schon früher die Rede. Für Groddecks unter dem Titel *Der Wanzentöter oder die entschleierte Seele Thomas Weltleins* entworfenen psychoanalytischen Roman *Der Seelensucher* (Wien 1921, ²1925; 1971 wiederaufgelegt) fand Freud anerkennende Worte[411]. An der Entstehung des *Buch vom Es. Psychoanalytische Briefe an eine Freundin* (Wien 1923; mit einer Einleitung von Lawrence Durrell; 1961 wiederaufgelegt) nahm er mit Anregung und Kritik teil[412].

Ambivalente Einstellung zur Psychoanalyse, die Simenauer für Rilke konstatierte, gilt auch im Falle Franz Kafkas. „Die Psychoanalyse lernte Kafka relativ früh kennen, spätestens in einem Vortragszyklus im Hause Fanta etwa 1912" [413], schreibt Wagenbach. Daß Kafka auch psychoanalytische Kategorien anwendete, zeigt zum Beispiel seine Reflexion des Ödipus-Verhältnisses im *Brief an den Vater*. Politzer leitet davon ab, der Brief habe nicht nur den alten Kafka zum Adressaten, sondern insgeheim auch Sigmund Freud[414]. Freudscher Kategorien bedient sich Kafka auch bei der Analyse des „Urteils"; bei der Entstehung der Erzählung haben nach Kafkas Worten „Gedanken an Freud natürlich"[415] mitgespielt. Es ist schwer zu entscheiden, wo die Trennung von Freudschem, Kafkaschem, allgemein zeittypischem Gedankengut anzusetzen ist. *Daß* Kafka von

Freud beeinflußt ist, steht außer Frage; für die Art und Weise des Einflusses aber gibt es kaum Anhaltspunkte. Kafkas explizite Stellungnahmen zur Lehre Freuds fallen sehr skeptisch aus; woran er Anstoß nimmt, ist in erster Linie wohl die rationalistische Aufschlüsselung solcher Phänomene wie Krankheit, Neurose, Religion durch die Psychoanalyse[416]. Andererseits mag Kafka in der genauen Beobachtung und Wiedergabe seiner Träume wohl von Freud geprägt sein. Für das Dom-Kapitel im *Prozeß* ist sogar direkte Abhängigkeit von Freuds *Traumdeutung* behauptet worden[417].

Daß psychoanalytisch orientierte Interpreten sich um Kafkas Werk bemühten, liegt auf der Hand[418].

Thomas Manns Beziehung zur Psychoanalyse kann hier nur angedeutet werden[419]. Wolfgang F. Michael stellt Manns „Weg zu Freud" so dar: Etwa bis 1925 war die Einstellung des Schriftstellers zur Lehre Freuds eher negativ, wie die zwielichtige Gestalt des Psychoanalytikers Dr. Krokowski im *Zauberberg* zeigt. Intensiv mit Freuds Schriften beschäftigt hat sich Mann erst in den Jahren 1925 – 29. Die späteren Werke tragen deutlich die Spuren psychoanalytischen Denkens[420].

Bereits in den Werken, die vor 1925 entstanden sind, finden sich jedoch Züge, die sich verblüffend mit der psychoanalytischen Sicht decken. Dafür nur *ein* Beispiel, aus dem 1911 entstandenen *Tod in Venedig:*

„Aschenbach hatte es einmal an wenig sichtbarer Stelle unmittelbar ausgesprochen, daß beinahe alles Große, was dastehe, als ein Trotzdem dastehe, trotz Kummer und Qual, Armut, Verlassenheit, Körperschwäche, Laster, Leidenschaft und tausend Hemmnissen zustande gekommen sei. Aber das war mehr als eine Bemerkung, es war eine Erfahrung, war geradezu die Formel seines Lebens und Ruhmes, der Schlüssel zu seinem Werk."[421]

Wie Dierks eruiert hat, lassen sich diese scheinbar psychoanalytischen Einflüsse im Frühwerk eher auf Schopenhauer und Nietzsche zurückführen[422].

In *Der Zauberberg* erscheint die Psychoanalyse in doppelter Gestalt: Der Autor bedient sich bei der Menschenschilderung psychologischer Einsichten, die denen Freuds sehr nahe kommen; andererseits ist Dr. Krokowski eine eher abstoßende Figur. Dazu Manfred Dierks, der „Thomas Manns psychoanalytischem Priester" einen Aufsatz gewidmet hat:

„Im Zauberberg also steht die Psychoanalyse von Anfang an im Bedeutungsfeld ‚Asien – Dionysisches – Metaphysik' (auf Schopenhauer wird in diesem Zusammenhang früh verborgen angespielt). Das ist bis in die Zeit der ersten intensiven Freud-Lektüre (die während der Vorarbeiten zum *Joseph* anzusetzen ist) offenbar so geblieben. Noch in der Pariser Rechenschaft (1926) findet sich die Wendung von der ,östlichen Psychoanalyse'." [423]

Das „ambivalente Verhältnis des Epikers zur Lehre Freuds", das sich im *Zauberberg* abzeichnet, entdeckt Hans Mayer auch in *Doktor Faustus*. In diesem Werk, in das so viele Freudsche Gedanken eingegangen sind[424], trägt der Teufel Psychoanalyse vor[425].

Für die *Josephs*-Romane ist ein Paradox festzustellen: Obwohl sich Mann immer zur Psychoanalyse im Freudschen Sinn, nicht zur Tiefenpsychologie C. G. Jungs bekannt und zudem literarische Beziehungen zwischen Jungs Lehren und den Josephsromanen ausdrücklich verneint hat[426], entsprechen die Josephsromane weit eher Jungscher als Freudscher Psychologie[427].

Sosehr Thomas Mann den Forscher Sigmund Freud verehrte, sosehr er die psychoanalytischen Entdeckungen zu würdigen verstand, so skeptisch verhielt er sich gegenüber psychoanalytischen Versuchen in der Literaturkritik[428], wie übrigens auch Hesse[420] und Hofmannsthal[430].

Welche Rolle die Lehre Freuds in der intellektuellen und künstlerischen Subkultur spielte, ist nur schwer zu belegen. Oft verbanden sich Psychoanalyse und Anarchismus, aber auch ganz andersgeartete Kombinationen – beispielsweise östliche Mystik, Lebensphilosophie, Psychoanalyse in eins – waren möglich.

Franz Jung berichtet in seiner Autobiographie *Der Weg nach unten* von den Verhältnissen in der Münchner Boheme. Die Zentrale Figur ist für Jung der rauschgiftsüchtige Psychoanalytiker Otto Groß, der kurz nach dem Ersten Weltkrieg starb[431]. Groß hat nach dem Zeugnis Jungs eine Art Faszination auf seine Anhänger ausgeübt[432]. Sein Einfluß, der sich auch an den Schlüsselromanen Franz Werfels, Leonhard Franks oder Johannes R. Bechers studieren läßt, ist nur einer von vielen Kanälen, durch die die Psychoanalyse – in mehr oder weniger unorthodoxer Form – in die Subkultur der Boheme Eingang fand[433].

Fazit: Die Psychoanalyse fand in der deutschen Literatur schon früh ein breites Echo, ganz im Gegensatz zur Literaturwissenschaft[434].

2.3.4
Latente Motive der Ablehnung

Die Tragweite des Falles „Germanistik und Psychoanalyse" wird verkannt, wenn man ihn nicht dem größeren historischen Zusammenhang zuordnet, dem intellektuellen Versagen des deutschen Bürgertums vor dem Faschismus. Das zugrundeliegende Syndrom von Vorurteilen läßt sich in drei Hauptkomponenten aufschlüsseln:

- Tabuisierung des Sexuellen
- Antisemitismus
- Widerstand gegen den politisch-revolutionären Gehalt der Psychoanalyse

2.3.4.1
Tabuisierung des Sexuellen

Die Psychoanalyse entstand in einer Zeit viktorianischer Prüderie und Heuchelei, wie sie Stefan Zweig in seinen *Erinnerungen eines Europäers* für das Wien Sigmund Freuds ausgezeichnet geschildert hat[435]. Gesellschaftliche Tabus verhinderten eine vorurteilsfreie Haltung zur Psychoanalyse. Freuds komplexes System – auf das Schlagwort „Pansexualismus" gebracht – wurde vereinfachend verfälscht. Auch die akademische Auseinandersetzung spielte sich auf demselben Niveau ab, wie die im vorhergehenden referierten Argumente beweisen. Ich zitiere noch einmal Oskar Walzel, dem Victor Klemperer bescheinigt, „seiner Gesamtgesinnung und seiner gesellschaftlichen Haltung nach durchaus zum linken Flügel des Bürgertums"[436] gehört zu haben:

> „Sicherlich zählt Schnitzler mit Beer-Hofmann zu einer Gruppe erotisch betonter Menschen, der auch Freud und die Seinen angehören. Abzulehnen ist nur die Behauptung, daß alle übrigen Menschen mehr oder minder ebenso erotisch die Welt erleben."[437]

Freud analysiert die „Widerstände gegen die Psychoanalyse" so:

> „Die partielle Ableitung der Kunst, Religion, sozialer Ordnung von der Mitwirkung sexueller Triebkräfte wurde als eine Erniedrigung von höchsten Kulturgütern hingestellt und mit Emphase verkündet, daß der Mensch noch andere Interessen habe als immer nur sexuelle (. . .). Wobei man im Eifer übersah, (. . .) daß der Nachweis der Herkunft aus elementaren animalischen Triebquellen an dem Wert einer kulturellen Errungenschaft nichts zu ändern vermag."[438]

Der Vorwurf des Sexualismus wird Freuds Theorie nicht gerecht, da Freud die Sexualität nie zur ausschließlichen Motivation menschlichen Verhaltens hypostasiert hat:

„deckte sich, was die Psychoanalyse Sexualität nannte, keineswegs mit dem Drang nach Vereinigung der geschiedenen Geschlechter oder nach Erzeugung von Lustempfindung an den Genitalien, sondern weit eher mit dem allumfassenden und alles erhaltenden Eros des Symposions Platos.

Allein die Gegner (. . .) fielen über die Psychoanalyse her, als hätte sie ein Attentat auf die Würde des Menschengeschlechts verübt. Sie warfen ihr ‚Pansexualismus' vor, obwohl die psychoanalytische Trieblehre (. . .) zu keiner Zeit versäumt hatte, neben den Sexualtrieben andere anzuerkennen, denen sie ja die Kraft zur Unterdrückung der Sexualtriebe zuschrieb."[439]

2.3.4.2
Antisemitismus

Schließlich spielt bei der Ablehnung der Psychoanalyse offener oder latenter Antisemitismus eine große Rolle. Freud selbst erklärt in seiner *Ansprache an die Mitglieder des Vereins B'nai B'rith* über sein Judentum:

„Ich war selbst Jude, und es war mir immer nicht nur unwürdig, sondern direkt unsinnig erschienen, es zu verleugnen. Was mich ans Judentum band, war (. . .) nicht der Glaube, auch nicht der nationale Stolz, denn ich war immer ein Ungläubiger, bin ohne Religion erzogen worden, wenn auch nicht ohne Respekt vor den ‚ethisch' genannten Forderungen der menschlichen Kultur. Ein nationales Hochgefühl habe ich, wenn ich dazu neige, zu unterdrücken mich bemüht, als unheilvoll und ungerecht, erschreckt durch die warnenden Beispiele der Völker, unter denen wir Juden leben. Aber es blieb genug anderes übrig, was die Anziehung des Judentums und der Juden unwiderstehlich machte, viele dunkle Gefühlsmächte, umso gewaltiger, je weniger sie sich in Worten erfassen ließen, ebenso wie die klare Bewußtheit der inneren Identität, die Heimlichkeit der gleichen seelischen Konstruktion."[440]

Bezeichnend auch, daß Freud den Bericht über seine wissenschaftliche Laufbahn mit dem Hinweis auf seine jüdische Abstammung beginnt[441]. Das Schlüsselerlebnis, das dem Kind seine jüdische Identität unmißverständlich vor Augen bringt, wird in der *Traumdeutung* berichtet:

„Und nun stoße ich (. . .) auf das Jugenderlebnis, das in all diesen Empfindungen und Träumen noch heute seine Macht äußert. Ich mochte zehn oder zwölf Jahre gewesen sein, als mein Vater begann, mich auf seine Spaziergänge mitzunehmen und mir im Gespräch seine Ansichten über die Dinge dieser Welt zu eröffnen. So erzählte er mir einmal, um mir zu zeigen, in wieviel bessere Zeiten ich gekommen sei als er: Als ich ein junger Mensch war, bin ich in deinem Geburtsort am Samstag in der Straße spazieren gegangen, schön gekleidet, mit einer neuen Pelzmütze auf dem Kopf. Da kommt ein Christ daher, haut mir mit einem Schlag die Mütze in den Kot, und ruft dabei: Jud, herunter vom Trottoir. ‚Und was hast du getan?‘ Ich bin auf den Fahrweg gegangen und habe die Mütze aufgehoben, war die gelassene Antwort.“[442]

Zurücksetzungen auf Grund seines Judentums blieben Freud nicht erspart:

„Die Universität, die ich 1873 bezog, brachte mir zunächst einige fühlbare Enttäuschungen. Vor allem traf mich die Zumutung, daß ich mich als minderwertig und nicht volkszugehörig fühlen sollte, weil ich Jude war. Das erstere lehnte ich mit aller Entschiedenheit ab. Ich habe nie begriffen, warum ich mich meiner Abkunft, oder wie man zu sagen begann, Rasse schämen sollte. Auf die mir verweigerte Volksgemeinschaft verzichtete ich ohne viel Bedauern.“[443]

1883 schreibt er seiner Braut Martha Bernays, daß er in der Eisenbahn als Jude erkannt wurde und sich gegen antisemitische Beschimpfungen zu wehren hatte[444]. 1897 ergaben sich bei der Ernennung zum Professor Schwierigkeiten wegen Freuds Judentum[445].

Antisemitismus äußerte sich nicht nur gegen die Person Freuds, sondern auch in der Einstellung zur Psychoanalyse. Freud geht in seiner Untersuchung der *Widerstände gegen die Psychoanalyse* der Frage nach,

„ob nicht seine [des Autors, G. S.] eigene Persönlichkeit als Jude, der sein Judentum nie verbergen wollte an der Antipathie der Umwelt gegen die Psychoanalyse Anteil gehabt hat. Ein Argument dieser Art ist nur selten laut geäußert worden, wir sind leider so argwöhnisch geworden, daß wir nicht umhin können, zu vermuten, der Umstand sei nicht ganz ohne Wirkung geblieben.“[446]

Verschiedentlich drückt er seine Überzeugung aus, daß sein Judentum in der Tat etwas mit der Konzeption der Psychoanalyse zu tun hatte – allerdings in ganz anderem Sinn, als seine Gegner meinten:

„Es ist vielleicht auch kein bloßer Zufall, daß der erste Vertreter der Psychoanalyse ein Jude war. Um sich zu ihr zu bekennen, brauchte es ein ziemliches Maß von Bereitwilligkeit, das Schicksal der Vereinsamung in der Opposition auf sich zu nehmen, ein Schicksal, das dem Juden vertrauter ist als einem anderen.“[447]

In der zitierten *Ansprache an die Mitglieder des Vereins B'nai B'rith* ist im selben Sinn von seiner psychischen Disposition die Rede; davon, daß ich nur meiner jüdischen Natur die zwei Eigenschaften verdankte, die mir auf meinem schwierigen Lebensweg unerläßlich geworden waren. Weil ich Jude war, fand ich mich frei von vielen Vorurteilen, die andere im Gebrauch ihres Intellekts beschränkten, als Jude war ich dafür vorbereitet, in die Opposition zu gehen und auf das Einvernehmen mit der ‚kompakten Majorität' zu verzichten." [448]

Und noch einmal 1908 an seinen Schüler Karl Abraham:

„Wir müssen als Juden, wenn wir igendwo mittun wollen, ein Stück Masochismus entwickeln, bereit sein, uns etwas Unrecht tun zu lassen. Es geht sonst nicht zusammen. Seien Sie versichert, wenn ich Oberhuber hieße, meine Neuerungen hätten trotz alledem weit geringeren Widerstand gefunden."[449]

Den jüdischen Elementen in Freuds Persönlichkeit und seiner Psychologie hat Ernst Simon eine Studie gewidmet. Simon weist zu Recht auf die häufige Identifikation mit jüdischen Gestalten hin, deren erste Hannibal war, dann Moses und Josef, der Traumdeuter, sowie Ferdinand Lassalle[450]. Im Gegensatz zu Karl Marx – so Simon – habe Lassalle eine wichtige Rolle in Freuds Vorstellungswelt gespielt.

Zur Frage der jüdischen Elemente *in* der Psychoanalyse gibt Simon folgende Auskunft: die Methode der freien Assoziation sei in den traditionellen religiösen Büchern der Juden vorgebildet, zum Beispiel im Talmud; als Vermittler dieses Wissens an den areligiösen Freud habe Ludwig Börnes Aufsatz *Die Kunst, in drei Tagen ein Originalschriftsteller zu werden* zu gelten[451]. Zum anderen findet Simon große Ähnlichkeit in der Haltung des Talmud und der Freuds zur Sexualität:

„Perhaps no other book in all world literature treats sex as frankly and uninhibitedly as does the Talmud. However, together with this frankness the Talmud is characterized by strict sexual ethics. This combination of freedom of expression and a strictly antilibertine attitude is precisely what characterizes Freud's standpoint towards sex."[452]

Weit über diese einigermaßen allgemeingehaltenen Feststellungen schließt David Bakan in seinem Buch *Sigmund Freud and the Jewish Mystical Tradition* hinaus. Freud habe sein Leben sozusagen in einem jüdischen Getto verbracht, habe fast nur mit Juden Kontakt gehabt. Darüber hinaus seien seine jüdische Idealfiguren auffallend. Bakan betont vor allem die Moses-Beziehung:

„If (. . .) Freud strongly identified himself with Moses, then his preoccupation with the Moses of Michelangelo, who sits petrified in a church in Rome and graces the tomb of a Pope, and his turning Moses into a Gentile, can be understood as Freud's own realization of the Sabbatian act of apostasy. Through the image of Moses, as he develops it in his Moses and Monotheism, Freud becomes a Gentile psychologically as he makes a Gentile of Moses.“[453]

Warum aber liegt Freud daran, Moses in seiner Arbeit *Der Mann Moses und die monotheistische Religion* als Nicht-Juden vorzustellen? Bakans Antwort:

„We know that throughout his life Freud suffered from a deep sense of being discriminated against as a Jew. The Moses – as-a-Gentile fantasy may be understood as a desperate and brilliant attempt to ward off Anti-Semitism. The book was written in the throes of the greatest anti-semitic disaster the Jews had ever experienced.“[454]

Weiter entdeckt Bakan eine Identifikation mit dem Messias. Zum Beweis dieser These bemüht er Freuds – eher bildungsbürgerliche – Romsehnsucht:

„The idea that Freud had of himself as a military hero who would die as a martyr, a fighter against Anti-Semitism, an interpreter of dreams, a dweller in Rome where he would realize his deepest wish, all become intelligible if we assume that Freud conceived of himself, at least to some degree, as the military Messiah of the Jews.“[455]

Haben Bakans Vermutungen, soweit sie sich auf die Person Freuds beschränken, noch einen gewissen Grad der Wahrscheinlichkeit, so ist das bei seinen Spekulationen über Psychoanalyse als jüdische Wissenschaft nicht mehr der Fall. Einige Beispiele: Nach Bakan ist Freuds Psychologie nichts anderes als der Versuch, die Idee der Kabbala „Der Mensch ist eine Torah“ zu säkularisieren. In der Beschreibung des Falles Dora soll der Name „Dora“ auf „Torah“ anspielen[456]. Die moderne Kabbala, insbesondere der 1240 in Spanien geborene Abraham ben Samuel Abulafia, gelten Bakan als Quelle der Psychoanalyse. Bereits Abulafia habe eine der freien Assoziation nahekommende Technik entwickelt:

„The psychologic objective that Abulafia had was to ‚unseal the soul, to untie the knots which bind it‘. This was based on the view that the inner forces of man are cound in as a result of his ordinary, daily activity.“[457]

Daraus den Schluß zu ziehen, „a theory of repression and the role of the ego in repression are already germinally here“[458], ist allerdings kühn. Dasselbe gilt für die Behauptung, Abulafias Buchstabenmystik sei ein Vorläufer der psychoanalytischen Traumdeutung[459].

Die These, die Psychoanalyse sei eine moderne Version der jüdischen Mystik [460], bleibt unbewiesen, solange nicht geklärt ist, wie Freud mit derartigen Büchern in Kontakt gekommen ist[461]. Denn Religion jeglicher Art, so bezeugt auch Bakan, stand er zeit seines Lebens ablehnend gegenüber.

Sowohl bei Simon wie auch bei Bakan ist die Tendenz deutlich, die Psychoanalyse als spezifisch jüdische Leistung darzustellen und den anerkannten Psychologen Freud für das Judentum zu reklamieren. In unserem Diskussionszusammenhang, in der Zeit 1900 – 1933, wurde die Frage „Ist die Psychoanalyse eine jüdische Wissenschaft? " jedoch mit einem anderen Unterton gestellt. Mit dem Hinweis, Freud und fast alle seine Anhänger seien Juden, dachte man die Psychoanalyse zu erledigen. Antisemitismus kommt in den zitierten Schriften germanistischer Autoren selten offen zum Ausdruck, weshalb von „latentem Antisemitismus" die Rede war. Wie Wolfgang Kunkel bezeugt, gab es sehr wohl unter den Professoren jenen stillen Anti-Semitismus, den man mehr fühlen als deutlich wahrnehmen konnte[462]. Für die Germanistik stellt Ziegler fest,

„daß sogar während der Weimarer Republik in der Regel ein Jude kaum eine Chance hatte, in unserem Fach zum Ordinarius aufzusteigen, – und mochte er, wie ein Fritz Strich oder Martin Sommerfeld, der Begabung und Leistung nach noch so überragend sein."[463]

2.3.4.3
Widerstand gegen den politisch-revolutionären Gehalt der Psychoanalyse

Wer einen politisch-revolutionären Gehalt der Psychoanalyse behauptet, kann sich nicht auf explizite Stellungnahmen Freuds berufen. Freud äußerte sich sehr skeptisch zu Sozialismus und Marxismus. Zwar heißt es in der 1932 verfaßten *Neue Folge der Vorlesungen zur Einführung in die Psychoanalyse* im Kapitel *Über eine Weltanschauung:*

„Ich würde gestehen, daß die Bedingungen dieses Experiments [gemeint ist die russische Revolution, G. S.] mich und meinesgleichen abgehalten hätte, es zu unternehmen, aber wir sind nicht die einzigen, auf die es ankommt. Es gibt auch Männer der Tat, unerschütterlich in ihren Überzeugungen, unzugänglich dem Zweifel, unempfindlich für die Leiden Anderer, wenn sie ihren Absichten im Wege sind. Solchen Männern verdanken wir es, daß der großartige Versuch einer solchen Neuordnung jetzt in Rußland wirklich durchgeführt wird. In einer Zeit, da große Nationen verkünden, sie erwarten ihr Heil nur vom Festhalten an der christlichen Frömmigkeit, wirkt die Umwälzung in Rußland – trotz aller unerfreulichen Einzelzüge – doch wie die Botschaft einer besseren Zukunft."[464]

Die stalinistische Fehlentwicklung wird jedoch scharf kritisiert:

„Mit der neugewonnenen Einsicht in die weitreichende Bedeutung ökonomischer Verhältnisse ergab sich die Versuchung, deren Abänderung nicht der historischen Entwicklung zu überlassen, sondern sie durch revolutionären Eingriff selbst durchzusetzen. In seiner Verwirklichung im russischen Bolschewismus hat nun der theoretische Marxismus die Energie, Geschlossenheit und Ausschließlichkeit einer Weltanschauung gewonnen, gleichzeitig aber auch eine unheimliche Ähnlichkeit mit dem, was er bekämpft. Ursprünglich selbst ein Stück Wissenschaft, in seiner Durchführung auf Wissenschaft und Technik aufgebaut, hat er doch ein Denkverbot geschaffen, das ebenso unerbittlich ist wie seinerzeit das der Religion. Eine kritische Untersuchung der marxistischen Theorie ist untersagt, Zweifel an ihrer Richtigkeit werden so geahndet wie einst die Ketzerei von der katholischen Kirche. Die Werke von Marx haben als Quelle einer Offenbarung die Stelle der Bibel und des Korans eingenommen, obwohl sie nicht freier von Widersprüchen und Dunkelheiten sein sollen als diese älteren heiligen Bücher.“[465]

Aus diesen Gründen verweigerte Freud, wie berichtet, Arnold Zweig seine Unterschrift unter ein pro-kommunistisches Manifest.

Die Möglichkeit einer Änderung zum Besseren durch Änderung der Besitzverhältnisse wurde von Freud bezweifelt. Daraus den Schluß zu ziehen, die Psychoanalyse diene nur der Anpassung an das Bestehende, ist ein Fehlschluß. Georg Lukáçs, darin ganz der offiziellen Parteilinie entsprechend, bezeichnet Freud sogar als Reaktionär[466]. Daß die Psychoanalyse tatsächlich von zahlreichen Nachfolgern im Sinne bloßer Realitätsanpassung interpretiert und weiterentwickelt wurde, so vor allem von den sogenannten Neo-Freudianern in den USA, kann nicht Freud angelastet werden[467].

In Freuds Theorie sind eminent politische Impulse enthalten. Zum Beispiel eine gesellschaftskritische Analyse der Wurzeln psychischer Konflikte:

„(. . .) unterhält die Gesellschaft einen Zustand von Kulturheuchelei, dem ein Gefühl von Unsicherheit und ein Bedürfnis zur Seite gehen muß, die unleugbare Labilität durch das Verbot der Kritik und Diskussion zu schützen (. . .). Die Psychoanalyse deckt die Schwächen dieses Systems auf und rät zur Änderung desselben. Sie schlägt vor, mit der Strenge der Triebverdrängung nachzulassen und dafür der Wahrhaftigkeit mehr Raum zu geben. (. . .) Infolge dieser Kritik ist die Psychoanalyse als ‚kulturfeindlich' empfunden und als ‚soziale Gefahr' in den Bann getan worden."[468]

Einer der Gründe, warum deutsche Professoren Freud ablehnten, war zweifellos ihre politisch konservative Haltung. Nicht zu Unrecht sahen sie in der Psychoanalyse eine Gefahr für hierarchisch-autoritäre Strukturen. Der Pädagoge Eduard Spranger hat es später dem Nationalsozialismus ausdrücklich als Verdienst angerechnet, der Zersetzung durch Marxismus, Psychoanalyse und ähnlichem ein Ende gemacht zu haben[469]. Noch 1965 polemisiert Karl Jaspers gegen Psychoanalyse und Marxismus als „Afterbild der Philosophie“[470].

Die Psychoanalyse ist sowohl gesellschaftsverändernd wie gesellschaftsbestätigend interpretierbar. Freuds Position in dieser Frage ist ambivalent. Erich Fromm hat Freuds Menschenbild ideologiekritisch untersucht und ist zu dem Resultat gekommen, seine Psychologie weise eine gewisse Kapitalismusaffinität auf. Insbesondere Freuds Überzeugung von der naturgegebenen Aggressivität des Menschen ist gemeint: Wird da nicht das kapitalistische Marktprinzip „homo homini lupus“ als anthropologische Konstante ausgegeben? [471]

Fromm vernachlässigt über diesen Aspekten nicht die revolutionäre Seite der Psychoanalyse, wie auch David Riesman in seinem Essay über *Autorität und Freiheit in der Gedankenwelt Freuds* die Ambivalenz betont[472].

Mit Herbert Marcuse ist Freud vorzuwerfen, daß sein System die Geschichtlichkeit zu wenig berücksichtigt. Die Fixierung auf den Ödipuskomplex zum Beispiel ist ein Spiegelbild der sozialen und psychischen Verhältnisse zu Freuds Zeit, nicht unbedingt ein anthropologisches Grundfaktum. Marcuse kritisiert die starre Antithese von Lust- und Realitätsprinzip:

„Freuds Schlußfolgerungen (. . .) hypotasieren (. . .) eine spezifische historische Form der Kultur als Natur der Kultur (. . .). Aus der historischen Notwendigkeit des Leistungsprinzips und seiner Fortdauer über die historische Notwendigkeit hinaus folgt nicht, daß eine andere Kulturform unter einem anderen Realitätsprinzip unmöglich wäre. Bei Freud ist die Freiheit von Unterdrückung und Verdrängung eine Angelegenheit des Unbewußten, der subhistorischen und sogar subhumanen Vorgänge; infolgedessen ist die Idee eines verdrängungsfreien nicht repressiven Realitätsprinzips eine Sache der Retrogression. Daß solch ein Prinzip selbst eine historische Realität werden könnte, eine Angelegenheit der wachsenden Bewußtwerdung, daß die Bilder der Phantasie auf die noch uneroberte Zukunft der Menschheit Bezug nehmen könnten, statt auf die (schlecht) besiegte Vergangenheit – all das erschien für Freud im besten Fall als eine hübsche Utopie.“[473]

Den Appell zur Änderung der gesellschaftlichen und politischen Verhältnisse hat – außer Adler – schon früh Wilhelm Reich in der Psychoanalyse aufgedeckt. In seinen Schriften und Aktionen propagierte er die Verbindung von Marxismus und Psychoanalyse, bevor er in seinen späten Jahren in Amerika zum Freund der Mystik wurde[474].

Auch Erich Fromm, Herbert Marcuse, Alexander Mitscherlich und seine Schüler verstehen die Psychoanalyse als Sozialpsychologie. Damit können sie an Freud anknüpfen, der das Individuum nie isoliert sah[475]. Die familiären Beziehungen, auf die sich die Psychoanalyse konzentrierte, sind gesellschaftliche Beziehungen. Mit Erich Fromm zu sprechen: Die Familie ist die Agentur der Gesellschaft[476].

3 ZUR ENTWICKLUNG NACH 1945

Die Entwicklung in der Bundesrepublik nach 1945 soll nur in Kürze skizziert werden.

Die (meistens in die USA) emigrierten Psychoanalytiker kehrten nur zum Teil nach Deutschland zurück, zumal es hier kaum Arbeitsmöglichkeiten gab und die Psychoanalyse genausowenig wie in früheren Jahren an den Hochschulen instituionalisiert wurde [Forum psychoanalytischer Gedanken war im Westdeutschland der Nachkriegsjahre nicht zuletzt die Humanistische Union]. Wohl wurde psychoanalytisches Schrifttum neu aufgelegt oder aus dem Englischen übersetzt. Aber all dies blieb ohne nachhaltige und breitere Wirkung. 1961 schätzt Alexander Mitscherlich die Situation der Psychoanalyse in der Bundesrepublik recht pessimistisch ein:

„Man müßte eigentlich von drei verpaßten Chancen der Begegnung zwischen Sigmund Freud und den zeitgenössischen Deutschen sprechen. Die anfängliche liegt vor dem 1. Weltkrieg, als die engeren Fachgenossen immerhin hätten aufhorchen sollen. (...) Nach dem 1. Weltkrieg faßte die Psychoanalyse vor allem in Berlin langsam Fuß – dann zerstörte das 3. Reich alles. (...) übernahm in dieser Notlage die angelsächsische Welt die Lehren Sigmung Freuds und führte sie – trotz bei uns gern festgestellter Plattheiten, die das Gegenstück zu unserer „Tiefe" sind – in einer frappierenden Fülle von Gedanken weiter (...).
Die dritte Chance, die wir zu verpassen in Gefahr stehen, liegt darin, daß diese Weiterführung der Freudschen Analyse in mannigfachen Wissensgebieten – der Medizin, Pädagogik, Sozialpsychologie, Kriminologie, (...) – nicht zur Kenntnis genommen wird."[477]

Peter Brückner dagegen sieht die Lage 1962 etwas anders. Er konstatiert ein „wieder sich regendes oder verstärkendes Interesse an der Psychoanalyse", weist jedoch zugleich auf die Umformung hin, der die Freudsche Psychoanalyse unterzogen wird, um sie akzeptabel zu machen:

„Diese Zuwendung zu Sigmund Freud scheint ein Phänomen mit mindestens dreifacher Wurzel zu sein. Als Wiedergutmachung am ausgetriebenen Juden Freud (der schließlich auch wie einige seiner Schwestern hätte in Auschwitz enden können) ist sie mehr Sache von Institutionen als des Publikums, eher Verlagen zu verdanken als Lesern. Das nach dem langsamen Absterben der nationalsozialistischen Vorurteile wieder sich regende oder verstärkende fachliche Interesse an der Psychoanalyse mag als ein zweites forderndes Moment gelten. Hinzu tritt eine kräftige Strömung soziologischen Interesses an Wissenschaft und Kultur: die Frage nach der Genese von Ideen macht auch Herkunft und Milieu dessen interessant, der Ideen konzipierte (...). Gerade das Motiv der Wiedergutmachung verbindet sich nicht zufällig mit der gängigen Anerkennung Freuds durch die Vertreter schulwissenschaftlicher Disziplinen, die es früher einmal besser zu wissen meinten. Das wäre schlechthin zu begrüßen, wenn nicht die Hinwendung zur Psychoanalyse und das Lob ihres Schöpfers aus halbem Herzen kämen. Nur ein Teil von Freud wird rezipiert, und seine Lehren werden erst nach einiger Entschärfung in das allgemeine wissenschaftliche Bewußtsein aufgenommen."[478]

Die Lage änderte sich Mitte der sechziger Jahre, unter politischen Vorzeichen. Der Prozeß der Politisierung, den in diesen Jahren eine große Anzahl von Studenten erlebte und der in die sogenannte Studentenbewegung der Jahre 1967 – 69 mündete, gründete sich theoretisch auf die Kritische Theorie der Frankfurter Schule. Wesentlicher Bestandteil dieser Theorie sind freudianische Gedanken. Diese Studenten hatten kaum ein Wiedergutmachungsinteresse, wohl ein Aufarbeitungs-Interesse an der Psychoanalyse, vor allem aber einen praxisorientierten direkten Anspruch[479].

In diesen Jahren fanden die Schriften Mitscherlichs, des einzigen bundesdeutschen Psychoanalytikers, der über enge Fachzirkel hinaus ein Publikum erreichte, weite Verbreitung.

Ein deutliches Zeichen für die Anerkennung Freuds ist der Sigmund-Freud-Preis für wissenschaftliche Prosa, den die Deutsche Akademie für Sprache und Dichtung in Darmstadt 1965 stiftete[480].

Hat sich nun die allmähliche Durchsetzung der Psychoanalyse auch auf die bundesdeutsche Germanistik ausgewirkt?

Literatur- und kunstwissenschaftliche Studien aus der Feder interessierter Ärzte und Psychiater[481] sollen hier nicht diskutiert werden; es geht hauptsächlich um den Beitrag der Literaturwissenschaftler vom Fach.

1953 schreibt Ernst Robert Curtius im Vorwort zur zweiten Auflage seines einflußreichen Werks *Europäische Literatur und lateinisches Mittelalter:*

„In meinem Buch wird man Dinge finden, die ich ohne C. G. Jung nicht hätte sehen können."[482]

Nun liegt es nahe, Verbindungen zu ziehen von der Erforschung literarischer Topoi zur Jungschen Archetypen-Lehre. Allgemein gilt: Etwa bis zum Jahr 1960 beherrschte Jung viel stärker als Freud die Diskussion. Wenn von einer möglichen Kooperation zwischen Psychologie und Germanistik die Rede ist, ist vor allem die analytische Psychologie Jungs gemeint. Hugo Kuhn, interdisziplinärem Forschen durchaus aufgeschlossen, zieht 1956 die Grenze zur Literaturdeutung im Sinne Jungs so:

„Zu ihrer [der Archetypen] Benutzung durch den Historiker und Systematiker ist nur eine, aber entscheidende Grenzbestimmung zu machen. Wie erkenntnistheoretisch für Jung die Psyche die Welt ‚enthält', so enthält sachlich für ihn der Archetypus die Geschichte und die Gegenwart. Alles kann alles sein, d. h. alles ist Psyche, Ganzheit der Psyche in ihren Schichten. Für den Historiker, den Theologen, den Philosophen handelt es sich jedenfalls um das Gegenteil: um das Einmalige und Besondere, um das Verbindliche und um das Gestaltete als einmalige Situation, um die Welt und das Sein als Korrelation zum Ich, zum Selbst, zur psychischen Ganzheit und Produktion.

Wo diese Grenze überschritten wird, fängt der Dilettantismus an."[483]

Im selben Sinn hat sich Wilhelm Emrich – im Zusammenhang der Interpretation der Goetheschen Symbole – in den zitierten Aufsätzen (1952, 1953) geäußert.

Gottfried Diener bedient sich „mit Maß und ungezwungen", wie er sich ausdrückt, der Jungschen Tiefenpsychologie, um gewisse Aspekte der Goetheschen Dichtung zu deuten. In *Fausts Weg zu Helena. Urphänomen und Archetypus* schreibt er:

„Goethes Ergriffenheit von den bedeutenden Bildern und den in ihnen investierten großen Gefühlen, die von Geburt an in der Tiefenseele ‚zucken' und ‚spuken' und nach Verwirklichung im Leben und im Kunstwerk drängen, rechtfertigt es, wenn wir, mit Maß und ungezwungen, die Einsichten C. G. Jungs über die Struktur der Psyche und die ungefähre Bedeutung der archetypischen, symbolischen Gestalten und Motive heranziehen. Es wäre ja verwunderlich, wenn sich das Denken und Dichten Goethes, des großen Kenners und Bildners seelischer Wirklichkeit und des ihr entsprechenden ideellen und urphänomenalen Seins, und die Forschungen Jungs über die archetypischen Inhalte der unbewußten kollektiven Psyche nicht gegenseitig erhellen könnten. Auch das Wissen Goethes um die symbolische und psychologische Bedeutung der (auf Schritt und Tritt im Faust begegnenden) Alchemie verbindet ihn mit Jung, dessen bedeutendes Buch ‚Psychologie und Alchemie' daher auch häufig zur Erklärung bemüht wurde."[484]

Den Unterschied bestimmt Diener so:

„Doch dürfen wir nie vergessen, daß die aus dem tiefsten, allertiefsten Grund der Seele aufsteigenden Symbole und Götterbilder bei Goethe immer außerseelischen Urphänomenen, Ideen, Mächten entsprechen, die zusammen die Totalität einer Welt darstellen."[485]

Denselben Gedanken verfolgt der Autor bei der Untersuchung der Goetheschen Festspiele, namentlich der *Pandora*:

„Urphänomene und Archetypen klingen selbst noch in den scheinbar vordergründigsten Allegorien auch der Goetheschen Festspiele an und verbinden sich hier mit einem ganz persönlichen Erlebnisgehalt, der freilich in die sinnbildlichen Gestalten und Motive eingeschmolzen und hinter den nicht immer flüssig, sondern manchmal starr archaisch und seltsam verzogen wirkenden Falten eines üppigen Sprachgewandes verborgen ist. Trotzdem bleibt uns auch in solcher Verhüllung ‚die Intimität' der Goetheschen Welt nicht verschlossen."[486]

Eine weitere, ungemein gründliche Analyse hat Gottfried Diener Goethes *Lila*, einem fast vergessenen Singspiel, gewidmet. Hier scheint mir am interessantesten die Gegenüberstellung „psychischer Kuren" der Goethezeit und der Methode des Psychodramas zu sein. Elemente des modernen Psychodramas entdeckt Diener im Handlungsablauf der *Lila*. Weiter werden „psychodramatische Kuren in anderen Dichtungen" behandelt, so in *Hamlet*, den *Kranichen des Ibykus*, Raimunds *Der Alpenkönig und der Menschenfeind, König Lear,* Martin Walsers *Der schwarze Schwan* sowie einigen Stücken Pirandellos[487].

Die Zuwendung zu Freud zeichnet sich – der dargestellten Entwicklung folgend – erst in den Jahren nach 1960 ab. Zugleich, und viel vehementer noch als die Einbeziehung der Psychoanalyse, wird die Einbeziehung der Soziologie gefordert: Indendiert ist eine Art Sozio-Psychoanalyse, die der von Hermand erhobene Einwand gegen die Literatur-Psychologie nicht mehr treffen würde:

„Sich auf archaische Grundsituationen wie den Ödipus-Komplex zu beschränken, wird der modernen Differenziertheit einfach nicht mehr gerecht (. . .). Ein Denken dieser Art setzt stets einen ahistorischen Wiederholungsmechanismus voraus, der durch die vertieften Geschichtskenntnisse der letzten 200 Jahre endgültig überwunden sein sollte.

Indem er [der Freudianismus, G. S.] unhistorisch eingestellt ist, predigt er uns nicht die Veränderung, sondern lediglich die Anpassung."[488]

Literaturpsychologie im Sinne einer Verbindung von Soziologie und Psychoanalyse steht in Deutschland noch am Anfang. An Arbeiten, die diesem Programm entsprechen, ist noch wenig erschienen. Eine literaturpsychologische Untersuchung der Erzählungen Adalbert Stifters hat Michael Kaiser 1971 vorgelegt. Seine programmatischen Vorbemerkungen seien zitiert:

„Eine Literaturpsychologie als Forschungsrichtung der Literaturwissenschaft gibt es bisher in Deutschland nicht. Als Zweig der Psychologie, insbesondere der Psychoanalyse und der Kulturanthropologie, vermochte sie sich vor ihrer Unterdrückung durch den Nationalsozialismus nicht mit gesicherten Methoden und Ergebnissen zu etablieren, so daß es zu einer Wiederaufnahme und Weiterentwicklung der alten Ansätze nach dem Krieg kaum kam. Der Bruch der Tradition war so nachhaltig, daß psychologische Untersuchungsmethoden mit wissenschaftlichem Anspruch selbst im engeren Bereich der Biographieforschung seither nicht herangezogen wurden, was zu der Lethargie auf diesem Gebiet beiträgt. Anders und günstiger entwickelte sich die Literatursoziologie, und von ihr können in Zukunft Impulse auch für die literaturpsychologischen Forschungen ausgehen; denn sie hat durch die Erschließung der sozialen Einflüsse die literarische Produktion neuerdings als Teil der sozialen Interaktion der Autoren bewußt gemacht. Daher muß nun das wissenschaftliche Interesse auch der literarischen Umsetzung dieser Einflüsse im Zusammentreffen mit dem Motivationssystem, der Persönlichkeit, der Autoren gelten.

Diesem Brennpunkt des produktiven Geschehens sucht sich die vorliegende Studie durch motivationspsychologische Analysen von Texten mit zuständlichen und verhaltensbeschreibenden Erzählinhalten zu nähern.

In ihnen ist ein projektiver Ausdruck von Bedürfnissen und Einstellungen des Dichters mitenthalten."[489]

Stifters auffällige Fixierung auf Landschaftsbeobachtung und Landschaftsbeschreibung wird von Kaiser so erklärt:

„Stifter hat mehr als andere Autoren Landschaften dargestellt. Denn dies ermöglichte es ihm, die Auseinandersetzung mit den Problemen sozialer Beziehungen zu vermeiden. Er hat die Erfahrung gemacht, daß der tatsächliche Umgang mit der Landschaft dazu beitragen kann, depressive Stimmungen aufzuhellen. Diese Depressionen waren Folge von unlösbaren Anpassungsproblemen, die in der Kindheit ihren Ursprung hatten. Deshalb sind die Darstellungen sozialer Beziehungen in seinen Erzählungen häufiger pessimistisch gefärbt."[490]

Besser noch als Kaiser am Fall Stifters gelingt es Winfried Georg Sebald am Fall Sternheims, eine Neurose und ihren Ausdruck in Leben und Werk psychologisch und soziologisch zu fassen (ein Plus gegenüber Kaiser liegt darin, daß Sebald stärker auf die Biographie eingeht [491]). Sebald hat nur Sternheim nachgewiesen, was Robert Minder auch für Jean Paul in Anspruch nimmt:

„Diese Neurose hat keineswegs nur private, konstitutionsmäßige Gründe, sondern war zu einem guten Teil Resultat der sozialen Lage."[492]

Das Psychogramm, das Sebald von Sternheim entwirft, ist durch die Kapitelüberschriften in groben Zügen umrissen[493]: Die mißlungene Assimilation/Pseudokonservativismus und Aggressivität/Blut und Boden/Akkulturation und Antisemitismus/Die gesellschaftliche Bedingtheit der Neurose Sternheims/Die orale Fixierung/Der Voyeurismus/Sentimentalität und Brutalität/Sternheims Egozentrik und sein Verhältnis zur Tradition. Ich versuche, Sternheims Psychogramm komprimiert wiederzugeben: Carl Sternheim wurde als Sohn eines reichen jüdischen Bankiers und einer lutherisch-sächsischen Mutter geboren. Sein Lebensthema ist die Assimilation. Den ödipalen Mechanismen folgend, identifiziert er sich mit der Seite der Mutter auf Kosten des Vaters: Er glorifiziert die germanische Vergangenheit, den Mutterboden, das Blond-Blauäugige, kurz, er übernimmt die herrschende Ideologie. Im Prozeß der Überanpassung macht sich Sternheim zunächst unkritisch die Wertvorstellungen und Leitbilder seiner Zeit und seines Milieus zu eigen: Glorifizierung des Militärs, Antisemitismus, Blut-und-Boden-Mystik, Verdinglichung der Frau.

Solche Züge treten in seinen Erzählungen und autobiographischen Schriften, vor allem in dem Roman *Europa,* ungleich stärker zutage als in den Komödien, die den Namen Sternheim berühmt gemacht und ihrem Autor Skandale eingebracht haben. Diese *Stücke aus dem bürgerlichen Heldenleben,* wie Sternheim selbst sie nennt, stellen jedoch nur einen sehr kleinen Prozentsatz seiner Produktion dar. Die satirische Kritik, die man meist aus diesen Stücken (*Die Hose, Der Snob, 1913, Das Fossil, Die Kassette, Bürger Schippel*) herausliest, ist eine äußerst ambivalente Angelegenheit, ja, es ist überhaupt fraglich, ob man Sternheims Komödien als Satiren zu verstehen hat. Manches weist darauf hin – nicht zuletzt Äußerungen des Autors –, daß nicht Destruktion, sondern Verherrlichung des egoistischen, tyrannischen, brutalen Bürgers intendiert war. Nietzsches und Stirners Einfluß ist spürbar.

Sternheims Position läßt sich am treffendsten mit dem Begriff der Ambivalenz beschreiben. Er war, wie Sebald formuliert, sowohl Kritiker als auch Opfer der Wilhelminischen Ära.

Die Literaturpsychologie ist nach wie vor in Deutschland – schon quantitativ – nur schwach vertreten[494]. Daran haben die mit Nachdruck vorgetragenen Forderungen nach Aufarbeitung der Psychoanalyse in der literaturwissenschaftlichen Methodik[495] zumindest vorerst nichts geändert. Auch wäre es ein Irrtum, die Vorurteilshaltung gegenüber psychoanalytischen Erkenntnissen für überwunden zu halten[496].

ANMERKUNGEN

1 Freud hat keine explizite psychoanalytische Ästhetik geschrieben. Bemerkungen zu Kunst und Künstler finden sich außer in den Aufsätzen, die dem Thema gewidmet sind, über das gesamte Werk und den Briefwechsel verstreut.
Zitiert wird nach der von A. Freud, E. Bibring, W. Hoffer, E. Kris und O. Isakower herausgegebenen 18bändigen Ausgabe der Gesammelten Werke Freuds [= S. F.]
Die wichtigsten Arbeiten zur bildenden Kunst und Literatur sind jetzt gesammelt in Band X der *Freud-Studienausgabe,* hg. v. A. Mitscherlich, A. Richards, J. Strachey, Frankfurt 1969.
Einige gute Darstellungen der psychoanalytischen Ästhetik liegen vor:
Immer noch unerläßlich sind die Arbeiten von Ludwig Marcuse (siehe Bibliographie).
Im Rahmen ihrer biographischen Gesamtdarstellungen gehen Marthe Robert, *Die Revolution der Psychoanalyse. Leben und Werk von Sigmund Freud,* Frankfurt, Hamburg 1967, und
Oscar Mannoni, *Sigmund Freud in Selbstzeugnissen und Bilddokumenten,* Reinbek 1971, ausführlich auf „Freud und die Kunst" ein.
Peter von Matt, *Literaturwissenschaft und Psychoanalyse. Eine Einführung,* Freiburg 1972, expliziert die psychoanalytische Ästhetik anhand der Ödipus- und Hamlet-Interpretationen in der „Traumdeutung". An Freuds methodischem Ansatz wird gewürdigt, daß sowohl der genetische als auch der Rezeptionsaspekt der Kunst berücksichtigt ist. (Zu Recht kritisiert Matt, daß der spätere Freud und die Freudianer den zweiten Aspekt vernachlässigen.)
Für die Ablehnung der psychoanalytischen Literaturinterpretation macht der Autor die Prädominanz der von Dilthey inaugurierten Richtung der Germanistik verantwortlich: Psychoanalyse, als erklärende Wissenschaft begriffen, wurde als inkompetent in Sachen Kunst eingestuft. Bei den Widerständen gegen die Psychoanalyse handelt es sich jedoch nicht nur um die von Matt erwähnten Meinungsverschiedenheiten auf rationaler Ebene, sondern in einem nicht zu unterschätzenden Maß auch um massive oder latente Vorurteile, wie in dieser Arbeit gezeigt wird.
Beizustimmen ist Matt, wenn er (Kap. IV) die Tendenz zur Idealisierung, die in der damaligen Germanistik überwiegt, als einen Faktor analysiert, der sich der Psychoanalyse und ihrer Erklärung des „großen Mannes" als Überleben des infantilen Vaterbildes widersetzt.
Weniger geglückt als die Explikation der Freudschen Ästhetik ist die „Anwendung psychoanalytischer Erkenntnisse in der Interpretation" (Kap. V). Einiges mag dafür sprechen, Schillers *Tell* als latentes Vatermordspiel zu deuten – Matts Bemerkungen zu Dürrenmatt und Frisch allerdings sind angreifbar.
In Kapitel VII versucht der Autor, den Wert der Psychoanalyse für die Literaturwissenschaft zu bestimmen. Nach einer eng an Freuds Aufsatz *Der Dichter und das Phantasieren* orientierten Darlegung der psychoanalytischen Dichtertheorie kommt er zu dem Schluß: „Überzeugend für die Literaturwissenschaft ist diese Theorie dort, wo sie auf die Trivialliteratur angewendet wird (. . .). Problematisch ist (. . .) die Relevanz der Freudschen Tagtraum-Theorie für die große, maßstabsetzende Dichtung." (AaO, 94) Nun stellen Trivialliteratur und „große, maßstab-

setzende Dichtung" keineswegs derart unvereinbare Pole dar, wie hier behauptet wird. Die Übergänge sind fließend – eine Erkenntnis, die sich seit einigen Jahren dank historischer und soziologischer Forschungen durchgesetzt hat.
Für eine „umfassende Ästhetik" – was immer man sich darunter vorzustellen hat – erklärt Matt die Literaturpsychologie für unbrauchbar (AaO, 88). Damit kommt er – bei aller Anerkennung der Leistung Freuds – auf einen durchaus traditionellen Standpunkt zurück: Den sogenannten Hilfswissenschaften Soziologie und Psychologie bleibt der Eintritt ins Allerheiligste des „Ästhetischen" verwehrt.
Offensichtlich eine Inkonsequenz, denn Freuds Untersuchungen „hoher Kunst", *Ödipus* und *Hamlet*, anerkennt Matt ausdrücklich. Zur Demonstration der literaturpsychologischen Methode wählt er sich den Schillerschen *Wilhelm Tell,* nicht eben ein Beispiel trivialer Literatur.
Am Rande eine Richtigstellung: Bereits Freud behandelt den Zusammenhang von individuellem Konflikt / künstlerischer Gestaltung / Publikumswirkung; Matt hält Hanns Sachs für den Urheber dieses Gedankens (AaO, 97), während Sachs lediglich Freud paraphrasiert.
Eng an Matt schließt sich Bernd Urban in der programmatischen Einleitung zu seiner Textsammlung *Psychoanalyse und Literaturwissenschaft. Texte zur Geschichte ihrer Beziehungen,* Tübingen 1973, VII – XLVI, an.
Wolfgang Beutin hat ebenfalls eine Textsammlung herausgegeben: *Literatur und Psychoanalyse. Ansätze zu einer psychoanalytischen Textinterpretation,* München 1972. Mit seinem in der Einleitung dargelegten Standpunkt (S. 7 – 48) deckt sich manches in dieser Arbeit.
Schließlich sei verwiesen auf Jack J. Spector, *Freud und die Ästhetik. Psychoanalyse, Literatur und Kunst,* München 1973 (die Arbeit besticht durch die Souveränität, mit der der Autor Freud in den kunst- und kulturgeschichtlichen Kontext einordnet. Die Parallelen zur Kunst, insbesondere zum Surrealismus, sind überzeugend dargestellt), und auf Jean Starobinski, *Psychoanalyse und Literatur,* Frankfurt 1973 (darin: S. 83 – 142).

2 S. F., XIV, 399

3 S. F., XIV, 400
Vgl. auch die Bemerkungen des Freud-Schülers Hanns Sachs: „Dostojewski würde es verdienen, Freuds Vorläufer zu heißen, wenn Kunst und Wissenschaft nicht getrennte Pfade gingen. Freud wußte das alles und schätzte Dostojewskis Genie richtig ein, aber er sprach von ihm sozusagen aus einer gewissen Distanz ohne den Enthusiasmus, den er für manche nicht so titanische Geister unter den intuitiven Seelenkennern hegte. Die inneren Konflikte bei Dostojewski – dessen Krankheit Freud nie als Epilepsie diagnostizierte, sondern als Hysterie mit schweren epileptiformen Anfällen – sind identisch mit denen, die Freud entdeckte und beschrieb." Sachs begründet die Distanz zu Dostojewski so: „Freud erkannte die Tiefe von Dostojewskis Philosophie an, aber sein eigener Charakter wies Selbstzerfleischung als letztes Ziel des Lebens zurück. Die unbeugsame Energie seiner Natur forderte mehr; instinktiv wehrte er sich dagegen, daß die Willenskraft erstickt werde." Hanns Sachs, *Freud. Meister und Freund,* London 1950, 96f.
Die Diskrepanz zwischen Freuds Bewunderung für den Künstler und seinem harten Urteil über den Menschen Dostojewski und seine politischen, philosophischen und religiösen Ansichten arbeitet auch Fritz Schmidl in seinem gründlichen

Artikel zu Entstehungsgeschichte, Umkreis und Rezeption des Dostojewski-Essays heraus: Fritz Schmidl, *Freud and Dostojewski,* in: *The Journal of the American Psychoanalytic Association* 13, 1965, 518 – 531.

4 *Der Wahn und die Träume in W. Jensens Gradiva* (1907), VII, 81.

5 A. a. O., 79

6 A. a. O., 79

7 „In diesem Streite über die Würdigung des Traumes scheinen nun die Dichter auf derselben Seite zu stehen wie die Alten, wie das abergläubische Volk und wie der Verfasser der ‚TRAUMDEUTUNG' A. a. O., 32

8 A. a. O., 33

9 Richard Krafft-Ebing, *Psychopathia sexualis,* Stuttgart 1886, IV. Ansätze zur Freudschen Sublimationstheorie finden sich übrigens schon bei Krafft-Ebing, wenn auch in primitiver Form: „Die psychologische Reaktion des Sexualtriebs in der Pubertät gibt sich in mannigfachen Erscheinungen kundt, denen nur gemeinsam der affektive Zustand der Seele ist und der Drang, den fremdartigen Gefühlsinhalt in irgendeiner Form auszuprägen, zu objectiviren. Naheliegende Gebiete sind die Religion und die Poesie, die selbst, nachdem die Zeit der sexuellen Entwicklung vorüber und jene ursprünglich unverstandenen Stimmungen und Dränge abgeklärt sind, mächtige Förderungen aus der sexualen Welt erhalten ( ). Nicht minder einflußreich erweist sich der sexuelle Factor auf die Weckung ästhetischer Gefühle. Was wäre die bildende Kunst und die Poesie ohne sexuelle Grundlage! In der (sinnlichen) Liebe gewinnt sie jene Wärme der Phantasie, ohne die eine wahre Kunstschöpfung nicht möglich ist und in dem Feuer sinnlicher Gefühle erhält sich ihre Glut und Wärme. Damit begreift sich, daß die großen Dichter und Künstler sinnliche Naturen sind." A. a. O., 7

10 Hanns Sachs berichtet: „Das häufigste Thema unserer Gespräche, wenn wir uns der Literatur zuwendeten, war Shakespeare ( ). In unseren Unterhaltungen machte er mir klar, daß Shakespeare zwar ein Meister in der Technik der Motivierung, einer bald deutlichen, bald verhüllten, ist, daß er sich aber, ungleich Ibsen, nicht mit mechanischer Gewissenhaftigkeit daran hält." Hanns Sachs, *Freud. Meister und Freund,* London 1950, 98

11 Auf eine Umfrage des Wiener Verlegers Hugo Heller im Jahr 1907 nach „zehn guten Büchern" antwortet Freud: „You did not say ‚the ten most magnificent works of world literature' – to which I should have had to reply as would so many others, Homer, the tragedies of Sophocles, Goethes Faust, Shakespeare's Hamlet, Macbeth, and so on.
Neither did you say ‚the ten most significant books' – which would have involved the inclusion of such scientific achievements as that of Copernicus, the book on belief in witches by an old physician Johann Weier, Darwins Descent of Man, and others. Nor did you even ask for ‚favourite books', among which I should not have forgotten milton's Paradise Lost and Heines Lazarus. (. . .) ‚Good' books are books which one has enjoyed and likes to recommend to others but which do not compel awe or dwarf a man by their great stature. I shall name for you ten such ‚good books' which occur to my mind without long reflection: Multatuli, Briefe und Werke; Kipling, Jungle Book; Anatole France, Sur la pierre blanche; Zola, Fécondité; Merejkowsky, Leonardo da Vinci; G. Keller, Leute von Seldwyla; C. F. Meyer, Huttens letzte Tage; Macaulay, Essays; Gomperz, Griechische Denker; Mark Twain, Sketches."

Zitiert nach Kurt R. Eissler, *An Unknown Autobiographical Letter by Freud and a short Comment,* in: *International Journal of Psychoanalysis* 32, 1951, 319 – 324, hier 319

12 Zitiert in: Thomas Mann, *Ritter zwischen Tod und Teufel,* in: *Reden und Aufsätze I,* Frankfurt 1965, 243

13 So Joseph Wortis, *Fragments of an Analysis with Freud,* New York 1954, 42

14 Peter Brückner, *Sigmund Freuds Privatlektüre,* in: *Psyche* 15, 1962, 883

15 S. F., Selbstdarstellung, XIV, 34

16 Robert Hering, *Der Prosahymnus „Die Natur" und sein Verfasser,* in: *Jahrbuch der Goethe-Gesellschaft* 13, 1927, 138 – 156. Vgl. auch Binswanger: „Wir sind der Meinung, daß Freud dem Naturmythos, den dieses Fragment darstellt, der Huldigung der Natur als einem mythischen Wesen, zeitlebens treu geblieben ist." Ludwig Binswanger, *Mein Weg zu Freud,* in: *Freud in der Gegenwart. Vortragszyklus der Universitäten Frankfurt und Heidelberg zum 100. Geburtstag,* Frankfurt 1957, 221.

17 Ludwig Marcuse, *Die deutsche Literatur im Werke Freuds,* in: *German Quarterly* 29, 1956, 87

18 S. F., XIV, 547

19 Fritz Wittels, *Sigmund Freud. Der Mann, die Lehre, die Schule,* Leipzig, Wien, Zürich 1924, 10
Siehe zum Thema „Freud und Goethe" unter anderem: Fritz Wittels, *Freud und Goethe,* in: *Die psychoanalytische Bewegung,* 2, 1930, 430 – 466. Alexander Heringer, *Goethe und Freud,* in: *Die psychoanalytische Bewegung,* 3, 1931, 19 – 31. Alfred von Winterstein, *Freud und Goethe. Die inneren Beziehungen des Menschen und Forschers Freud zu Goethe,* in: *Wort in der Zeit,* 2, 1956, 263 – 270. Henry von Witzleben, *Goethe und Freud,* in: *Studium Generale,* 19, 1966, 606 – 627

20 Jürgen Habermas, *Der deutsche Idealismus der jüdischen Philosophen,* in: Thilo Koch (Hg.), *Porträts zur deutsch-jüdischen Geistesgeschichte,* Köln 1961, 112/113

21 Vgl. Sachs, a. a. O., 98

22 Ludwig Marcuse, *Freud und die deutschen Dichter,* in: *Sigmund Freud. Sein Bild vom Menschen,* Hamburg 1964, 160

23 Fritz Wittels, *Sigmund Freud,* Leipzig, Wien, Zürich 1924, 75/76

24 Sigmund Freud, *Aus den Anfängen der Psychoanalyse. Briefe an Wilhelm Fließ. Abhandlungen und Notizen aus den Jahren 1887 bis 1902,* hg. v. Marie Bonaparte, Anna Freud und Ernst Kris, Frankfurt 1962, 140

25 „Unser alter Nestroy, der Wiener Aristophanes" – so Freud im Brief vom 20.8.1930 an Pfister, in: Sigmund Freud/Oskar Pfister, *Briefe 1909 – 1939,* hg. v. Ernst L. Freud und Heinrich Meng, Frankfurt 1963, 147

26 Ludwig Marcuse, in: *German Quarterly* a. a. O., 95. Auch Sachs, a. a. O., 47

27 Vgl. Freuds Brief an Fließ vom 15.3.1898, in: *Aus den Anfängen* . . . , a. a. O., 263

28 *Aus den Anfängen* . . . , a. a. O., 273. Siehe dazu William G. Niederland, *The First Application of Psychoanalysis to a Literary Work,* in: *The Psychoanalytic Quarterly,* 29, 1960, 228 – 235

29 Peter Brückner, *Sigmund Freuds Privatlektüre,* in: *Psyche,* 15, 1962, 881 – 902; 16, 1963, 721 – 743; 881 – 895

30 So auch im Fall von Victor Hugos *Notre Dame*; so Ludwig Binswanger, *Erinnerungen an Sigmund Freud,* Bern 1956, 56f.

31 Brief vom 16.10.1895, in: *Aus den Anfängen . . .*, a. a. O., 138

32 Die meisten Richtungen moderner Kunst akzeptierte Freud nicht mehr als Kunst. Als Oskar Pfister 1920 eine Arbeit über den *Psychologischen und biologischen Untergrund expressionistischer Bilder* veröffentlicht hatte, hielt nur die Freundschaft mit Pfister Freud von einer gänzlich vernichtenden Kritik ab (S. F./Oskar Pfister, *Briefe . . .*, a. a. O., 80).
Karl Abraham, der ihm ein Porträt schickte, das ein zeitgenössischer Künstler gemalt hatte, erhielt einen zwar ironisch formulierten, aber schroffen Bescheid über die Qualität des Bildes. – Etwas milder fällt das Urteil des alten Freud über moderne Kunst aus, nachdem ihn – auf Betreiben Stefan Zweigs – Salvador Dali in London besucht hatte: „Bis dahin war ich geneigt, die Surrealisten, die mich scheinbar zum Schutzpatron gewählt haben, für absolute (. . .) Narren zu halten. Der junge Spanier mit seinen treuherzig fanatischen Augen und seiner unleugbar technischen Meisterschaft hat mir eine andere Schätzung nahegelegt. Es wäre in der Tat sehr interessant, die Entstehung eines solchen Bildes analytisch zu erforschen. Kritisch könnte man doch noch immer sagen, der Begriff der Kunst verweigere sich einer Erweiterung, wenn das quantitative Verhältnis von unbewußtem Material und vorbewußter Verarbeitung nicht eine bestimmte Grenze einhält. Aber jedenfalls ernsthafte psychologische Probleme." Freud an Stefan Zweig am 20.7.1938. Zitiert bei Ernst H. Gombrich, *Freuds Ästhetik,* in: *Literatur und Kritik,* 19, 1967, 518. Siehe jetzt zum gesamten Komplex: Jack J. Spector, *Freud und die Ästhetik. Psychoanalyse, Literatur und Kunst,* München 1973, bes. Kapitel I, 15 – 44

33 S. F., II/III, 263

34 S. F., II/III, 302

35 S. F., VII, 434

36 S. F., X, 380 – 389. Jetzt auch in: Wolfgang Beutin (Hg.), *Literatur und Psychoanalyse. Ansätze zu einer psychoanalytischen Textinterpretation,* München 1972, 175 – 182

37 S. F., X, 389

38 Groddeck an Freud im November 1917, in: Georg Groddeck, *Der Mensch und sein Es,* hg. von Margaretha Honegger, Wiesbaden 1970, 24

39 S. F., IV, 236

40 Vgl. die Arbeit des Freud-Anhängers Theodor Reik, *Arthur Schnitzler als Psycholog,* München 1914

41 Zitiert nach: *Briefe an A. Schnitzler,* hg. v. Heinrich Schnitzler, in: *Die neue Rundschau,* LXVI, 1955, 96 – 97. Zum Verhältnis Freud – Schnitzler siehe auch: Heinz Politzer, *Diagnose und Dichtung. Zum Werk Arthur Schnitzlers,* in: *Das Schweigen der Sirenen. Studien zur deutschen und österreichischen Literatur,* Stuttgart 1968, 110 – 141
Beharriell vertritt die These: „Allem Anschein nach haben die beiden Ärzte zur gleichen Zeit und völlig voneinander unabhängig bestimmte weitreichende psychologische Prinzipien ‚entdeckt' –, die heute als Tiefenpsychologie Freudscher Prägung bekannt sind". Frederick J. Beharriell, *Schnitzler: Freuds Doppelgänger,* in: *Literatur und Kritik* 19, 1967, 546.

42 Herbert Lehmann, *Freud, Zweig, and biography*, in: *The Psychoanalytic Quarterly*, 32, 1963, 94/95
43 S. F., XIV, 416
44 Stefan Zweig, *Worte am Grabe Sigmund Freuds. Gesprochen am 26.9.1939*, in: *Erbe und Zukunft, Zeitschrift für Literatur, Musik, Geschichte und Philosophie*, 2, 1947, 101 – 102. Siehe auch Zweigs Buch: *Die Heilung durch den Geist. Mesmer – Mary Baker – Eddy – Freud*, Leipzig 1931
45 Sigmund Freud/Arnold Zweig, *Briefwechsel*, hg. v. Ernst L. Freud, Frankfurt 1968, 136
46 Freud, nach eigenen Worten ein Liberaler vom alten Schlag, verweigerte Zweig seine Unterschrift unter ein prokommunistisches Manifest, da er im russischen Kommunismus keinen Fortschritt sieht. Auch Zweig verurteilt die stalinistische Praxis. Dennoch hält er Freud entgegen: „Der Kampfcharakter unserer Gesellschaft – Klasse gegen Klasse, wird immer unverhüllter. Früher halfen wir uns durch eine Ideologie der Flucht ( ). Allgemach ergibt sich, daß es eine Flucht nicht gibt und daß die Gegensätze ausgefochten werden müssen." A. a. O., 35
47 S. F., I. 227.
48 Walter Muschg, in: *Die psychoanalytische Bewegung*, 2, 1930, 467 – 509. Ich zitiere die überarbeitete Fassung in *Die Zerstörung der deutschen Literatur*, Bern ^{3}1956, 310
49 A. a. O., 125
50 S. F., I, 201
51 Siehe dazu Suzanne Cassirer Bernfeld, *Freud and Archeology*, in: *The American Imago*, 8, 1951, 107 – 128
52 Walter Schönau, *Sigmund Freuds Prosa. Literarische Elemente seines Stils*, Stuttgart 1968, 192 – 207
53 *Aus den Anfängen . . .*, a. a. O., 203
54 „ ‚Gefesselte Sklaven tragen den Thron der Herrscherin.' Wehe, wenn sie befreit würden! Bei diesem Bild griff Freud wahrscheinlich ein allegorisches Motiv aus der bildenden Kunst der Renaissance auf; sein Ursprung liegt in der Lehre des Neuplatonismus. Eine Vergleichung der tieferen Bedeutung dieser Allegorie mit den kulturphilosophischen Ansichten, die es bei Freud impliziert, zeigte uns, daß Freud sich des Motivs zwar in demselben Sinnzusammenhang (der Mensch und seine Triebe), aber mit umgekehrtem Vorzeichen, bediente.
Ein alter *Topos, die Personalmetapher*, die das künstlerische oder wissenschaftliche Werk als ein ‚Kind des Geistes' bezeichnet, kehrt in Freuds Schriften wieder. Die Psychoanalyse hat ein neues Licht auf diese traditionelle Metapher geworfen und den verborgenen Sinn, die unbewußte Identifizierung der geistigen und leiblichen Erzeugnisse, unter der konventionellen Formel aufgedeckt. (. . .)
Die *Wasseranalogien*, die Quellen- und Strombilder, sind mehrfach determiniert. In psychoanalytischer Perspektive zeigen sie einen sexuellen Symbolwert, dessen latenter Sinn aus dem jeweiligen Kontext eruiert werden müßte. In literarischer Sicht handelt es sich teils um konventionelle Metaphorik, die von Zeit zu Zeit durch die Art ihrer Ausführung aufgefrischt wird (etwa bei dem Bild der Quelle), teils um eine häufig gebrauchte Vorstellungshilfe, so bei dem Bild des eingedämmten Stromes. Das legt die Vermutung nahe, daß sie nicht nur dem Leser beim Nachvollziehen des Gedankenganges helfen soll, sondern auch dem Autor bei der Konzeption seiner Theorie als anschauliches Vorstellungsmittel vor Augen

stand. Hier überwiegt der Anteil des Sachlichen, während z. B. bei der Geburtsmetapher das persönliche Element im Vordergrund steht.

Die *Spaziergangsphantasie* die u. a. in der ,Traumdeutung' auftritt, ist ein literarisch-ästhetisches, speziell kompositorisches Hilfsmittel wissenschaftlicher Prosa. Sie dient mit ihrer räumlichen Metaphorik dem Ziel, die Verbindung mit dem Leserpublikum aufrechtzuerhalten. Sie erreicht dies mittels einer flüchtig skizzierten Dramatisierung des Lehr- und Darstellungsprozesses im Bilde einer fiktiven Wanderung oder Reise. Das Traditionell-Typische, das z. B. schon aus dem metaphorischen Charakter des Wortes ,Einführung' hervorgeht, herrscht vor. Es handelt sich um einen literarischen Topos darstellender Rede, der mit seiner Rollenverteilung und der Fiktion der freien Wahl einer bestimmten Richtung den Leser in den intellektuellen Prozeß einbezieht. Das Bild der Fußwanderung veranschaulicht die Überleitungen in der Disposition (in der rhetorischen Terminologie: transitiones) mit landschaftlichen Vorstellungen wie Höhen und Tälern und dem Einschlagen eines neuen Weges. Daß dieses Bild daneben auch eine persönliche Grundlage hat, darf man in Anbetracht der oben zitierten Charakteristik der ,Traumdeutung' mit Hilfe der Spaziergangsphantasie getrost annehmen, zumal Freud in den Ferien große Bergtouren machte und täglich regelmäßig spazierenging, am liebsten mit einem Mitglied der Familie oder einem Freunde. Die Situation des peripatetischen Unterrichts muß ihm einigermaßen vertraut gewesen sein. Die Bilderwelt der *Entdeckungsreise* hat eine zweifache Funktion: der wissenschaftliche Fortschritt, der Forschungsprozeß, erscheint mittels einer räumlichen Analogie im Bilde einer Entdeckungs- und Eroberungsreise. Diese sachliche Übereinstimmung ist die Voraussetzung einer persönlichen Analogie, deren Spuren man in der flüchtigen Anspielung wie in dem Bereich des expliziten Selbstvergleichs, der Selbstdeutung, wiederfinden kann. Kolumbus und Freud waren beide Entdecker. Ohne (. . .) auf die weitverzweigten Implikationen dieser Selbstporträtierung als Conquistador einzugehen, sei hier nur festgestellt, daß sie ihrerseits neue Topoi psychoanalytischer Literatur entstehen ließ, etwa die traditionelle Bezeichnung der Entdeckung des Unbewußten als Entdeckung und Eroberung der Terra incognita.
Mit der *Dechiffrierungsanalogie,* den Schrift- und Sprachmetaphern und ihrer Kernvorstellung, den altägyptischen Hieroglyphen, befinden wir uns wiederum am Ende einer langen literarisch-philosophischen Tradition, die im persönlichen Bereich aus mehreren Quellen verstärkt wurde: an Freuds lebhafte Anteilnahme an der archäologischen Forschung und an die fruchtbare Hilfsvorstellung der Hieroglyphenschrift bei den ersten therapeutischen Versuchen sei hier kurz erinnert. Auch hier leistet die Analogie mehreres zugleich; sie verweist implizite auf das Lebenswerk Champollions und bietet damit eine neue Möglichkeit der Selbstdeutung." (Jean-François Champollion – 1790–1832 – hatte mit Hilfe des Steins von Rosette die ägyptische Hieroglyphenschrift entschlüsselt.) Schönau, a. a. O., 190ff.

55 Muschg, a. a. O., 341

56 Walter Jens bezeichnet Freud bei der Besprechung des Briefwerks als Stilisten „so hohen Ranges, daß Vergleiche mit Kassner oder Karl Kraus sich wie von selbst ergeben". Walter Jens, *Freuds Briefe,* in: *Zueignungen. 11 literarische Porträts,* München 1962, 63

57 Vgl. S. F., *Psychopathische Personen auf der Bühne,* Studienausgabe, Bd. X, 163:

„Wenn der Zweck des Schauspiels dahin geht, ‚Furcht und Mitleid‘ zu erwecken, eine ‚Reinigung der Affekte‘ herbeizuführen, wie seit Aristoteles angenommen wird, so kann man dieselbe Absicht etwas ausführlicher beschreiben, indem man sagt, es handle sich um die Eröffnung von Lust- und Genußquellen aus unserem Affektleben (. . .). Gewiß ist das Austoben der Affekte dabei in erster Linie anzuführen, und der daraus resultierende Genuß entspricht einerseits der Erleichterung durch ausgiebige Abfuhr, andererseits wohl der sexuellen Miterregung, die, darf man annehmen, als Nebengewinn bei jeder Affektweckung abfällt und dem Menschen das so sehr gewünschte Gefühl der Höherspannung seines psychischen Niveaus liefert."

58 S. F., VII, 221/222

59 A. a. O., 222. Ohne Bezug auf die Psychoanalyse hat Huizinga den Gedanken vom „Ursprung der Kultur im Spiel" entwickelt (1938): Johan Huizinga, *Homo Ludens,* dt. Reinbek 1965

60 A. a. O., 216

61 *Aus den Anfängen der Psychoanalyse . . .* , 222

62 S. F., XI, 390

63 Kritisch zu den politischen Implikationen der Freudschen Sublimierungstheorie äußerte sich zuletzt Arno Plack: *Die Gesellschaft und das Böse. Eine Kritik der herrschenden Moral,* München 1969, bes. „Sublimierung" und „Ur-Aggressivität", 248ff.

64 S. F., XIV, 433

65 Freud führt den Gedanken so weiter: „Mit Recht spricht man vom Zauber der Kunst und vergleicht den Künstler mit einem Zauberer. Aber dieser Vergleich ist vielleicht bedeutsamer, als er zu sein beansprucht. Die Kunst, die gewiß nicht als l'art pour l'art begonnen hat, stand ursprünglich im Dienste von Tendenzen, die heute zum großen Teil erloschen sind. Unter diesen lassen sich mancherlei magische Absichten vermuten." S. F., IX, 110/111

66 S. F., XV, 173. Siehe auch S. F., XI, 387

67 XIII, 15

68 Studienausgabe, a. a. O., 164

69 VII, 214

70 Wie Freud die Abgrenzung definiert, geht aus einer Bemerkung in „Drei Abhandlungen zur Sexualtheorie" klar hervor: „Der dritte Ausgang bei abnormer konstitutioneller Anlage [den ersten sieht Freud in der perversen Fixierung, den zweiten in der Verdrängung, G. S.] wird durch den Prozeß der Sublimierung ermöglicht, bei welchem den überstarken Erregungen aus einzelnen Sexualitätsquellen Abfluß und Verwendung auf andere Gebiete eröffnet wird, so daß eine nicht unerhebliche Steigerung der psychischen Leistungsfähigkeit aus der an sich gefährlichen Veranlagung resultiert.
Eine der Quellen der Kunstbetätigung ist hier zu finden und je nachdem solche Sublimierung eine vollständige oder unvollständige ist, wird die Charakteranalyse hochbegabter, insbesondere künstlerisch veranlagter Personen jedes Mengungsverhältnis zwischen Leistungsfähigkeit, Perversion und Neurose ergeben." S. F., V, 140

71 XIV, 90

72 Weshalb Sterba meint: „The problem of the work of art has to be considered as one of group psychology. The possibility offered by the work of art of an

identification with the hallucinatory wish fulfilment – on the basis of kindred wishes – one can even say, the urge of the work of art to this identification, must be considered as a condition of the work of art." Richard Sterba, *The problem of Art in Freuds Writings,* in: *Psychoanalytic Quarterly* 9, 1940, 264

73 VIII, 417. Vgl. auch XI, 391

74 X, 173

75 VII, 219. Vgl. auch die vorhergehenden Zitate

76 Studienausgabe, Bd. X. 163

77 Theodor W. Adorno, *Ästhetische Theorie,* Frankfurt 1973, 25; vgl. auch a. a. O., 506. Vgl. auch Riesmans Kritik: „von der Kunst als Kritik der Gesellschaft, als Transzendenz der gegebenen kulturellen Scheidungen und Definitionen von Arbeit und Spiel, als bewußter Schaffung neuer Werte, spricht er (= Freud) nicht." David Riesman, *Freud und die Psychoanalyse,* dt. Frankfurt 1964, 34

78 S. F., X, 172

79 Diese relativ frühe Formulierung findet sich in dem Aufsatz *Der Dichter und das Phantasieren,* VII, 223. Freud hat die These im späteren Werk wiederholt geäußert, ohne sie inhaltlich zu modifizieren.

80 Diese Argumentation veranlaßt z. B. Trilling, die These vom Künstler als Neurotiker abzulehnen: „Still granting that the poet ist uniquely neurotic, what is surely not neurotic, what indeed suggests nothing but health, is his power of using his neuroticism. He shapes his fantasies, he gives them social form and reference (. . .). What marks the artist is his power to shape the material of pain we all have." Lionel Trilling, *Art and Neurosis,* in: *The Liberal Imagination,* London 1961, 174f.

Vgl. zum Thema „Freuds Ästhetik" auch Richard Wollheim, *Freud und das Kunstverständnis,* in: *British Journal of Aesthetics,* 10, 1970, 211 – 224. Wollheim hebt hervor, daß die von Freud beschriebene Wirkung des Witzes den Schlüssel für die Erörterung der Wirkung von Kunst abgeben kann. Den kurzen Aufsatz „Psychopathische Personen auf der Bühne" von 1905/06 nennt Wollheim „perhaps his most interesting piece on art" (S. 221).

Eine kritische Würdigung der psychoanalytischen Kunsttheorie, vor allem Freuds und Ranks, gibt Herbert Read, *Psychoanalysis and the Problem of Aesthetic Value,* in: *International Journal of Psychoanalysis* 32, 1951, 73 – 82

81 S. F., IV, 56

82 S. F., IV, 287/288

83 Die beiden konkurrierenden Mythos-Begriffe von Aufklärung und Romantik stellt Klaus Ziegler in seinem Artikel *Mythos und Dichtung* dar (in: Merker–Stammlers *Reallexikon der deutschen Literaturgeschichte,* 2. Aufl., 2. Bd., Berlin 1965). Wenn Ziegler den Zusammenhang von romantischer Mythologie und Psychoanalyse behauptet (a. a. O., 582ff.), ist ihm allerdings zu widersprechen.

84 Vor allem John Hickman Phillips, *Psychoanalyse und Symbolik,* Bern, Stuttgart 1962. Alfred Lorenzer greift weiter aus als Phillips: In seiner *Kritik des psychoanalytischen Symbolbegriffs,* Frankfurt 1970, wird zudem das Symbolverständnis in der von der mathematischen Logik herkommenden Semantik gemustert, der Beitrag der Sprachpsychologie (Bühler) und der Entwicklungspsychologie (Piaget). Parallelen zur Freudschen Auffassung sehen Phillips und Lorenzer in der Philosophie Ernst Cassirers, wie schon Otto Rank, *Seelenglaube und Psychologie,* Leipzig 1930, und Susanne K. Langer, *The Philosophy of Ernst Cassirer,*

in: *The Library of Living Philosophers,* Vol. VI, Evanston 1949. Vgl. auch von Alfred Lorenzer, *Sprachzerstörung und Rekonstruktion,* Frankfurt 1970

85 Lorenzer, a. a. O., 17

86 A. a. O., 16

87 Lorenzer, a. a. O., 24

88 Elisabeth Frenzel, *Stoff-, Motiv- und Symbolforschung,* Stuttgart ²1966, 17

89 S. F., XI, 150ff.

90 Otto Rank/Hanns Sachs, *Die Bedeutung der Psychoanalyse für die Geisteswissenschaften,* Wiesbaden 1913 (Nachdruck Amsterdam 1965), 18

91 Otto Rank, *Psychoanalytische Beiträge zur Mythenforschung,* Leipzig/Wien 1919, 37

92 Walter Muschg, *Psychoanalyse und Literaturwissenschaft,* Berlin 1930, 21

93 Ich zitiere hier nach der Studienausgabe, Bd. X, 183 – 193

94 A. a. O., 184

95 A. a. O., 187

96 A. a. O., 188

97 A. a. O., 190/191

98 Maria Dorer, *Historische Grundlagen der Psychoanalyse,* Leipzig 1932, betont zu Recht den Einfluß Herbarts und Fechners auf Freud. Freud selbst: „Ich war immer für die Ideen G. Th. Fechners zugänglich und habe mich auch in wichtigen Punkten an diesen Denker angelehnt." (S. F., XIV, 86)
Fechners bemerkenswerter Versuch, in seiner *Vorschule der Ästhetik* (1876) der traditionellen idealistischen Ästhetik „von Oben" eine psychologische Ästhetik „von Unten", d. h. auf empirischer Basis, entgegenzusetzen, war Freud zwar bekannt, ist von ihm jedoch nicht aufgenommen worden.
Dorers Arbeit konzentriert sich auf die Vorläufer der Psychoanalyse in Medizin und Psychologie, worüber die philosophischen Berührungspunkte zu kurz kommen.
Den philosophiegeschichtlichen Hintergrund behandelt Odo Marquard, *Über einige Beziehungen zwischen Ästhetik und Therapeutik in der Philosophie des 19. Jahrhunderts,* in: *Literatur und Gesellschaft, Festschrift für Benno von Wiese,* Bonn 1963, 22 – 55. Bei der Suche nach den historischen Grundlagen der Psychoanalyse muß berücksichtigt werden, daß Medizin und Philosophie gerade in der ersten Hälfte des 19. Jahrhunderts keineswegs getrennte Domänen waren. Die Psychologie war zwischen Philosophie und Medizin angesiedelt: „In dem 19. Jahrhundert entstand ein neues Band zwischen dem ärztlichen Beruf und dem philosophischen Denken, indem sich die Psychologie an der Hand der Physiologie zu einer Erfahrungswissenschaft entwickelte." So Wilhelm Dilthey, *Dichterische Einbildungskraft und Wahnsinn,* in: *Gesammelte Schriften,* Bd. VI, Leipzig, Berlin 1924, 90
Von existenzphilosophischem Standpunkt, in unserem Zusammenhang unergiebig: Josef Meinertz, *Philosophie, Tiefenpsychologie, Existenz. Tiefenpsychologische Keime und Probleme in der Philosophie des deutschen Idealismus und in der Existenzphilosophie,* München, Basel 1958

99 Zum Begriff des Unbewußten vor Freud: Israel Leviné, *Das Unbewußte* (*The Unconscious,* übs. v. Anna Freud), Leipzig, Wien, Zürich 1926. (Auf die Relevanz der Theorie des Unbewußten für eine psychoanalytische Ästhetik geht Leviné allerdings nicht ein.)

Lancelot Law Whyte, *The Unconscious before Freud,* New York 1962. Henri F. Ellenberger, *The Discovery of the Unconscious,* New York 1970.

100 C. G. Carus, *Psyche. 1846 – 1860,* hg. v. Ludwig Klages, Jena 1926

101 Whyte weist auf die große Resonanz hin, die Hartmanns Buch in ganz Europa fand; Freud jedoch habe es nicht gelesen. Whyte, a. a. O., 157. Das ist unwahrscheinlich, zumal Freud Hartmann in der *Traumdeutung* erwähnt: S. F., II/III, 533, Anm. 1

102 S. F., II/III, 66; auch 646

103 S. F., II/III, 357. Später auch in XI, 166

104 S. F., VIII, 215

105 Arnold Hauser zum Beispiel schreibt: „Der Romantiker (. . .) entdeckt (. . .) das Unbewußte, das vor der Vernunft Geborgene, die Quelle seiner Wunschphantasien und irrationalen Lösungen. Er entdeckt, daß zwei Seelen in seiner Brust wohnen, daß in seinem Innern etwas fühlt und denkt, das nicht er selbst ist, daß er seinen Dämon und seinen Richter mit sich herumträgt, kurz, er entdeckt die Grundtatsachen der Psychoanalyse." Arnold Hauser, *Sozialgeschichte der Kunst und Literatur,* München 1967, 701. So auch Donald Brinkmann, *Romantik und Tiefenpsychologie,* in: *Universitas* 9, 1954, 749 – 754. In seiner *Philosophie der Kunstgeschichte* legt Hauser überzeugend dar, wie viele romantische Elemente speziell in der psychoanalytischen Ästhetik enthalten sind: Ausgangspunkt ist die der Romantik und der Psychoanalyse gemeinsame These von der grundsätzlichen Unvereinbarkeit von „Kunst" und „Leben". Arnold Hauser, *Bemerkungen zur psychologischen Methode: Psychoanalyse und Kunst,* in: *Philosophie der Kunstgeschichte*, München 1958, 43 – 127. Armand Nivelle betont auf Grund intensiver Studien speziell der frühromantischen Poetik die zentrale Rolle des Unbewußten: Armand Nivelle, *Frühromantische Dichtungstheorie,* Berlin 1970, 185. Als Manifestationen des Unbewußten behandelt Nivelle eingehend Traum/Tagtraum (190f.) und „Magie der Phantasie" (192f.). Den Zusammenhang von Romantik und Psychoanalyse bestreitet Albert Béguin, *L'âme romantique et le rêve,* Marseille 1937, mit dem Argument, die rationalistischen Grundvorstellungen und Ziele der Psychoanalyse widersprächen der romantischen Psychologie. (Diese Ambivalenz wird später noch zur Sprache kommen.)

106 Thomas Mann, *Die Stellung Freuds in der modernen Geistesgeschichte* (1929). *Ges. Werke*, Bd. X, 256 – 280, Frankfurt/M; *Freud und die Zukunft* (1936), Bd. IX, 478 – 501

107 Thomas Mann, Bd. X, 277/278. Hans Mayer schreibt zum politischen Hintergrund dieses Essays, dem Thomas Mann zunächst den Titel *Reaktion und Fortschritt* gegeben hatte: „Es handelt sich ganz entscheidend um einen politischen Traktat (. . .). Noch immer glaubt Thomas Mann 1929, es komme dieser so teuflisch mißgeleiteten Jugend darauf an, Verbindung zu finden mit der romantischen Überlieferung. Deshalb sucht er ihr diesmal die authentische Romantik eines Novalis, ja sogar die aus romantischen Quellen gespeiste Kulturpsychologie Nietzsches als insgeheim ‚fortschrittlich' hinzustellen: immer in dem Bestreben, die deutsche Jugend freiheitlichem, zukunftsgemäßem Denken entgegenzuführen. Er möchte ihr zeigen, daß ihre anerkannten Ahnherren keine Reaktionäre gewesen seien, daß man sich also, gerade bei Anerkennung romantischer Überlieferung, nichts vergebe, wenn man fortschrittlichem Geist in der Gegenwart verschrieben bleibe." Hans Mayer, *Thomas Mann. Werk und Entwicklung,* Berlin

1950, 67ff. Mit völlig anderer Stoßrichtung haben die marxistischen Freudgegner diese Verbindungslinien herausgearbeitet, so z. B. W. Jurinetz in seinem Aufsatz *Psychoanalyse und Marxismus,* in: *Unter dem Banner des Marxismus,* I, 1925, wiederabgedruckt bei Hans Jörg Sandkühler (Hg.), *Psychoanalyse und Marxismus, Dokumentation einer Kontroverse,* 66 – 137, Frankfurt 1970, Jurinetz' Ziel ist es, den Irrationalismus-Vorwurf, den die orthodoxen Marxisten der Psychoanalyse machten, zu erhärten.

108 Lou Andreas-Salomé/S. Freud, *Briefwechsel,* 197

109 A. a. O., 189/199

110 „Man kann sie [die Psychoanalyse, G. S.] antirational nennen, da ihr Forschungsinteresse der Nacht, dem Traum, dem Triebe, dem Vorvernünftigen gilt und an ihrem Anfange der Begriff des Unbewußten steht; aber sie ist weit entfernt, sich durch dies Interesse zur Dichterin des verdunkelnden, schwärmenden, zurückbildenden Geistes machen zu lassen. Sie ist diejenige Erscheinungsform des modernen Irrationalismus, die jedem reaktionären Mißbrauch unzweideutig widersteht." Th. Mann, a. a. O., 280. Vgl. in diesem Zusammenhang auch Erich Fromm, *Sigmund Freuds Sendung,* dt. Frankfurt, Berlin 1961, 164ff.: „Mit seinem Wirken hat Freud zwei mächtige Ströme der modernen westlichen Geisteswelt zueinandergeführt. Zweifellos war er die Personifizierung des Rationalismus in seiner höchsten Vollendung. Zugleich war er aber auch derjenige, der dem Rationalismus einen vernichtenden Schlag zugefügt hat. Er war es, der gezeigt hat, daß die Quellen menschlichen Handelns im Unbewußten liegen, in einer Tiefe, die sich dem Auge des Beobachters nie ganz erschließt, und daß das Verhalten des Menschen von seinem bewußten Denken nur in geringem Maße gelenkt wird. Damit zerstörte er das rationalistische Bild von einem menschlichen Intellekt, der unbeschränkt und unangefochten die Bühne beherrsche.
In dieser Ebene – in seiner Vision von der Übermacht der Kräfte der „Unterwelt" – war Freud ein Erbe der Romantik; der Rationalismus vollzog das Vermächtnis einer Bewegung, die sich in der Sphäre des Nichtrationalen hatte heimisch machen wollen. So ist Freuds Standort in der geschichtlichen Entwicklung dadurch gekennzeichnet, daß er die beiden gegensätzlichen Kräfte, die im westlichen Denken im 18. und 19. Jahrhundert dominieren; den Rationalismus und die Romantik, ineinanderschmelzen ließ."

111 S. F., XV, 76

112 W. Jurinetz, *Psychoanalyse und Marxismus,* in: Hans Jörg Sandkühler (Hg.), *Psychoanalyse und Marxismus. Dokumentation einer Kontroverse,* Frankfurt 1970, 101

112a Sandkühler, a. a. O., 7

112b A. a. O., 38/39

113 Marquard, a. a. O. Unter dem Gesichtspunkt der Naturphilosophie lassen sich eine Fülle anderer Querverbindungen feststellen: „Es wird einmal klar zutage treten", – so C. G. Jung – „auf welch verschlungenen Pfaden die moderne und die übermoderne Psychologie aus obskuren alchymischen Laboratorien durch die Zwischenstufen des Mesmerismus und Magnetismus (Justinus Kerner, Ennemoser, Eschenmayer, Baader, Passavant u. a.) ihren Weg in die philosophischen Antizipationen eines Schopenhauer, Carus und Hartmann gefunden hat, und wie sie aus dem dunklen Mutterboden der alltäglichen praktischen Erfahrung eines Liebeault und des noch älteren Quimby (des geistigen Vaters der Christian Science)

durch die Lehren der französischen Hypnotistenschule Freud erreicht hat.“ C. G. Jung, Vorwort zu W. M. Kranefeldt, *Die Psychoanalyse; psychoanalytische Psychologie,* Berlin, Leipzig 1930, 7. Unterschiedliche Geister wie Stefan Zweig: *Die Heilung durch den Geist. Mesmer, Mary Baker-Eddy, Freud.* Leipzig 1931, und Ludwig Marcuse: *Sigmund Freud. Sein Bild vom Menschen,* Hamburg 1964, S. 9, betonen die direkte Linie von Mesmer zu Freud.

114 S. F., VIII, 406

115 Zahlreiche weitere Beispiele führt Ricarda Huch, *Die Romantik,* II, Leipzig 6/7 1920, bes. die Kapitel *Romantische Ärzte,* 264 – 295, und *Die Nachtseiten in der Literatur,* 216 – 229, an. Vgl. auch Walter Muschg: *Tragische Literaturgeschichte,* 2. Aufl., Bern 1953, bes. das Kapitel: *Das Leiden.* Muschgs Intention ist eine andere als die dieser Arbeit. Die von ihm gesammelten Beispiele aus der Literaturgeschichte werden verstanden als Beiträge zu einer – überzeitlichen, ungeschichtlichen – Dichtertypologie, während sie hier zur Illustration eines historischen Prozesses dienen, der sich im 19. Jahrhundert vollzog. Es soll nicht geleugnet werden, daß man bei der Untersuchung der Problematik bei Platons *Phaidros* beginnen kann, wie Muschg es tut; nur scheint mir in der Zeit der Romantik etwas qualitativ Neues zu entstehen, nämlich die Thematisierung der Künstlerproblematik und die Stilisierung des Künstlerbildes im Sinne der Normabweichung, wofür „Krankheit“ das Stichwort ist. Immerhin spricht auch Muschg in diesem Zusammenhang von einer „europäischen Zeitkrankheit“: „In der Romantik umdunkelte sich der Geist der Künstler so sehr, daß es kaum mehr einen nach bürgerlichen Begriffen gesunden Künstler gab.
Sie brachte die moderne, ins Neurotische gesteigerte Form der Melancholie, die durch Byron zur europäischen Zeitkrankheit wurde. Die Dichter des 19. Jahrhunderts trieben den Kult des Leidens auf die Spitze . . . “ Muschg, a. a. O., 435

116 Diese Künstlerpsychologie ist auch Ausdruck konkreter sozialer Bedingungen, nämlich der des Intellektuellen, speziell des Künstlers der Zeit um 1800. Die Spannung zwischen Kunst und „Leben“, aus der die Krankheit des Künstlers resultiert, wird nicht nur je individuell erfahren, sondern ist sozioökonomisch fundiert: Im 19. Jahrhundert vollzieht sich eine Entfremdung des Künstlers von der Gesellschaft. Der Künstler hat keinen festen Ort im Gesellschaftsgefüge, er ist ein Deklassierter. Die hybride Verachtung des Bürgers, der „Philisterhaß“ der Romantiker erklärt sich zu einem großen Teil als Kompensation der eigenen Deklassierung und politischen Ohnmächtigkeit.

117 Grillparzer z. B. gibt dieser Auffassung poetischen Ausdruck. Dreier Bilder bedient sich Grillparzer in seinem Gedicht *Abschied von Gastein* (1818) – des erstorbenen Baumes, der Muschel, die die Perle nur im kranken Zustand produziert, des Wasserfalls, der durch die Klippen, „die ihn verletzen“, verschönt wird –, um das Verhältnis von Künstler und Krankheit darzustellen:
„Der Dichter so, ob hoch vom Glück getragen,
Umjubelt von des Beifalls lautem Schall,
Er ist der welke Baum, vom Blitz geschlagen,
Das arme Muscheltier, der Wasserfall.
Was ihr für Lieder haltet; es sind Klagen,
Gesprochen in ein freudenloses All
Und Flammen, Perlen, Schmuck, die euch umschweben,
Gelöste Teile sinds von seinem Leben.“

Franz Grillparzer, *Sämtl. Werke,* hg. v. August Sauer und Reinhold Backmann Wien 1932, Bd. X, 16
Auch bei Heinrich Heine z. B. findet sich der Gedanke von der Krankheit des Künstlers häufig (ein Beispiel unter vielen: *Romanzero,* 3. Buch (= *Hebräische Melodien; Jehuda Ben Halevy,* 3. Teil), wo der Muschelvergleich auftaucht.

118 Vgl. dazu Mario Praz, *Liebe, Tod und Teufel. Die schwarze Romantik,* dt. München 1963, zuerst erschienen Florenz 1930

119 S. F., VII, 222

120 Exemplarisch in Novalis' Gedicht *An Tieck:*
„Ein Kind voll Wehmut und voll Treue,
Verstoßen in ein fremdes Land,
Ließ gern das Glänzende und Neue,
Und blieb dem Alten zugewandt.

Nach langem Suchen, langem Warten,
Nach manchem mühevollen Gang,
Fand es in einem öden Garten
Auf einer längst verfallnen Bank

Ein altes Buch mit Gold verschlossen
Und nie gehörte Worte drin;
Und wie des Frühlings zarte Sprossen
So wuchs in ihm ein innrer Sinn.“ (. . .)

Novalis: *Schriften,* hg. Paul Kluckhohn und Richard Samuel, Darmstadt ²1960, Bd. I, 411. Werner Vordtriedes Interpretation der Symbolik sei hier wiedergegeben: „In der romantischen Chiliastik (. . .) wird, seit Novalis, das Kind zum reinen Symbol und auf das Dichter- und Künstlertum bezogen. Das erste Zeitalter, da noch Vernunft und Intuition nicht auseinandergefallen waren, war metaphorisch gesprochen die Kindheit der Menschheit; durch eine Erweiterung der Metapher war also der damals in natürlicher Harmonie lebende Mensch ein Kind, weniger ein einfältiges, als ein unschuldiges und wissendes Wesen. Das zweite Zeitalter, unseres, in dem die Einheit durch die Reflektion gestört worden ist, muß zu einem dritten, synthetischen geführt werden. Das Kind hat heute noch Teil an jener versunkenen kindlichen Welt und kann so zum Symbol für den wissenden, d. h. sich erinnernden Führer werden. Dichter, Traum, freie Phantasie gehören deshalb einem kindlichen Bereich an, der dem nüchternen Erwachsenen verschlossen ist (. . .). Da wir (. . .) im Traum den Zwang der bewußten Vernunft abschütteln, ist das heilbringende Kind auch zugleich das echte Symbol des Unbewußten.“ Werner Vordtriede, *Novalis und die französischen Symbolisten. Zur Entstehungsgeschichte des dichterischen Symbols,* Stuttgart 1963, 125ff.

121 „Auffällig (. . .) ist, daß gerade diese therapeutisch orientierte Ästhetik (. . .) unter den gegenwärtigen Ästhetiken diejenige ist, die (in einer Zeit der Romantikkritik) faktisch am meisten den Ansatz der romantischen Genie-Ästhetik festhält; die Therapeutik vermag sich so wenig von ihrem Rivalen und Vorgänger im Amte zu lösen, daß sie ihn innerhalb ihrer eigenen Theorie konserviert.“ Marquard, a. a. O., 52

122 S. F., XVII, 125

123 1912 spricht Paul Klee in seinem Tagebuch von den „Uranfängen“ der Kunst, die sich in den Arbeiten der Kinder und der Primitiven finden, und fährt fort:

„Parallele Erscheinungen sind die Arbeiten von Geisteskranken, und es ist also weder kindisches Gebaren noch die Verrücktheit hier ein Schimpfwort, das zutreffen vermöchte, wie es gemeint ist. Alles das ist tief ernst zu nehmen, ernster als sämtliche Pinakotheken, wenn es gilt, heute zu reformieren. Wenn wirklich, wie ich glaube, sämtliche Läufe der gestrigen Tradition versanden . . . “. *Tagebücher von Paul Klee, 1898 – 1918,* hg. v. Felix Klee, Köln 1957, 274f.

124 In diesem Sinne auch die Ausführungen von Peter von Matt in dem Kapitel *Die psychoanalytische Dichter-Theorie* seines Buches *Literaturwissenschaft und Psychoanalyse. Eine Einführung,* Freiburg 1972, 76 ff.

125 Ernst Robert Curtius, *Europäische Literatur und lateinisches Mittelalter,* Bern 1948, 470

126 S. F., V, 32. Vgl. auch XIV, 105 und XII, 12

127 S. F., IX, 108

128 S. F., XV, 114. Vgl. auch *Jenseits des Lustprinzips,* XIII, 53

129 Eine weitere Hypothese zum Einfluß Schopenhauers auf Freud hat Percival Baily aufgestellt: Schopenhauers Dialog *Über Religion* habe das Modell für Freuds Abhandlung *Die Zukunft einer Illusion* abgegeben. Percival Baily, *Sigmund the Unserene*, Springfield/Ill. 1965, 69

130 „Schon der Student verwarf in einer Glosse zu Fichtes ‚Vorlesungen über das Studium der Philosophie‘ (Herbst 1811) die Behauptung, der Wahnsinnige nähere sich dem Tier und sei dem Genie entgegengesetzt, während der gemeine Verstand das Mittel zwischen Genie und Wahnsinn sei. Das Genie, so sagt schon der junge Schopenhauer, ist dem Wahnsinn näher als dem gemeinen Verstand; der Wahnsinn (nicht Blödsinn) ist dem Genie näher als dem Tiere. Bemerkungen zum Thema sind durch Schopenhuaers ganzes Werk zerstreut (. . .). Im Paragraph 36 seines Hauptwerks spricht Schopenhauer vom genialen Menschen, der die Werke der Kunst schafft. Schopenhauer kommt alsbald auf die These, Genialität und Wahnsinn grenzten aneinander, und so ist im zweiten Teil dieses Paragraphen vom Wahnsinn die Rede. Als Schopenhauer in seinem Alter, mehr als zweieinhalb Jahrzehnte nach dem ersten Erscheinen des Buchs ‚Die Welt als Wille und Vorstellung‘ einen Band Ergänzungen zu diesem Buch veröffentlichte, widmete er ein großes Kapitel dem Genie und ein weiteres, das folgende, dem Wahnsinn.“
Otto Pöggeler, in: *Zeitschrift für philosophische Forschung* 14, 1960, 362

131 Arthur Schopenhauer, *Die Welt als Wille und Vorstellung,* Bd. I, in: *Sämtliche Werke,* hg. v. A. Hübscher, Wiesbaden 1949, 224

132 Thomas Mann fährt fort: „Wie anders liest man im Licht seiner (= Freuds) Erkundungen eine Betrachtung wieder wie Schopenhauers großen Aufsatz ‚Über die anscheinende Absichtlichkeit im Schicksal des Einzelnen‘! (. . .) Der geheimnisvolle Gedanke, den Schopenhauer darin entwickelt, ist, kurz gesagt, der, daß, genau wie im Traume unser eigener Wille, ohne es zu ahnen, als unerbittlich-objektives Schicksal auftritt, alles darin aus uns selber kommt und jeder der heimliche Theaterdirektor seiner Träume ist, – so auch in der Wirklichkeit, diesem großen Traum, den ein einziges Wesen, der Wille selbst, mit uns allen träumt, unsere Schicksale das Produkt unseres Innersten, unseres Willens sein möchten und wir also das, das uns zu geschehen scheint, eigentlich selbst veranstalteten.“
Thomas Mann, *Freud und die Zukunft,* in: *Gesammelte Werke,* Bd. IX, Frankfurt/M. 1960, 487ff.

133 S. F., X, 53. So auch in der *Selbstdarstellung,* XIV, 86. Auf die Affinität Schopenhauers zum Freudschen Verdrängungsbegriff haben aufmerksam gemacht: Otto Rank, *Schopenhauer über den Wahnsinn,* in: *Zentralblatt für Psychoanalyse* I, 1911, 69 – 71. Otto Hinrichsen, *Zur Psychologie und Psychopathologie des Dichters,* Wiesbaden 1911, 81. Eduard Hitschmann, *Schopenhauer. Versuch einer Psychoanalyse des Philosophen,* in: *Imago* II, 1913, 101 – 174.

134 Deutlich kommt der idealistische Grundzug von Schopenhauers Ästhetik in folgender Passage zum Ausdruck: „Welche Erkenntnisart nun aber betrachtet jenes außer und unabhängig von aller Relation bestehende, allein eigentlich Wesentliche der Welt, den wahren Gehalt ihrer Erscheinungen, das keinem Wechsel Unterworfene und daher für alle Zeit mit gleicher Wahrheit Erkannte, mit einem Wort, die Ideen, welche die unmittelbare und adäquate Objektivität des Dinges an sich, des Willens, sind?

Es ist die Kunst, das Werk des Genius. Sie wiederholt die durch reine Kontemplation aufgefaßten ewigen Ideen, das Wesentliche und Bleibende aller Erscheinungen der Welt, und je nachdem der Stoff ist, in welchem sie wiederholt, ist sie bildende Kunst, Poesie oder Musik. Ihr einziger Ursprung ist die Erkenntnis der Ideen; ihr einziges Ziel Mittheilung dieser Erkenntnis." Schopenhauer, a. a. O., 217

135 „Das moderne Geniebewußtsein scheint unlöslich verbunden mit dem Wahnsinn, so daß die Formel vom ‚Selbstmord und Wahnsinn des Genies' zum Gemeinplatz wird," stellt Otto Pöggeler fest. Otto Pöggeler, *Dichtungstheorie und Toposforschung,* in: *Jahrbuch für Ästhetik und allgemeine Kunstwissenschaft,* Bd. V, Köln 1960, 181.

136 Wilhelm Lange-Eichbaum/Wolfram Kurth, *Genie, Irrsinn und Ruhm. Genie-Mythus und Pathographie des Genies,* München, Basel ^{6}1967, 30f.

137 In diesem Zusammenhang müssen auch die Ideen des Schopenhauer-Verehrers Otto Weininger erwähnt werden. In seinem radikal-idealistischen dualistischen System, das er in seinem Buch *Geschlecht und Charakter* (Wien 1903) entwarf, spielt der Begriff „Genie" eine große Rolle. Weininger sucht das Genie vom Talent als dem Minderen abzusetzen – analog zu den Begriffspaaren Männlich/Weiblich, Germanisch/Jüdisch, Aristokratisch/Plebejisch.

Auch der Komplex Genie – Wahnsinn – Verbrechen taucht bei Weininger auf: Das aristokratische Genie tendiert laut Weininger zum Wahnsinn, Beispiele sind Nietzsche und Lenau – das plebejische Genie tendiert zum Verbrechen, Beispiele sind Beethoven, Kleist, Hamsun (Otto Weiniger, *Über die letzten Dinge*, Wien, Leipzig 1907, S. 126).

So populär die Ideen Weiningers waren, zumal nach dem frühen Selbstmord des Autors (1903) – weder seine Geschlechtsmetaphysik noch seine Genievorstellung haben Freud beeinflußt. Der Berührungspunkt mit Freud liegt in der Frage der Bisexualität: „Im Jahre 1903 veröffentlichte Otto Weininger (. . .) ein Buch mit dem Titel ‚Geschlecht und Charakter'. In diesem Buch stellte er die Idee der Bisexualität in den Vordergrund. Als Fließ [gemeint ist Freuds Freund, der Biologe Wilhelm Fließ, G. S.] erfuhr, daß Weininger mit einem Freud-Schüler namens Swoboda eng befreundet war, glaubte er natürlich sofort, Weiningers Gedanken stammten von Freud." (Marthe Robert, *Die Revolution der Psychoanalyse,* Frankfurt und Hamburg 1967, 149)

Fließ verdächtigte Freud, auf diese Weise den Gedanken der Bisexualität, den Fließ Freud gegenüber formuliert hatte, an Weininger weitergegeben zu haben.

Nicht zuletzt über der Frage der Priorität ging die Freundschaft zwischen Fließ und Freud in die Brüche. 1906 veröffentlichte der Fließ-Anhänger R. Pfennig eine Schrift: *Wilhelm Fließ und seine Nachentdecker: O. Weininger und H. Swoboda,* Berlin 1906.

Freud selbst stellt in einem Brief an Karl Kraus vom 12.1.1906 die Lage so dar: „Dr. Fließ in Berlin hat durch R. Pfennig eine Broschüre gegen O. Weininger und H. Swoboda veröffentlichen lassen, in welcher beide jungen Autoren des gröblichsten Plagiats beschuldigt und auf die grausamste Weise mißhandelt werden. Die Glaubwürdigkeit des Machwerks mag sich daraus ergeben, daß ich, der langjährige Freund Fließ', als derjenige angeklagt bin, der den beiden (. . .) aus seinem Verkehr mit Fließ die Nachricht zugetragen hat, welche zur Grundlage ihrer unrechtmäßigen Veröffentlichungen diente. Ich hoffe es nicht notwendig zu finden, daß ich mich ausführlich gegen so absurde Anwürfe verteidige. Der lebende Dr. Swoboda wird seine Verteidigung selbst besorgen und sie leicht finden, für den verstorbenen Weininger werden wahrscheinlich seine Freunde eintreten und Sie, geehrter Herr, den letzteren wie bei früheren Gelegenheiten Ihr Organ zur Verfügung stellen. Es kommt nun auch in Betracht, daß ich selbst nicht in der Lage bin, die in der ‚Fackel' vertretene Hochschätzung Weiningers zu teilen. Diesmal muß ich mit den Freunden Weiningers gemeinsame Sache machen und vor einer Gefahr warnen, die nun gerade durch den abstoßenden Charakter der Anklageschrift nahe gerückt wird. Die in dieser Broschüre mitgeteilte und durch unerlaubten Mißbrauch meiner Privatbriefe erhärtete Behauptung, daß Weininger seine Grundidee der Bisexualität nicht selbst gefunden, sondern auf einem Umweg, der über Swoboda und mich zu Fließ leitet, erfahren, beruht nämlich auf Wahrheit. Ein Vorwurf gegen den gewiß hochbegabten Jüngling ist nicht abzuweisen, daß er diese Abkunft seiner Zentralidee nicht mitgeteilt, sondern diese als seinen Einfall ausgegeben hat. Inwieweit der Vorgang eine Milderung gegen die harte Form zuläßt, die in dem unrechtmäßig zur Publikation gelangten Privatbrief an Fließ ausgedrückt ist, kann erst nach sorgfältiger Vernehmung des Dr. Swoboda entschieden werden, ich selbst habe Weininger vor der Niederschrift seines Buches nicht gekannt." S. F., *Briefe 1873 – 1939,* a. a. O., 248/249. – Im selben Sinn schreibt Freud am 15.8.1924 an Fritz Wittels, a. a. O., 352

138 Lange-Eichbaum, a. a. O., 31. Gemeint sind die Arbeiten von J. Moreau de Tours: *La psychologie morbide dans ses rapports avec la philosophie d'histoire ou l'influence des névropathies sur le dynamisme intellectuel,* Paris 1859; und Cesare Lombroso, *Genie und Wahnsinn,* 1864, dt. 1887. Was Moreau vorsichtig, hypothesenhaft, vortrug, verkündete Lombroso, mit den Fakten großzügig verfahrend, als Überzeugung und Bekenntnis. Lombrosos These hatte – nicht zuletzt dank ihrer Undifferenziertheit – enorme Resonanz in Für und Wider. Noch bei Lange-Eichbaum ist die Provokation durch Lombrosos Lehre spürbar.

Lange-Eichbaum zitiert Zilsel: gemeint ist Edgar Zilsels Buch *Die Geniereligion. Ein kritischer Versuch über das moderne Persönlichkeitsideal,* Wien 1918; vgl. vom selben Autor *Die Entstehung des Geniebegriffes. Ein Beitrag zur Ideengeschichte der Antike und des Frühkapitalismus,* Tübingen 1926.

Unter der Kapitelüberschrift *Abrechnung mit der Gründerzeit* geben Hamann/Hermand einen guten Überblick über die „Entlarvung des Genialen". Vgl. Richard Hamann/Jost Hermand, *Deutsche Kunst und Kultur von der Gründerzeit bis zum Expressionismus,* Bd. II: *Naturalismus,* Berlin 1968, 51 – 57

139 Bei Lange-Eichbaum wird Freud in diesem Zusammenhang nicht erwähnt, wie überhaupt „Genie, Irrsinn und Ruhm“ sich nur am Rande mit Freud und der Psychoanalyse befaßt.
In welches Lager Lange-Eichbaum selbst gehört, ob in das idealistische oder das materialistische, ist leicht zu entscheiden. Wolfram Kurth schreibt 1967 im Vorwort zur 6. Auflage: „Es war ein faszinierender Titel, den Lange-Eichbaum damals vor mehr als 30 Jahren für sein epochales Buch wählte, die Verbindung zwischen Genie und Irrsinn (. . .). Damals bewegte dieses Schlagwort, ursprünglich von Cesare Lombroso geprägt, die gesamte geistige Welt. Lange-Eichbaum erweiterte den Titel seines Lebenswerkes durch den ‚Ruhm‘, einen dem Begriff der Soziologie entlehnten Begriff, und brachte damit eine neue, seine Konzeption und Grundlage, in dieses Buch. Danach liegt Lange-Eichbaums Hauptverdienst in der soziologischen Wendung des Genie-Problems.“ A. a. O., 15. Indes: die angebliche soziologische Fassung des Geniebegriffs bleibt an der Oberfläche: „Wenngleich (. . .) der soziologische Geniebegriff die Persönlichkeit des Genies als einen Menschen mit seinen Höhen und auch seinen Schwächen sieht und durch die letztere Betrachtung damit das Bild von diesem Menschen in etwa desillusioniert, eine Entzauberung vornimmt, so darf in solcher Auffassung und Erkenntnis selbstverständlich nicht eine Entwertung der genialen Persönlichkeit und noch weniger der genialen Leistung, des großen Werkes erblickt werden. Nach der Entzauberung nämlich tut sich hier vielmehr erst das eigentliche Wunder auf, daß der Mensch trotz seiner Schwächen imstande ist, so oft so Großes und Gewaltiges zu leisten. Wir ahnen mit Ehrfurcht, trotz aller Erkenntnis menschlicher Realitäten, im Genie einen nicht erklärbaren Rest. Wir fühlen, daß wir letztlich doch in die Bereiche des Metaphysischen dringen, daß wir das letzte Rätsel genialer Schöpfung als solches nicht lösen werden.“ A. a. O., 300

140 S. F., XIV, 86

141 Ich verweise auf die im vorhergehenden zitierten Arbeiten von Thomas Mann und Odo Marquard sowie auf den Aufsatz *Nietzsche und Freud* von Christo Dimitrov und Assen Jablenski in: *Zeitschrift für psychosomatische Medizin und Psychoanalyse* 13, 1967, 282 – 298 und die dort angegebene Literatur.

142 S. F., XIV, 86

143 S. F., X, 53

144 S. F., *Die Traumdeutung,* II/III, 554

145 S. F., IV, 162. Auch zitiert in VII, 407

146 S. F., VIII, 290

147 S. F., X, 391

148 S. F., XIII, 138

149 S. F., XIII, 251. So auch in XV, 79

150 Friedrich Nietzsche, *Jenseits von Gut und Böse,* in: *Werke*, hg. von Max Brahn, Leipzig 1923, 23

151 Thomas Mann, *Freud und die Zukunft,* in: *Gesammelte Werke,* Bd. IX, Frankfurt 1960, 481

152 Friedrich Nietzsche, *Der Wille zur Macht,* in: *Werke,* hg. von Max Brahn, Leipzig 1923, 284

153 Friedrich Nietzsche, a. a. O., 280

154 Thomas Mann, *Mein Verhältnis zur Psychoanalyse,* in: *Gesammelte Werke,* XI, Frankfurt 1925, 748

Weitere Parallelen bei Kunne-Ibsch, *Die Stellung Nietzsches in der Entwicklung der modernen Literaturwissenschaft*, Tübingen 1972, 241ff.

155 S. F., XVI, 270

156 Odo Marquard, *Über einige Beziehungen* . . . , a. a. O., 25

157 Joelle Philippi-Barron, *Das Nietzsche-Bild in der deutschen Zeitschriftenpresse der Jahrhundertwende,* Diss. Saarbrücken 1970, zitiert eine Statistik, die der Nietzsche-Vetter Richard Oehler 1910/1911 veröffentlichte (R. Oehler, *Ist Nietzsche wirklich tot?*, in: *Der Türmer,* 13, Jg. 1910/1911, 1. Bd., 554 – 55).

Bücher und Artikel über Nietzsche:

Jahr	Bücher	Größere Artikel
1901	24	55
1902	20	38
1903	13	46
1904	22	25
1905	8	21
1906	17	23
1907	15	33
1908	12	39
1909	10	30
1910	11 bis Sept. 1910	17

Bei Philippi, a. a. O., 220

Die Meinung, daß sich Freud dem Einfluß Nietzsches als mächtiger geistiger Strömung der Zeit nicht entziehen konnte, vertritt der „ungebetene Biograph" Fritz Wittels schon 1924: „Als man Freud wiederholt auf Nietzsche wies, der so manchen Fund der Psychoanalyse und der Sexualtheorie vorausgeahnt hat, sagte er, daß er Nietzsche kaum kenne und daß er sich nun erst recht den Genuß versagen müsse, dessen Schriften zu lesen, weil er ‚in der Verarbeitung der psychoanalytischen Eindrücke durch keinerlei Erwartungsvorstellung behindert sein wolle.' Dieser Ausspruch befremdet. Was Nietzsche geschrieben hat, ist heute so sehr Gemeingut der Gebildeten, daß seine Gedanken auf der Straße, in Kaffeehäusern, im Gespräch zwischen Analytiker und Patient durch die Luft fliegen. Was Freud durch die Vermeidung eines unmittelbaren Verkehres mit Nietzsche erreichen kann, ist nur eine Verballhornung der Gedanken dieses Großen." Fritz Wittels, *Sigmund Freud,* Leipzig, Wien, Zürich 1924, 53. Ähnlich Arnold Hauser: „Die Idee des entlarvten Denkens und der Enthüllungspsychologie gehörte zum Eigentum des Jahrhunderts, und Nietzsche war nicht so sehr von Marx, Freud nicht so sehr von Nietzsche, als alle zusammen von der Krisenstimmung des Zeitalters abhängig. Sie entdeckten, jeder auf die eigene Art, daß die Selbstbestimmung des Geistes eine Fiktion ist und daß wir die Sklaven einer Macht sind, die in uns und oft gegen uns selbst arbeitet. Die Doktrin des historischen Materialismus war ebenso wie später die der Psychoanalyse, wenn auch mit einer optimistischeren Schlußwendung, der Ausdruck einer Verfassung, in der das Abendland den übermütigen Glauben an sich selbst verloren hatte." Arnold Hauser, *Sozialgeschichte der Kunst und Literatur,* München 1967, 985

158 *Jenseits von Gut und Böse,* 44

159 Charles E. Maylan wird in seinem Buch *Freuds tragischer Komplex. Eine Analyse der Psychoanalyse* (München 1929) nicht müde, die Unterschiede zwischen Nietzsche und Freud zu betonen – allerdings von konträrer Position, in Nietzsche-

imitierender Sprachmanier. Der Inhalt des Buches läßt sich abgekürzt so wiedergeben: Freud hat mit der Entdeckung der Psychoanalyse zwar Verdienstvolles geleistet, er war aber nicht imstande, sie konsequent weiterzudenken; Grund für Freuds Unfähigkeit ist – nach Maylan – seine „Unehrlichkeit" (S. 124), seine „konstitutionelle Minderwertigkeit, Rechthaberei und Angst" (S. 203). Der antisemitische Unterton („konstitutionelle Minderwertigkeit") ist nicht zu überhören. Hätte Freud seine Selbstanalyse vollendet, wäre er – so der Autor – zum Eingeständnis eines überstarken Ödipus-Kompleses und aller damit verbundenen Symptome (Kastrationsangst, Abwertung des Weiblich-Mütterlichen, auch des als mütterlich gedachten Unbewußten, etc.) gezwungen gewesen.
Maylans Methode besteht darin, die Psychoanalyse gegen Freud zu richten (Untertitel: *Eine Analyse der Psychoanalyse*). Freuds Triebstruktur wird für die sogenannte einseitige Destruktivität der Psychoanalyse verantwortlich gemacht: „Warum trägt sein geniales Denken den schöpferischen Gedanken seiner analytischen Entdeckungen nicht hinaus über das Negative, protestierend Verstandesmäßige, über das Klein-Vernünftige, hinaus in das Licht eines lebendigen Ganzheitsgedankens? " (A. a. O., 128) Die Anklage lautet, wieder einmal, auf „Negativismus", auf „Geist-Feindschaft", die der schöpferisch-synthetische Mensch der Zukunft werde überwinden müssen . . .
Die Vorwürfe sind nicht originell; aufschlußreich ist Maylans Buch weniger für die Psychoanalyse und ihre mögliche Beeinflussung durch Nietzsche als für die Nietzsche-Rezeption und -Verbreitung, deren politischer Stellenwert in der Weimarer Republik (das Buch erschien 1929) als eines antidemokratischen und antiliberalen Faktors sich hier ermessen läßt.

160 *Jahrbuch für psychoanalytische und psychopathologische Forschungen,* hrsg. von E. Bleuler und S. Freud, redigiert von C. G. Jung, Leipzig, Wien 1909 – 1913. *Zentralblatt für Psychoanalyse,* hrsg. von S. Freud, redigiert von W. Stekel, Wiesbaden 1911ff. *International Journal of Psycho-Analysis* (ab 33, 1952: *Published for the Institute of Psycho-Analysis*), London 1: 1920 – 34; 1953. *Die psychoanalytische Bewegung,* hrsg. von A. J. Storfer, Wien 1929 – 1933. *Imago, Zeitschrift für Anwendung der Psychoanalyse auf die Geisteswissenschaften,* hrsg. von S. Freud, O. Rank und H. Sachs, Wien 1912ff.

161 S. F., *Selbstdarstellung,* XIV, 89/90

162 S. F., XII, 246

163 Literatur zu Goethe (Auswahl): J. Harnik, *Psychoanalytisches aus und über Goethes „Wahlverwandtschaften",* in: *Imago* 1, 1912, 507 – 518. I. Hermann, *Die Regression zum zeichnerischen Ausdruck bei Goethe,* in: *Imago* X, 1924, 431 – 433. Eduard Hitschmann, *Eckermann über Goethe und Träume,* in: *Internationale Zeitschrift für Psychoanalyse* 1, 1913, 273. Eduard Hitschmann, *Goethe als Vatersymbol,* in: *Internationale Zeitschrift für Psychoanalyse* 1, 1913, 569 – 570. Eduard Hitschmann, *Psychoanalytisches zur Persönlichkeit Goethes,* Wien 1932. Theodor Ring, *Warum verließ Goethe Friederike?*, Wien 1930. Philipp Sarazin, *Goethes Mignon,* Wien 1930. Ausführliche Bibliographie bei Kurt R. Eissler, *Goethe, A Psychoanalytic Study,* 2 Bände, Detroit 1963.
Bei Kleist waren es stark pathologische Züge, die das Interesse der Psychoanalytiker reizten: Isidor Sadger, *Heinrich von Kleist. Eine pathographisch-psychologische Studie,* Wiesbaden 1910 (Diagnose: Erbliche Belastung und latente Homosexualität Kleists). Ernest Jones, *On „Dying together", with special reference to*

Heinrich von Kleists suicide, in: *Internationale Zs. f. Psychoanalyse* 1, 1913, 563 – 567. Hellmuth Kaiser, *Kleists Prinz von Homburg,* in: *Imago* 16, 1930 119 – 137

164 Isidor Sadger, *Über das Unbewußte und die Träume bei Hebbel,* in: *Imago* 2, 1913, 345

165 A. a. O., 349. Vgl. auch: I. Sadger, *Freudsche Mechanismen bei Hebbel,* in: *Internationale Zeitschrift für Psychoanalyse* 1, 1913, 165 – 168, und I. Sadger, *Friedrich Hebbel. Ein psychoanalytischer Versuch,* Wien 1920

166 Hanns Sachs, *Kunst und Persönlichkeit,* in: *Imago* 15, 1929, 3

167 A. a. O., 11

168 Otto Rank, *Die Nacktheit in Sage und Dichtung,* in: *Imago* 2, 1913, 291

169 Einen Überblick über die frühen psychoanalytischen Pathographien gibt Adolf Joseph Storfer, *Beitrag zur Bibliographie der psychoanalytischen Biographik,* in: *Psychoanalytische Bewegung* 2, 1930, 385 – 393

170 Um so mehr, wenn Religionen und Sexualität in Beziehung gesetzt wurden, wie es in den Pathographien über Jakob Böhme oder Graf Zinzendorf geschieht: A. Kielholz, *Jakob Böhme. Ein pathographischer Beitrag zur Psychologie der Mystik. Schriften zur angewandten Seelenkunde,* Heft 17, Leipzig 1919. G. Reichel, *Zinzendorfs Frömmigkeit im Licht der Psychoanalyse,* Tübingen 1911. Oskar Pfister, *Die Frömmigkeit des Grafen Ludwig von Zinzendorf. Eine psychoanalytische Studie,* Leipzig, Wien [2]1925

171 Heinz Hartmann, *Die Grundlagen der Psychoanalyse,* Leipzig 1927, 175

172 Zitiert nach Johannes Cremerius (Hg.), *Neurose und Genialität,* Frankfurt 1971, 31f. Ebenso S. F., *Abriß der Psychoanalyse,* G. W., XVII, 125

173 Anderer Meinung ist Bürger-Prinz, was Strindberg angeht: „Jaspers hat völlig unrecht, Strindberg als schizophren zu bezeichnen. Ich fürchte sogar, Jaspers hat das unendlich Schwierige im Schizophrenie-Begriff eigentlich gar nicht verstanden. Alle Merkwürdigkeiten und Absonderlichkeiten eines Menschen, selbst bis hin zu halluzinatorischen Erlebnissen, nur wegen (!) ihrer Absonderlichkeit und wegen (!) ihrer Merkwürdigkeit als schizophren zu betrachten – das geht wirklich nicht. Strindberg ist eine der großen hysterischen Figuren ausgangs des vorigen Jahrhunderts. Vielleicht eines der besten Beispiele seiner selbst findet man in seinem Schauspiel ‚Der Vater', (. . .) daß nämlich beide Figuren, der Vater wie die Frau, Strindberg selbst sind. Beide zusammen sind er. (. . .)
Wie die Manuale einer Orgel hatte dieser Mann alle Mechanismen zur Verfügung, bis hin zum paranoid Halluzinatorischen der Haftpsychose mit den Bildungen ganz affektgeladener Wahneinstellungen gegenüber Leuten, von denen er behauptete, daß sie ihm übelwollten." Hans Bürger-Prinz, *Ein Psychiater berichtet,* Hamburg 1971, 99ff

174 Karl Jaspers, *Strindberg und Van Gogh. Versuch einer pathographischen Analyse unter vergleichender Heranziehung von Swedenborg und Hölderlin,* Bremen [3]1949, 173

175 A. a. O., 124. Für die weite Verbreitung dieser Metapher ließen sich zweifellos viele weitere Belege finden. Ich zitiere – die Auswahl ist zufällig – eine Stelle aus dem 121. Kapitel des *Mann ohne Eigenschaften:* „Ich schreibe ja nichts," erwiderte Ulrich knapp. „Daran tun Sie recht!" – Arnheim paßte sich der Antwort an. „Das Schreiben ist, so wie die Perle, eine Krankheit." Robert Musil, *Der Mann ohne Eigenschaften,* Hamburg 1965

176 Kenneth Burke, *Die Bedeutung der Lehre Freuds für die Literaturkritik,* in: K. B., *Die Rhetorik in Hitlers „Mein Kampf" und andere Essays zur Strategie der Überredung,* Frankfurt 1967, 55

177 Peter Gorsen, *Das Bild Pygmalions,* Reinbek 1969, 154

178 Diese Kritik trifft immer noch voll zu auf die 1971 herausgegebene Sammlung psychoanalytischer Biographien: Johannes Cremerius (Hg.), *Neurose und Genialität,* Frankfurt/M. 1971. Nicht nur im Titel „Neurose und Genialität" hält Cremerius am Begriff des Genies fest, auch in seiner Einleitung wird dieser Begriff nirgends problematisiert. Die Sammlung ist gerade in ihren Mängeln repräsentativ für psychoanalytische Biographik, nicht allein was die älteren Arbeiten angeht, auch noch in den jüngeren Beispielen; so ist Skepsis am Platz, wenn Erik Erikson (1950), gestützt auf einige wenige Sätze aus Hitlers *Mein Kampf,* Hitlers politischen Erfolg durch eine Art Kollektivpsychologie der Deutschen erklären will: Deutschland vor dem Nationalsozialismus litt – so Erikson – an Identitätsproblemen, mehr noch: „Wir stehen also hier vor einem zentralen europäischen Identitätsproblem" (A. a. O., 184).
Skepsis auch gegenüber der Behauptung von Cremerius (in seinem Aufsatz von 1968 *Die Reaktionsbildung im Leben Philipp II. und ihre Bedeutung für das Schicksal Spaniens,* a. a. O., 235): „So wird der ‚Fall' Philipp II. exemplarisch dafür, wie die politischen Ereignisse und damit die Geschicke der Völker unter bestimmten Bedingungen stärker durch die intimen Triebkonflikte der Regierenden bestimmt werden als durch historische Konstellationen."

179 Otto Rank/Hanns Sachs, *Die Bedeutung der Psychoanalyse für die Geisteswissenschaften,* Wiesbaden 1913, 89

180 A. A. Brill, *Über Dichtung und orale Befriedigung,* in: *Imago,*19, 1933, 166

181 Oskar Pfister, *Die Entstehung der künstlerischen Inspiration,* in: *Imago* 2, 1913 481ff.

182 Rank/Sachs, a. a. O., 98

183 Hans Blüher, *Niels Lyhne von J. P. Jakobsen und das Problem der Bisexualität,* in: *Imago* I, 1912, 388

184 Zwar nennt Freud diesen Essay „das einzig Schöne, das ich je geschrieben" (Sigmund Freud/Lou Andreas-Salomé, *Briefwechsel,* hg. v. Ernst Pfeiffer, Frankfurt 1966, 100), aber auch „halb Romandichtung": „Es ist übrigens auch halb Romandichtung. Ich möchte nicht, daß Sie die Sicherheit unserer sonstigen Ermittlungen nach diesem Muster beurteilen." Brief an den Maler Hermann Struck vom 7.11.1914, in: Sigmund Freud, *Briefe* 1873–1939, 2. um 17 Briefe erweiterte Aufl., hg. v. Ernst L. Freud und Lucie Freud, Frankfurt 1968, 318.
Eine Kritik von den Erkenntnissen der Kunstgeschichte her hat Schapiro vorgebracht; ihm zufolge liegt Freuds Fehler darin, das Gemälde der Hl. Anna selbdritt als persönliche Bildgestaltung zu deuten anstatt als Wiederholung einer damals verbreiteten konventionellen Darstellungsform. Meyer Schapiro, *Leonardo and Freud; An Art-Historical Study,* in: *Journal of the History of Ideas* 17, 1956, 147 – 158

185 S. F., VIII, 209f.

186 XIV, 399

187 XVI, 276

188 Die prägnante Freudsche Formulierung: „Es ist von den Mythen durchaus wahrscheinlich, daß sie den entstellten Überresten von Wunschphantasien ganzer Natio-

nen, den Säkularträumen der jungen Menschheit entsprechen" (S. F., *Der Dichter und das Phantasieren*, VII, 222) war Abraham zur Zeit der Entstehung von *Traum und Mythus* noch nicht bekannt. Abraham schreibt: „Nach Vollendung der vorliegenden Abhandlung erschien ein Aufsatz Freuds (. . .), der die Grundidee meiner Arbeit in kurzer Form zum Ausdruck bringt." (Es folgt der zitierte Satz.) Karl Abraham, *Traum und Mythus*, Leipzig, Wien 1909, 3

189 A. a. O., 4
190 A. a. O., 9
191 A. a. O., 10/11
192 A. a. O., 56
193 Adalbert Kuhn, *Über die Herabkunft des Feuers und des Göttertranks*, 1859, neugedruckt 1886
194 Heymann Steinthal, *Die Prometheussage in ihrer ursprünglichen Gestalt*, 1862
195 H. Cohen, *Mythologische Vorstellungen von Gott und Seele*, 1868 und 1869
196 A. a. O., 57/58
197 A. a. O., 57/48
198 A. a. O., 31
199 A. a. O., 69/70
200 Als Beispiel eine von Rank angeführte naturmythologische Deutung des Ödipus-Mythos: „Ödipus, der seinen Vater mordet, seine Mutter heiratet und als blinder Greis stirbt, ist der Sonnenheld, der seinen Erzeuger, die Finsternis, mordet, der sein Bett mit der Mutter, der Abendröte, aus deren Schoß (der Morgenröte) er hervorgegangen ist, teilt, und der geblendet, als untergehende Sonne, stirbt . . . ". Otto Rank, *Der Mythus von der Geburt des Helden*, Leipzig, Wien [2]1922, 11. Vgl. zur Auseinandersetzung mit den Vertretern der naturmythologischen Deutung auch das Kapitel *Mythologie und Psychoanalyse* in Otto Rank, *Psychoanalytische Beiträge zur Mythenforschung*, Leipzig, Wien 1919, bes. S. 8ff.
201 Wilhelm Wundt, *Völkerpsychologie*, Bd. II, *Mythus und Religion*, Teil I, Leipzig 1905, 282
202 A. a. O., 79/80
203 A. a. O., 80
204 Vgl. S. F., VII, 227 – 231
205 A. a. O., 84
206 A. a. O., 85
207 A. a. O., 87
208 A. a. O., 88
209 Rank führt zahlreiche Beispiele aus der Folklore an, die auf den Zusammenhang von „Wasser" und „Geburt" anspielen (Kinderbrunnen, Kinderteich, Storchenmärchen). A. a. O., 97ff.
210 A. a. O., 97
211 A. a. O., 104
212 A. a. O., 118
213 A. a. O., 119
214 A. a. O., 140
215 Franz Riklin, *Wunscherfüllung und Symbolik im Märchen*, Leipzig, Wien 1908, 4
216 A. a. O., 72
217 A. a. O., 71
218 A. a. O., 73

219 A. a. O., 73
220 A. a. O., 76
221 A. a. O., 19/20
222 Ernst Bloch, *Zerstörung, Rettung des Mythos durch Licht,* in: *Literarische Aufsätze,* Frankfurt 1965, 344
223 Riklin, a. a. O., 20
224 Wilhelm Laiblin (Hg.), *Märchenforschung und Tiefenpsychologie,* Darmstadt 1969. Vor allem für die bibliographische Vollständigkeit sei auf diesen Band verwiesen.
225 S. F., *Ges. Werke,* X, 1 – 9
226 Laiblin, a. a. O., XI
227 S. F., *Die Traumdeutung,* II/III, 358
228 S. F., XI, 168
229 S. F., XI, 169
230 Otto Rank, *Psychoanalytische Beiträge zur Mythenforschung,* Leipzig, Wien 1919, 9; „Die Psychoanalytiker, die ja zunächst als Eindringlinge in fremdes Gebiet erscheinen mußten, haben von allem Anfang an, an den Gesichtspunkt der Überdeterminierung gewöhnt, die Berechtigung anderer Erklärungsweisen nicht in Abrede gestellt."
231 John Landquist, *Das künstlerische Symbol,* in: *Imago* 6, 1920, 300: „Die Psychoanalyse hat die zentrale logische Eigentümlichkeit des Symbols betont: ihre Zwei- und Mehrdeutigkeit; und diese Eigenart hat sie mit völlig neuen Beispielen aus dem psychischen Leben in helle Beleuchtung gesetzt."
232 Herbert Silberer, *Probleme der Mystik und ihrer Symbolik,* Wien 1914. 152. In diesem Buch zeigt Silberer, wie alchimistische Symbolik nach drei Bedeutungsschichten, der sexuellen, naturwissenschaftlichen und religiösen, deutbar ist.
233 Silberer, a. a. O., 149/150
234 A. a. O., 151
235 A. a. O., 155
236 Vgl. auch Herbert Silberer: *Phantasie und Mythos,* in: *Jahrbuch für psychoanalytische und psychopathologische Forschungen* II, 2, 1910, 541 – 622. (Silberer wendet hier den Begriff „funktionales Phänomen" auf Traum, Märchen und Mythos an.) H. S., *Symbolik des Erwachens und Schwellensymbolik,* 1911. H. S., *Über die Symbolbildung,* in: *Jahrbuch für psychoanalytische und psychopathologische Forschungen,* Bd. III, 1911/12
237 C. G. Jung, *Wandlungen und Symbole der Libido,* Leipzig, Wien 1912, 271
238 Jung, a. a. O., 464
239 „Der Archetypus stellt wesentlich einen unbewußten Inhalt dar, welcher durch seine Bewußtwerdung und das Wahrgenommensein verändert wird, und zwar im Sinne des jeweiligen individuellen Bewußtseins, in welchem er auftaucht." C. G. Jung, *Von den Wurzeln des Bewußtseins,* Zürich 1954, 6
240 Jolande Jacobi, *Komplex, Archetypus, Symbol.* in: *Schweizerische Zeitschrift für Psychologie,* IV, 1945, 298/299.
Kritisch zur Archetypen-Theorie: Heinrich H. Balmer, *Die Archetypentheorie von C. G. Jung. Eine Kritik.* Berlin, Heidelberg, New York 1972.
241 Jacobi, a. a. O., 302
242 So Edward Glover, *Freud or Jung* London 1950. Für eine ins einzelne gehende Gegenüberstellung der Freudschen Psychoanalyse und der Jungschen Tiefenpsychologie sei auf diese Studie verwiesen.

243 Eine Darstellung, die die sachlichen wie die persönlichen Momente berücksichtigt, gibt Vincent Brome, *Sigmund Freud und sein Kreis,* München 1969, 120ff.
244 C. G. Jung, *Zur Psychoanalyse,* in: *Wissen und Leben,* 5, 1912, 711ff.
243 C. G. Jung, *Erinnerungen, Träume und Gedanken von C. G. Jung,* aufgezeichnet und herausgegeben von A. Jaffé, Zürich, Stuttgart 1963, 171
246 A. a. O., 154
247 Wilhelm Emrich, *Symbolinterpretation und Mythenforschung. Möglichkeiten und Grenzen eines neuen Goetheverständnisses,* in: *Euphorion* 47, 1953, 56/57
248 Wilhelm Emrich, *Das Problem der Symbolinterpretation im Hinblick auf Goethes „Wanderjahre",* in: *DVJS* 26, 1952, 332
249 Auch in: Ernest Jones, *Papers on Psychoanalysis,* London 1950
250 Glover, a. a. O., 42
251 Hier ist auch die sehr angreifbare Methode des Analogisierens, die sogenannte Amplifikation zu erwähnen. Jacobi definiert so: „In der Amplifikationsmethode Jungs werden die einzelnen Traummotive so lange durch ein analoges, sinnverwandtes Material von Bildern, Symbolen, Sagen, Mythen usw. bereichert und dadurch in allen Nuancen ihrer Sinn-Möglichkeiten, ihrer verschiedenen Aspekte aufgezeigt, bis ihre Bedeutung in völliger Klarheit aufleuchtet. Jedes einzelne, so gesicherte Sinnelement wird dann wieder mit dem nächsten verknüpft, bis die ganze Kette der Traummotive klargelegt ist und zum Schluß selber in ihrer Einheit eine letzte Verifikation erfahren kann." Jolande Jacobi, *Die Psychologie von C. G. Jung,* Zürich 1940, 149
252 Otto Rank/Hanns Sachs, *Die Bedeutung der Psychoanalyse für die Geisteswissenschaften,* a. a. O., 11
253 Ernst Kris, *Psychoanalytic Explorations in Art,* New York 1953, 167
254 Melanie Klein, in: *Imago* 9, 1923, 222 und in: *Internationale Zeitschrift für Psychoanalyse* 16, 1930, 57
255 Lawrence S. Kubie, *Neurotic Distortion of the Creative Process,* 1958, dt.: *Psychoanalyse und Genie,* Hamburg 1966
256 Frederik J. Hacker, in: Joseph Royce (ed.), *Psychology and the Symbol,* New York 1965, 92. Eine ausführliche Darstellung der Entwicklung, die hier nur in groben Zügen wiedergegeben wurde, bietet Alfred Lorenzer in seiner angeführten Studie *Kritik des psychoanalytischen Symbolbegriffs.*
257 Hanns Sachs, *Freud, Meister und Freund,* London 1950, 1, 2. (Sachs vergleicht Freud mit Luther (S. 3), mit Goethe (S. 4), mit Napoleon (S. 75), mit Cäsar (S. 87)
258 A. a. O., 8
259 Ludwig Binswanger (*Erinnerungen an Sigmund Freud,* Bern 1956, 58) berichtet, er habe Freud in seinem Brief vom 29.6.1912 geschrieben: „. . . müsse ich ihm auch sagen, wie sehr mir bei der neuerlichen Lektüre der Traumdeutung sein ‚enormer Wille zur Macht, konkreter zur Beherrschung der Menschen' aufgefallen sei. „Sie sind ein geborener Herrscher und daß Sie diesen Herrschtrieb auf die psychische Beherrschung der Menschen hinübergeleitet haben, war eine besonders gelungene Sublimierung!" Freuds Antwort (vom 4.7.1912): „Ich bin sehr überrascht durch die Beiträge zu meiner Selbstanalyse (. . .). Ich getraue mich nämlich nicht, Ihnen in Bezug auf den Machtwillen zu widersprechen –, weiß aber nichts davon."
260 Vgl. dazu die Berichte der Freudianer Theodor Reik und Helene Deutsch: Theodor Reik, *Wir Freud-Schüler,* in: *Die psychoanalytische Bewegung* II, 1930,

512 – 519. Helene Deutsch, *Freud and his Pupils. A footnote to the history of the psychoanalytic Movement,* in: *The Psychoanalytic Quarterly* IX, 1940, 184 – 194

261 Fritz Wittels, *Sigmund Freud,* Leipzig, Wien, Zürich 1924, 118

262 Lou Andreas-Salomé, *In der Schule bei Freud. Tagebuch eines Jahres,* 1912/13, Zürich 1958, 98

263 Zitiert nach der Monographie von Manès Sperber, *Alfred Adler oder Das Elend der Psychologie,* Wien 1970, 36

264 Alfred Adler: *Studie über Minderwertigkeit von Organen,* München 1927. Vgl. auch: *Praxis und Theorie der Individualpsychologie,* München, Wiesbaden 1920; *Menschenkenntnis,* Leipzig 1927; *Über den nervösen Charakter,* München [4]1928; *Die Technik der Individualpsychologie,* Berlin 1928

265 Sperber spricht sich gegen eine Überbewertung des Nietzsche-Einflusses aus; a. a. O., 107

266 Brief vom 3.5.1908, in: Sigmund Freud/Karl Abraham, *Briefe 1907 – 1926,* a. a. O., 47. Auf Jung bezieht sich die Bemerkung gegenüber Abraham: „Wir Juden haben es im ganzen leichter, da uns das mystische Element abgeht." A. a. O., 57

267 S. F., XIV, 79

268 Hanns Sachs, *Freud, Meister und Freund,* a. a. O., 140

269 Vincent Brome, *Sigmund Freud und sein Kreis. Wege und Irrwege der Psychoanalyse,* München 1969, 49
Die autoritären Züge Freuds beleuchtet auch Joseph Wortis, *Fragments of an Analysis with Freud,* New York 1954. Freud rechnete mit gehorsamen Patienten, nicht mit kritischen Partnern, die sich – wie Wortis – auch grundsätzliche Einwände gegen die Psychoanalyse erlaubten. Die Position des Psychotherapeuten, wie Freud sie sah und ausübte, war die des wissenden Überlegenen. Eng damit verbunden ist ein zweites Charakteristikum der Psychoanalyse, das im Lauf der Wortis'schen Lehranalyse deutlich wird: Psychoanalyse im Sinne Freuds läuft letztlich auf Anpassung an die Gesellschaft hinaus. Wortis fordert eine Revision des Freudschen Lehrgebäudes im Sinne der Sozialpsychologie: Psychoanalyse soll nicht mehr zur Übernahme bürgerlicher Tugenden und Verhalten eisen befähigen, sondern zur Kritik an ihnen.

270 Aufschlußreich Thomas Manns Vergleich mit dem George-Kreis: „Sie [die Psychoanalyse, G. S.] ist (. . .) dem bloß medizinischen Bezirk längst entwachsen und zu einer Weltbewegung geworden (. . .) kraft des ausbauenden und anwendenden Eifers von Adepten, die um ihren psychiatrisch-medizinischen Kern diese Aura von Wirkungen gelegt haben, derjenigen zu vergleichen, die um das persönliche Werk Stefan Georges liegt."
Thomas Mann, *Die Stellung Freuds in der modernen Geistesgeschichte,* 1929, a. a. O., 274
Ähnlich Robert Musil: „Lange vor den Diktatoren hat unsere Zeit die geistige Diktatorenverehrung hervorgebracht. Siehe George. Dann auch Kraus und Freud, Adler und Jung. Nimm noch Klages und Heidegger hinzu. Das Gemeinsame ist wohl ein Bedürfnis nach Herrschaft und Führerschaft, nach dem Wesen des Heilands." Zitiert nach Wilfried Berghahn, *Robert Musil in Selbstzeugnissen und Bilddokumenten,* Reinbek 1967, 125

271 Dazu Clarence P. Oberndorf, *A History of Psychoanalysis in America,*

New York 1953, und: F. H. Matthews, *The Americanization of Sigmund Freud,* in: *Journal of American Studies* 1, 1967, 39 – 62
„Errungenschaften des modernen Denkens wie Psychoanalyse, Phänomenologie und Soziologie, von denen die deutsche Germanistik dank ihrem Hang zur Mythenbildung bisher keine Notiz nahm, wurden von der englischen längst fruchtbar gemacht."
Walter Muschg, *Germanistik? In memoriam Eliza M. Butler,* in: W. M., *Studien zur tragischen Literaturgeschichte,* Bern, München 1965, 231
Victor Lange führt in seinem Aufsatz „Goethe in ästhetischer und psychologischer Sicht" als Grund an: „Das mag damit zusammenhängen, daß das für das angelsächsische und neuerdings (etwa bei Merleau-Ponty) für das französische Philosophieren so wichtige Problem der Perzeption und, darauf bezogen, der Formen der dichterischen Einbildungskraft im deutschen literaturwissenschaftlichen Denken kaum jemals fruchtbar geworden ist. Es liegt das wohl an jenem fundamental spekulativen und postulativen Zugang zum Phänomen des Kunstwerkes, an den die deutsche Ästhetik historisch gebunden ist. In der angelsächsischen Theorie ist das Kunstwerk nicht so sehr Darstellung von Wahrheit als Explikation von Erfahrungs- und Verhaltensmöglichkeiten." Victor Lange, in: *Psychologie in der Literaturwissenschaft. Viertes Amherster Kolloquium zur modernen deutschen Literatur, 1970,* hg. v. Wolfgang Paulsen, Heidelberg 1971, 147.
„The Early Use of Depth Psychology in Literary Criticism" ist das Thema der eingehenden historischen Studie von Claudia C. Morrison, *Freud and the Critic,* Chapel Hill 1968. Freuds Vorlesungen vor der Clark University im Jahre 1909 hatten ein breiteres Interesse in den USA zur Folge. Typisch für die frühe Rezeption der Psychoanalyse durch amerikanische Literaturwissenschaftler und heute noch methodisch wertvoll sind nach Morrison folgende Arbeiten: Alfred Booth Kuttner, *Sons and Lovers: A Freudian Interpretation,* in: *The Psychoanalytic Review* 3, 1916. Axel John Uppvall, *August Strindberg. A Psychoanalytic Study with Special Reference to the Oedipus Complex,* Boston 1920. Van Wyck Brooks, *The Ordeal of Mark Twain,* 1920. Die Fruchtbarkeit psychoanalytisch inspirierter Literaturwissenschaft bezeugen u. a. die Arbeiten von Lionel Trilling, Edmund Wilson und Kenneth Burke (in den USA) und Christoph Caudwell (in England). Über die Rezeption der Psychoanalyse in Europa, USA und UdSSR informiert sehr gut Jack J. Spector, a. a. O., 199 – 222. – Siehe auch die Darstellung bei Joseph Strelka, *Psychoanalyse und Mythenforschung in der Literaturwissenschaft,* in: Viktor Zmegac/Zdenko Skreb (Hg.), *Zur Kritik literaturwissenschaftlicher Methodologie,* Frankfurt 1973, 199 – 215

272 So Hans-Ulrich Wehler (Hg.), *Geschichte und Psychoanalyse,* Köln 1971, 17

273 Dazu Klaus Laermann, *Was ist literaturwissenschaftlicher Positivismus?* in: V. Zmegac/Z. Skreb (Hg.), *Zur Kritik . . . ,* 51 – 74. Für das Folgende vgl. die Aufsätze von Riha und Pinkerneil.

274 Siehe dazu das Scherer- und das Walzel-Kapitel bei Peter Salm, *Drei Richtungen der Literaturwissenschaft, Scherer-Walzel-Staiger,* Tübingen 1970

275 Keinesfalls ist hier beabsichtigt, „die deutsche Geistesgeschichte vor 1933 summarisch und undifferenziert unter das Etikett des Präfaschismus zu bringen, damit aber nicht nur diese Geistesgeschichte zu verfälschen, sondern auch den historischen Begriff des Faschismus seiner spezifischen Differenz ebenso zu berauben

wie seiner Erkenntnisfunktion", wovor Hans-Joachim Lieber bei seiner Erörterung der deutschen Lebensphilosophie und ihrer Folgen warnt: Hans-Joachim Lieber, *Die deutsche Lebensphilosophie und ihre Folgen,* in: *Nationalsozialismus und die deutsche Universität. Universitätstage 1966 der Freien Universität Berlin,* Berlin 1966, 92 – 107, hier 93.
Über die Schwierigkeit, nationalsozialistische Weltanschauung zu definieren, schreibt Lieber: „Was nationalsozialistische Weltanschauung heißt, entbehrt weitgehend einer durchreflektierten und gegliederten Begrifflichkeit und ist deshalb kaum mehr als ein Konglomerat aus verschiedenen ideologischen Theoremen, allein durch den Zweck zusammengebunden, dem es dient. (. . .) Ist solchem Zweck entsprechend nationalsozialistische Weltanschauung nicht eindeutig, sondern variierbar und konstruierbar (. . .), so fügt sich eine solche Weltanschauung dem philosophie-historischen Zugriff nicht (. . .).
(. . .) Dennoch: wie der Nationalsozialismus als politisch-historisches Phänomen nicht aus dem geschichtlichen Zusammenhang der Entwicklung der bürgerlichen Gesellschaft und ihrer Widersprüche herausfällt, so steht auch seine Weltanschauung in Zusammenhängen einer Entwicklung des Geistes, (. . .), und das heißt: auch sie hat ihren freilich nur sehr mittelbaren Bezug auf Philosophiegeschichte und in diesem Sinne ihre traditionalen philosophischen Voraussetzungen."
A. a. O., 92f.

276 Siehe dazu Jost Hermand, *Literaturwissenschaft und Kunstwissenschaft. Methodische Wechselbeziehungen seit 1900,* Stuttgart 1965

277 Wilhelm Dilthey, *Dichterische Einbildungskraft und Wahnsinn,* in: *Gesammelte Schriften,* Bd. VI, Leipzig, Berlin 1924, 101

278 A. a. O., 98

279 A. a. O., 93

280 A. a. O., 93

281 Dilthey, a. a. O., 94

282 Wilhelm Dilthey, *Das Erlebnis und die Dichtung,* Göttingen [12]1950, 111

283 A. a. O., 169

284 Der Germanist Otto Behaghel behandelt z. B. 1907 – in dem Jahr, in dem Freuds erste größere Arbeit zur Kunst *Der Dichter und das Phantasieren* erscheint – *Bewußtes und Unbewußtes im dichterischen Schaffen* (Leipzig 1907).

285 Jost Hermand, *Spittelers Imago, Über das Verhältnis von Dichtung und Psychoanalyse,* in: *GRM* 36, 1955, 224

286 Wilhelm Dilthey, *Ideen über eine beschreibende und eine zergliedernde Psychologie,* in: *Gesammelte Schriften,* Bd. V, Leipzig, Berlin 1924
Otto Rank urteilt von psychoanalytischer Sicht über Verdienst und Grenzen der Diltheyschen Psychologie: „Dilthey löst diese beiden Aufgaben, sowohl die psychologische Grundlegung als auch die darauf gebaute Theorie der poetischen Technik, soweit dies mit den Mitteln der herrschenden Bewußtseinspsychologie möglich ist, fast restlos. (. . .) Das Leben der Bilder in dem Träumenden, dem Irren, dem Künstler (kann) von der herrschenden Psychologie, die von Vorstellungen als festen Größen ausgeht, nicht erklärt werden." Otto Rank, *Das Inzestmotiv in Dichtung und Sage,* Leipzig 1912, 5/6

287 So auch Viëtor (1945): „Man kann nicht übersehen, daß die psychologischen Vorstellungen vieler Literaturwissenschaftler vage und veraltet sind. Die antipsychologische Grundtendenz unserer Wissenschaft, auf der anderen Seite die

ästhetische Borniertheit moderner Psychologen, haben dazu geführt, daß zwischen der Literaturwissenschaft, der Psychiatrie und der Psychologie nicht die Beziehungen bestehen, die im allgemeinen Interesse lägen. Auch wer festhält am Widerstand gegen die materialistischen oder mechanistischen Grundlagen moderner Seelenlehren, wird viel lernen können von den neuen Erkenntnissen über die eminente Rolle, die das Unbewußte spielt, besonders im Schaffen des Künstlers." Karl Viëtor, *Deutscne Literaturgeschichte als Geistesgeschichte,* zitiert nach: Victor Zmegac (Hg.), *Methoden der deutschen Literaturwissenschaft,* Frankfurt 1971, 191

288 Zu den politischen Implikationen der Diltheyschen Lebensphilosophie vgl. den zitierten Aufsatz von Hans-Joachim Lieber.

289 Viëtor, a. a. O., 179

290 Georg Lukács, *Von Nietzsche zu Hitler oder Der Irrationalismus und die deutsche Politik,* Frankfurt 1966, 127

291 Es „(. . .) kreuzen sich auch hier mehrere gegenständlich und methodisch unterschiedene Richtungen der Psychologie (differentielle, Individual-, Sozial-, Gestaltpsychologie, Charakterologie u. a.). Richtunggebend ist die von Dilthey erstmalig umrissene und von Spranger ausgebaute Strukturpsychologie. Starke literaturwissenschaftliche Anregungen gehen außerdem von Kruegers Entwicklungspsychologie aus." Oskar Benda, *Der gegenwärtige Stand der deutschen Literaturwissenschaft,* Wien 1928, 26

292 S. F., XVII, 143

293 Heinz Hartmann, *Die Grundlagen der Psychoanalyse,* Leipzig 1927, 42. Vgl. auch David Rapaport, *Die Struktur der psychoanalytischen Theorie, Beiheft zur Psyche,* Stuttgart 1962

294 Hans Jürgen Eysenk, *Woran krankt die Psychoanalyse? Versuch einer Kritik,* in: *Der Monat,* 8, Heft 88, 1956, 19/20

295 Eysenk, a. a. O., 25

296 Eysenk, a. a. O., 28

297 A. a. O., 24

298 Alexander Mitscherlich, *Erwiderung 38 oder Die unbotmäßige Psychoanalyse,* in: *Der Monat,* 8, Heft 89, 1956, 56 – 60

299 Otto Walter Haseloff, *Psychoanalyse im Wechselbad,* in: *Der Monat,* 8, Heft 92, 1956, 85 – 91

300 Wolfgang Hochheimer, *Psychologie und Psychoanalyse. Zur „wissenschaftlichen" Kritik in der Psychologie,* in: *Der Monat,* 8, Heft 93, 1956, 75 – 81

301 Haseloff, a. a. O., 87

302 Haseloff, a. a. O., 86

303 Aufschlußreich ist eine Briefstelle Freuds: „Ich habe als junger Mensch keine andere Sehnsucht gekannt als die nach philosophischer Erkenntnis, und ich bin jetzt im Begriff, sie zu erfüllen, indem ich von der Medizin zur Psychologie hinüberlenke. Therapeut bin ich wider Willen geworden." *Aus den Anfängen der Psychoanalyse . . . ,* a. a. O., 142

304 Walter Schönau, a. a. O., 191f.

305 Ludwig Binswanger. *Erfahren, Verstehen, Deuten in der Psychoanalyse,* in: *Imago* 12, 1926, 223 – 237

306 P. C. Kuiper, *Verstehende Psychologie und Psychoanalyse,* in: *Psyche* 18, 1964, 15 – 32, und: P. C. Kuiper, *Diltheys Psychologie und ihre Beziehung zur Psychoanalyse,* in: *Psyche* 19, 1965, 242 – 249

307 Kurt R. Eissler, in: *The Psychoanalytic Study of the Child* 23, 1968, 141 – 177
308 A. a. O., 175
309 A. a. O., 161
310 Jürgen Habermas, *Erkenntnis und Interesse,* Frankfurt 1968, 309
311 Habermas, a. a. O., 265f. In diesem Sinn auch Charles Rycroft: „Das Verfahren, das er [Freud] angewandt hatte, war nicht das wissenschaftliche der Aufklärung von Ursachen, sondern das semantische der Sinngebung. Man kann sogar argumentieren, daß vieles an Freuds Arbeit in Wirklichkeit semantisch war und daß er eine revolutionäre semantische Entdeckung machte, nämlich, daß neurotische Symptome bezeichnend getarnte Kommunikation sind; und daß er auf Grund seiner wissenschaftlichen Erziehung und Neigung seine Entdeckung im Rahmen der naturwissenschaftlichen Begriffe formulierte. In manchen Aspekten seines Werkes sah das Freud selbst ganz klar. Sein berühmtestes Werk nannte er Traumdeutung, nicht Traumursachen, und das Kapitel über Symptome in seinen Vorlesungen zur Einführung heißt Die Bedeutung der Symptome." Charles Rycroft, *Ursache und Sinn in der Psychoanalyse,* in: *Literatur und Kritik* 19, 1967, 529f.
312 Alfred Lorenzer, in: *Psychoanalyse als Sozialwissenschaft,* a. a. O., 14
313 Klaus Horn, *Insgeheime kulturistische Tendenzen der modernen psychoanalytischen Orthodoxie,* in: Lorenzer/Dahmer/Horn/Brede/Schwanenberg, *Psychoanalyse als Sozialwissenschaft,* Frankfurt 1971, 119
314 Helmut Dahmer, *Psychoanalyse und historischer Materialismus,* in: *Psychoanalyse als Sozialwissenschaft,* a. a. O., 85. So auch Horn, a. a. O., 147
315 Karl-Otto Apel, *Szientistik, Hermeneutik, Ideologiekritik. Entwurf einer Wissenschaftslehre in erkenntnisanthropologischer Sicht.* In: *Wiener Jahrbuch für Philosophie,* Bd. 1, 1968, 33
316 Teilweise abgedruckt in: *Die psychoanalytische Bewegung* 4, 1932, 73 – 76 Berger schreibt zusammenfassend: „Die ganze Theorie ist eigentlich ein Stück uralter Dichterpsychologie. Bei jeder ersten Entdeckung, welche die Wissenschaft auf dem Gebiet der Seele macht, wird sich zeigen, daß die großen Dichter die Wikinger sind, die lange vor Kolumbus in Amerika waren, (. . .) Wir wissen nicht, wie die Wissenschaft die Theorien Breuers und Freuds beurteilt. Der Dichter hat sie für sich, und das will nicht wenig sagen. Denn bis jetzt waren Dichter diejenigen, die von den Geheimnissen der Menschenseele das Meiste und Beste gewußt und ausgesagt haben." A. a. O., 75/76
317 Friedrich von der Leyen, *Traum und Märchen,* wieder in: Wilhelm Laiblin (Hg.), *Märchenforschung und Tiefenpsychologie,* a. a. O., 1 – 12
318 A. a. O., 7
319 Hans Sperber/ Leo Spitzer, *Motiv und Wort. Studien zur Literatur- und Sprachpsychologie,* Leipzig 1918, 91
320 Spitzer betont ausdrücklich das „Kasuistische" seiner Erklärungsart: „Jede einzelne Dichterstelle (. . .) werde als besonderer ‚Fall' erklärt." A. a. O., 92
321 Josef Körner, *Psychoanalyse des Stils,* in: *Das literarische Echo* 21, 1919, 1093
322 Josef Körner, *Erlebnis-Motiv-Stoff,* in: *Vom Geiste neuer Literaturforschung. Festschrift für Oskar Walzel,* hg. von J. Wahle und V. Klemperer, Potsdam 1924, 80
323 Körner, a. a. O., 83
324 A. a. O., 83
325 A. a. O., 89

326 Willy Krogmann, *Motivanalyse*, in: *Zeitschrift für angewandte Psychologie* 42, 1932, 264 – 272
Willy Krogmann, *Das Friederikenmotiv in den Dichtungen Goethes. Eine Motivanalyse, Germanische Studien* 113, 1932 Willy Krogmann, *Motivübertragung und ihre Bedeutung für die literar-historische Forschung*, in: *Neophilologus* 17, 1932, 17 – 32
327 Krogmann, *Motivanalyse*, a. a. O., 265
328 Ders., *Die Stoffgestaltung des Dichters als Resultante seiner Erlebnisse*, in: *Archiv für das Studium der neueren Sprachen und Literaturen*, 165, 1934, 161 – 18(
329 Kurt K. T. Wais, *Das Vater-Sohn-Motiv in der Dichtung, Erster Teil: Bis 1880, Zweiter Teil: 1880 – 1930*, Berlin 1931. Hier Teil I, XI.
330 Wais, a. a. O., Teil I, 30
331 So auch Ewald Volhard, *Literaturwissenschaft und Psychoanalyse*, in: Hans Prinzhorn (Hg.), *Krisis der Psychoanalyse*, Bd. I, Leipzig 1928, 134 – 152; wieder in Bernd Urban (Hg.), *Psychoanalyse und Literaturwissenschaft. Texte zur Geschichte ihrer Beziehungen*, Tübingen 1973, 103 – 124, und Adolf von Grolman, *Literaturwissenschaft und Psychoanalyse*, aus: A. v. G., *Literarische Betrachtung. Beiträge zur Praxis der Anschauung von Künstlerschicksal und Kunstform*, Berlin 1930, 77 – 94, auch in Urban, a. a. O., 137 – 155
332 Rudolf Unger, *Philosophische Probleme in der neueren Literaturwissenschaft*, in: *Aufsätze zur Prinzipienlehre der Literaturgeschichte*, Berlin 1929, 17
333 Friedrich Kainz, *Literaturwissenschaft und neue Psychologie*, in: *Euphorion* 28, 1929, 172
334 Julius Petersen, *Literaturwissenschaft und Deutschkunde*, in: *Zeitschrift für Deutschkunde*, 1924, 405/406
335 Richard Müller-Freienfels, *Psychologie und Literaturforschung*, in: *Das literarische Echo*, 25. Jg., 15.10.1922, Sp. 70
336 R. Müller-Freienfels, in: *Das literarische Echo*, 25. Jg., 15.12.1922, Sp. 343
337 Hermann Pongs, *Psychoanalyse und Dichtung*, in: *Euphorion* 34, 1933, 39
338 Hermann Pongs, *Neue Aufgaben der Literaturwissenschaft*, in: *Dichtung und Volkstum*, 1937, 273
339 Hermann Pongs, *Das Bild in der Dichtung*, Band II, *Voruntersuchungen zum Symbol*, Marburg 1939, [3]1967, 21 – 25
340 Wieder in: *Das Bild in der Dichtung*, a. a. O., 55 – 94
341 „Deutschland schuf sich so etwas wie einen ‚arteigenen', dafür dilletantisch-romantischen Ersatz der Tiefenpsychologie, denn die stammeskundlich-landschaftliche Literaturgeschichte Nadlers, die Lehre von den volkhaften oder rassischen Kräften und schließlich die Blut- und Bodenideologie des Dritten Reiches sind ja schließlich nationale oder nationalistische Varianten der Kollektivpsychologie." Max Wehrli, *Allgemeine Literaturwissenschaft*, Bern 1951, 120/121
342 Emil Ermatinger, *Die deutsche Literaturwissenschaft in der geistigen Bewegung der Gegenwart*, in: *Zeitschrift für Deutschkunde*, 1925, 247
343 Friedrich Sengle, *Zur Einheit von Literaturgeschichte und Literaturkritik*, in: Victor Zmegac (Hg.), a. a. O., 237
344 Oskar Walzel, *Gehalt und Gestalt im Kunstwerk des Dichters*, Berlin 1923, 110
345 Emil Ermatinger, *Das dichterische Kunstwerk*, Leipzig 1921, 27
346 Harry Maync, *Die Entwicklung der deutschen Literaturwissenschaft*, Bern 1927, 29

347 Walzel, a. a. O., 107
348 S. F., Selbstdarstellung, XIV, 75
349 Herbert Cysarz, *Literaturgeschichte als Geisteswissenschaft, Kritik und System,* Halle 1926, 3
350 Cysarz, 56
351 Walter Muschg, *Psychoanalyse und Literaturwissenschaft,* Berlin 1930, 18
352 Muschg akzeptiert Freud, nicht aber die Freud-Schüler: „. . . haben wir einen bisweilen ans Zynische streifenden Rationalismus und Schematismus hervorzuheben, mit dem der einmal konstruierte Begriffsapparat von den Freud-Schülern kritik- und wahllos den größten wie den kleinsten Erscheinungen der Literaturgeschichte aufgezwängt wird." A. a. O., 13
353 Walter Muschg, *Dichtung als archaisches Erbe,* in: *Imago* 19, 1933, 108
354 Oskar Walzel, *Gehalt und Gestalt im Kunstwerk des Dichters,* Berlin 1923, 111
355 Carl Gustav Jung, *Der Gegensatz Freud und Jung,* in: *Seelenprobleme der Gegenwart,* Zürich 1931, 78
356 Carl Gustav Jung, *Über die Beziehungen der analytischen Psychologie zum dichterischen Kunstwerk,* in: *Seelenprobleme der Gegenwart,* Zürich 1931, 41/42
357 A. a. O., 45
358 In der offiziellen, von Jung sanktionierten Darstellung seiner Psychologie heißt es: „Freud bedient sich einer reduktiven Methode, Jung einer prospektiven. Freud behandelt das Material analytisch, die Gegenwart in die Vergangenheit auflösend, Jung synthetisch, aus der aktuellen Situation gegen die Zukunft aufbauend." Jolande Jacobi, *Die Psychologie von C. G. Jung,* Zürich 1940, 84
359 Edith Aulhorn, *Dichtung und Psychoanalyse,* in: *GRM* 10, 1922, 29. So auch Dehorn: „Am besten vermeidet Jung die Gefahren einer zwangsneurotischen Untersuchung, indem er die Triebpsychologie zu einer Tiefenpsychologie erweitert. Er überwindet die primitiv materialistische Psychophysik Freuds und steuert entschieden zurück in den Hafen eines positiven Idealismus, denn er möchte den Künstler religiös verwurzeln in den tieferen Schichten des Kosmischen, wo ein absolutes Wesen erscheint." Walter Dehorn, *Psychoanalyse und neuere Dichtung,* in: *The Germanic Review* 7, 1932, 245 – 251 und 330 – 358, zitiert nach Urban, a. a. O., 177 – 219, hier 185
360 S. F., VII, 118
361 S. F., XII, 186
362 Brief vom 30.7.1915, in: Freud/Andreas-Salomé, *Briefwechsel,* a. a. O., 36
363 Wilhelm Dilthey, *Gotthold Ephraim Lessing,* in: *Das Erlebnis und die Dichtung,* Göttingen ^{12}1950, 11
364 Oskar Walzel, *Gehalt und Gestalt . . . ,* a. a. O., 17/18
365 Carl Gustav Jung, *Psychologische Typen,* Zürich, Stuttgart ^{6}1960, bes. 177 – 292
366 C. G. Jung, *Psychologie und Dichtung,* in: E. Ermatinger, *Philosophie der Literaturwissenschaft,* Berlin 1930, 324
367 Jung, a. a. O., 329
368 Jung, *Seelenprobleme der Gegenwart,* a. a. O., 71
369 Jung/Ermatinger, a. a. O., 319
370 Jung/Ermatinger, a. a. O., 330
371 Jung, *Über die Beziehungen . . . ,* a. a. O., 59. Auch das ist als Spitze gegen Freud gemeint: Jung fährt fort: „Auch aus dieser Sphäre fließen der Kunst Quellen zu, aber trübe, welche, wenn überwiegend, das Kunstwerk nicht zu einem symboli-

schen, sondern zu einem symptomatischen machen. Diese Art von Kunst dürfen wir (. . .) ohne Reue der Freudschen Purgiermethode überlassen." A. a. O., 59

372 Pongs, *Psychoanalyse und Dichtung*, a. a. O., 69f.

373 Zu diesem Ergebnis gelangt auch Ernst Bloch, der in *Das Prinzip Hoffnung* den Irrationalismus bei Bergson, Klages und Jung vergleicht. Sein Resumee: „Der sogenannten Psychosynthese ist einzig die Urbilderei in Bausch und Bogen brauchbar, und das magische Wischiwaschi (kommandiert vom Monopolkapital) ist ihr nützlich. Der Rapport dieser panischen Libido mit dem deutschen Faschismus ist offenbar; hierin setzt das Bewußtsein der C. G. Jung-Somnambule keineswegs aus. Auch dem Faschismus ist der Intelligenzhaß das, wie Jung wörtlich sagt, ‚einzige Mittel, um die Schäden der heutigen Gesellschaft zu kompensieren'. Auch der Faschismus bedarf des Totenkults einer frisierten Urzeit, um die Zukunft zu verstellen, die Barbarei zu begründen, die Revolution zu blockieren. Der Grundtrieb wird mit alldem ein Trieb zu jenem Grunde, wo der Dionysos nur noch Moloch heißen will. Ein Regressiv-Grund wird als Medizin wie Moral gepriesen, dem alles Menschliche wieder fremd geworden ist." Ernst Bloch, *Das Prinzip Hoffnung*, Frankfurt 1959, 70

374 Jung/Ermatinger, a. a. O., 323

375 Jung/Ermatinger, a. a. O., 329

376 C. G. Jung, in: *Zentralblatt für Psychotherapie*, Leipzig 1933. Ich zitiere nach Ludwig Marcuse, *Mein 20. Jahrhundert*, Hamburg 1968, 124. Zitiert auch bei Vincent Brome, *Sigmund Freud und sein Kreis*, München 1969, 142

377 Zitiert nach Brome, a. a. O., 142. Brome hat die vor allem nach 1945 in Amerika geführte Diskussion um Jungs Haltung zum Faschismus breit dokumentiert: A. a. O., 141ff.

378 Aniela Jaffé, *Aus Leben und Werkstatt von C. G. Jung. Parapsychologie, Alchemie Nationalsozialismus, Erinnerungen aus den letzten Jahren*, Zürich 1968, 85ff.

379 Jaffé, a. a. O., 104

380 Freud nennt als einen der Gründe für Jungs Abfall „die Verlockung, von den anstößig empfundenen Resultaten der Psychoanalyse freizukommen, auch wenn man ihr tatsächliches Material nicht mehr leugnete. Jung versuchte eine Umdeutung der analytischen Tatsachen ins Abstrakte, Unpersönliche und Unhistorische, wodurch er sich die Würdigung der infantilen Sexualität und des Ödipuskomplexes sowie die Notwendigkeit der Kindheitsanalyse zu ersparen hoffte." S. F., *Selbstdarstellung*, XIV, 79
In seinem Nachruf auf Freud faßt Jung noch einmal die Unterschiede Freud-Jung, wie er sie sieht, zusammen: C. G. Jung, *Sigmund Freud*, in: *Sonntagsblatt der Basler Nachrichten*, XXXIII/40, Basel 1. 10. 1939; jetzt auch C. G. Jung, *Gesammelte Werke*, Bd. XV, 53 – 62.
Literatur zum Thema Freud-Jung aus Freudscher Sicht:
Edward Glover, *Freud or Jung*, London 1950; aus Jungscher Sicht: Liliane Frey-Rohn, *Von Freud zu Jung. Eine vergleichende Studie zur Psychologie des Unbewußten*, Zürich, Stuttgart 1969

380a Wesensverwandt war die Jungsche Psychologie der vorherrschenden deutschen Germanistik wohl: was nicht zuletzt der Weg dieser Wissenschaft und der Weg des C. G. Jung ins Dritte Reich beweisen.

381 Hedwig von Beit, *Symbolik des Märchens*, Bd. 1 – 3, Bern ^{2}1960/65

382 Vor allem der anregende Aufsatz *Bilder und Symbole aus E. T. A. Hoffmanns*

Märchen „Der goldne Topf“, in: C. G. Jung, *Gestaltungen des Unbewußten,* Zürich 1950, 239 – 593

383 Erich Neumann, *Kunst und schöpferisches Unbewußtes,* Zürich 1954, E. Neumann, *Die große Mutter. Der Archetypus des großen Weiblichen,* Zürich 1956. E. Neumann, *Der schöpferische Mensch,* Zürich 1959

384 Zur Kritik an der Jungschen Literaturbetrachtung sei Ernst Kris zitiert: „In discussions on psychoanalysis and art the tendency to simplify or to abbreviate psychoanalytic thinking is particularly noticeable. (. . .) It might (. . .) be useful to illustrate in what way simplification tends to be misleading. While in their clinical work psychiatrists are accustomed to assess carefully the requirements of a specific environmental situation, the ‚reality‘ in which the artist creates is often neglected. ‚Reality‘ is used here not so much in the restricted sense of immediate needs and material environment as in another and extended sense: the structure of the problem which exists while the artist is creating, the historical circumstances in the development of art itself which limit some of his work, determine in one way or another his modes of expression and thus constitue the stuff with which he struggles in creation.
The widespread neglect of such circumstances, supreme in C. G. Jungs contributions to the vast area of psychoanalysis and art is facilitated by the use of an abridged, and hence frequently vulgarized, conceptual framework.“ Ernst Kris, *Psychoanalytic Explorations in Art,* London 1953, 14f.

385 1970 stellt Joseph Strelka für die amerikanische Literaturwissenschaft fest: „Die Strömung (. . .), die heute an Umfang wie an Bedeutung wohl die Stelle des ‚New Criticism‘ eingenommen hat, ist nach dem Urteil eines Kenners vom Range, René Welleks die Richtung einer ‚mythologischen Kritik, die von den Ergebnissen der Kultur-Anthropologie und den Spekulationen C. G. Jungs ausgeht‘. (. . .) Obwohl sich oft Kultur-Anthropologie und die Psychologie C. G. Jungs, Mythos und Mystik, Ethnologie und vergleichende Religionswissenschaft in den Werken einzelner Vertreter dieser Strömung gegenseitig überschneiden, vermischen und höchst verschiedenartige Ergebnisse zeitigen, verbindet sie alle jenseits der vielen scheinbaren und wirklichen Widersprüche doch ein Gemeinsames: die besondere Betonung des literarischen Symbols (. . .) und die Hinwendung zu allgemeinen, wenngleich variiert wiederholten und wiederholbaren Grundsituationen und Urformen menschlicher Vorstellungen und menschlichen Verhaltens (. . “ . .) Strelka bewertet diese Richtung durchaus positiv: „Wie wenig es hier notwendigerweise um romantische Spekulationen geht und wie lebendig, real und aktuell diese Zusammenhänge sein können, das haben nicht nur Mythenforscher von Heinrich Zimmer bis zu dem jetzt in Chikago lehrenden Mircea Eliade gezeigt, und nicht nur die Vertreter der psychologischen Schule C. G. Jungs, sondern gerade auch Vertreter ähnlicher Strömungen auf dem Gebiet der Literaturkritik wie etwa Northrop Frye. Er wies darauf hin, wie sehr die Inhalte dieser Urformen und Grundstrukturen mit den Strukturen der Gesellschaft zusammenhängen.“ Joseph Strelka, in: Joseph Strelka/Walter Hinderer (Hg.), *Moderne amerikanische Literaturtheorien,* Frankfurt 1970, 14/15. So auch in seinem zitierten Aufsatz *Psychoanalyse und Mythenforschung in der Literaturwissenschaft* (1973)

386 Pongs, a. a. O., 45

387 „Während der Literaturforscher bisher mit wenigen Ausnahmen das Unbewußte ignorierte, neigte der Psychoanalytiker dazu, das Bewußte außer acht zu lassen. (.

Indem die Psychoanalytiker das Element der Verkleidung bei dem Vorgang, durch den der Dichter seine Dichtung schafft, betonen, legen sie nicht genügend Gewicht auf den bewußten Teil des schöpferischen Vorgangs." William Rose, *Psychologie und Literaturwissenschaft,* in: *Sinn und Form* 8, Heft 5/6, 1956, 796

388 Simon O. Lesser, *Die Funktion der Form,* in: *Fiction and the Unconscious,* 1957, hier zitiert nach: J. Strelka/W. Hinderer (Hg.), *Moderne amerikanische Literaturtheorien,* Frankfurt 1971, 262

389 A. a. O., 278

390 Hermann Pongs, *Psychoanalyse und Dichtung,* in: *Euphorion* 34, 1933, 38.
Im selben Sinn Ermatinger: „Die rein quantitative Denkform der Naturwissenschaften ist nun auch in die Geisteswissenschaften eingedrungen. Man wertet nicht mehr, man mißt und zählt nur; man urteilt nicht mehr (. . .), man beschreibt und analysiert bloß, wie der Naturforscher Pflanzen und Tiere beschreibt und zerlegt. Man nennt das eine psychologische Art der Betrachtung und versteht darunter eine ‚voraussetzungslose' Wissenschaft, in der der Geistesforscher die Art der allmächtigen Naturforschung nachäfft." Emil Ermatinger, *Die deutsche Literaturwissenschaft in der geistigen Bewegung der Gegenwart,* in: *Zeitschrift für Deutschkunde,* 1925, 245

391 S. F., *Psychopathische Personen auf der Bühne,* Studienausgabe Bd. X, 166/167

392 A. a. O., 167

393 S. F., VII, 79

394 Eduard Hitschmann, *Gottfried Keller,* in: *Imago* 4, 1916, 238. Der Umstand, daß die meisten psychoanalytischen Arbeiten zur Literatur von Psychoanalytikern geschrieben wurden, die von Haus aus Mediziner waren, wirkt sich auch auf die Prioritäten aus, die gesetzt werden.

395 S. F., XII, 264/265

396 Hanns Sachs, *Kitsch,* in: *Die psychoanalytische Bewegung,* 4, 1932, 455 – 461

397 Dasselbe gilt für Helge Hultbergs neueren Versuch, eine instrumentale Werttheorie zu entwickeln: H. Hultberg, *Eine instrumentale Werttheorie,* in: *Orbis litterarum* 21, 1966, 39 – 48. Ohne psychoanalytisch zu argumentieren, fragt Hultberg nach der Funktion der Kunst und kommt zu ähnlichen Ergebnissen wie Sachs: Während der Kitsch an der psychischen Oberfläche bleibe, habe echte Kunst eine weitergehende Bedeutung für den einzelnen wie für die Gesellschaft, die Hultberg zusammenfassend so beschreibt: Kunst wirkt gegen Barbarisierung.
Zum gesamten Komplex Form – Wertung – Trivialliteratur siehe Helmut Kreuzer, *Trivialliteratur als Forschungsproblem. Zur Kritik des deutschen Trivialromans seit der Aufklärung,* in: *DVJS,* 41, 1967, 173 – 191.
Mario Jacoby, *The Analytical Psychology of C. G. Jung and the Problem of Literary Evaluation,* in: *Problems of Literary Evaluation,* ed. by Joseph Strelka, University Park and London 1969, 99 – 128, trägt nichts zur Frage der Wertung bei. Abgehandelt wird Freuds Ästhetik und ihre Umgestaltung durch C. G. Jung.

398 Oskar Walzel, *Gehalt und Gestalt im Kunstwerk des Dichters,* Berlin 1923, 112

399 Emil Ermatinger, *Die deutsche Literaturwissenschaft in der geistigen Bewegung der Gegenwart,* in: *ZfDk,* 1925, 260

400 Werner Mahrholz, *Literaturgeschichte und Literaturwissenschaft* Leipzig [2]1932

401 Ermatinger, a. a. O., 256

402 „Nur wo ein allgemeiner Irrationalismus im Denken vorgebildet ist, kann der politische Irrationalismus als Denktypus Kraft und Gestalt gewinnen." Kurt Sontheimer, *Antidemokratisches Denken in der Weimarer Republik,* München [2]1968, 54

403 Karl Otto Conrady, *Deutsche Literaturwissenschaft und Drittes Reich,* in: *Germanistik – eine deutsche Wissenschaft,* Frankfurt 1967, 88

404 Franz Gress, *Germanistik und Politik. Kritische Beiträge zur Geschichte einer nationalen Wissenschaft,* Stuttgart – Bad Cannstatt 1971, 24/25
Dazu auch: Gunter Reiss, Einleitung zu: Gunter Reiss (Hg.), *Materialien zur Ideologiegeschichte der deutschen Literaturwissenschaft, Bd. 1: Von Scherer bis zum Ersten Weltkrieg,* Tübingen 1973, VII – XLI

405 Conrady, a. a. O., 93

406 Dazu Bernd Urban, *Franz Werfel. Freud und die Psychoanalyse. Zu unveröffentlichten Dokumenten,* in: *DVJS* 47, 1973, 267 – 285

407 Rilkes Verhältnis zur Psychoanalyse wird ausführlich dargestellt bei Erich Simenau *Rainer Maria Rilke. Legende und Mythos,* Frankfurt 1953 (vor allem 115ff.). Simenauer betont zu Recht die wichtige Rolle, die Lou Andreas-Salomé für Rilke als Vermittlerin psychoanalytischer Gedanken spielte. Zu Rilkes Einstellung zur Psychoanalyse schreibt Simenauer: „Ambivalenz ist (. . .) der Grundton seiner eigenen Einstellung zur Psychoanalyse, besser: der Beurteilung ihrer Bedeutung für sein persönliches Leben. So stark war das Gefühl in ihm, daß er selbst ein vom Unbewußten Getriebener war, ein in den dunklen Wurzeln seiner eigenen Seelentiefen Verstrickter, daß er zu dem Eingeständnis sich veranlaßt sah: Mein Leben ist eine lange Rekonvaleszenz, und mit Hinweis auf die Psychoanalyse sagte er: ‚Mir kommt immer noch vor, daß meine Arbeit eigentlich nichts anderes ist als eine derartige Selbsbehandlung.' A. a. O.; 132
Zentral für das psychologische Verständnis Rilkes ist die Rolle seiner Mutter, wie auch Demetz feststellt: „Sophiens geliebter Sohn stand tief unter dem Willen seiner Mutter. Er war es, der ihre Tagträume, ihre verborgene Sehnsucht erfüllte. René lebte als Rainer Maria Rilke alles, was Sophie zu leben versäumt hatte. In seiner Existenz sah sie die Hoffnung erfüllt, die sie vergebens in sich gesetzt hatte. Immer tiefer und inniger verwuchs Rainer Maria mit dem Existenzentwurf, den ihm seine Mutter in frühester Jugend zugedacht hatte, ein kühner Schauspieler ihrer Träume, bis sie ihm endlich mit der Wirklichkeit in eins zusammenflossen." Peter Demetz, *René Rilkes Prager Jahre,* Düsseldorf 1953, 23

408 Hesses Besprechung der *Gesammelten Schriften* Freuds wird zitiert in: *Die psychoanalytische Bewegung* 2, 1930, 510. Vgl. auch Hesses Aufsatz *Künstler und Psychoanalyse,* in: *Almanach für das Jahr 1926,* hg. v. A. J. Storfer, Wien 1926, 34 – 39.

409 Döblin schrieb im *Almanach für das Jahr 1927,* hg. v. A. J. Storfer, Wien 1927, 28 – 39 *Zum 70. Geburtstag Sigmund Freuds.*

410 Vgl. z. B. die anläßlich der Geschichte *Die Amsel* notierten Tagebuchbemerkungen (zitiert bei Elisabeth Albertsen, *Ratio und „Mystik" im Werk Robert Musils,* München 1969, 161); Musils Bemerkungen zu Walters Vorliebe für Fische in *Der Mann ohne Eigenschaften* (Albertsen, a. a. O., 163); weiter deutet Albertsen an, daß Musil die Studie des Psychoanalytikers von Winterstein *Zur Psychoanalyse des Reisens* gekannt haben könnte (a. a. O., 173).
Vgl. zum Thema „Musil und die Psychologie" auch die diesbezüglichen Äußerungen bei Marie-Louise Roth, *Robert Musil, Ethik und Ästhetik. Zum theoretischen Werk des Dichters,* München 1972 (vor allem S. 54 und S. 197/198).

411 Freud im Brief vom 8.2.1920 an Groddeck über *Der Seelensucher:* „Er hat mir gut gefallen. Ich habe mich partienweise köstlich mit ihm unterhalten. Die Vorbilder alter englischer Humoristen sind gut getroffen. In einem Punkt scheint er

uns mit dem unsterblichen Muster eines jeden humoristischen Romans, dem Don Quijote Ähnlichkeit zu haben. Der Held wächst dem Autor unter den Händen zu etwas Ernsterem als ursprünglich beabsichtigt schien. Ihre Gabe plastischer Schilderung, die gar nicht gewöhnlich ist, habe ich besonders an den Szenen in der Eisenbahn bewundert." (Georg Groddeck, *Der Mensch und sein Es,* Wiesbaden 1970, 25f.). Angesichts der Belanglosigkeit des Werkchens und angesichts Freuds ansonsten anspruchsvollerem literarischem Geschmack ein verwunderliches Urteil.

412 Vgl. Freuds Brief vom 29.7.1921 an Groddeck, a. a. O., 44

413 Klaus Wagenbach, *Franz Kafka. Eine Biographie seiner Jugend,* Bern 1958, 140

414 Heinz Politzer, *Das Kafka-Buch,* Hamburg 1965, 110. Politzer formuliert diese These als Frage, die eindeutig zu beantworten ich nicht wagen würde: Die Belege fehlen.

415 Franz Kafka, *Tagebücher 1910 – 1923,* Frankfurt 1951, 294. Die Analyse des „Urteils" Seite 296ff.

416 Vgl. dazu die wichtigen Passagen in *Hochzeitsvorbereitungen auf dem Lande und andere Prosa aus dem Nachlaß,* Frankfurt 1953, 335 und 278: „Es ist keine Freude, sich mit der Psychoanalyse abzugeben, und ich halte mich von ihr möglichst fern, aber sie ist zumindest so existent wie die Generation." (1922)

417 So Walter Muschg, *Freud als Schriftsteller,* in: *Die Zerstörung der deutschen Literatur,* Bern 1956, 336. Zum Thema „Psychoanalyse und Kafka" siehe das sehr gründliche Kapitel über Kafka bei Frederick J. Hoffman, *Freudianism and the Literary Mind,* Baton Rouge 1945

418 Die älteste Arbeit stammt von Hellmuth Kaiser: *Franz Kafkas Inferno. Eine psychologische Deutung seiner Strafphantasie,* in: *Imago* 17, 1931, 41 – 104.
Kafkas Texte lassen sich als Traumtexte auffassen, wie schon Thomas Mann andeutet: „Er (Kafka) war ein Träumer, und seine Dichtungen sind oft ganz und gar im Charakter des Traumes konzipiert und gestaltet; sie ahmen die alogische und beklommene Narretei der Träume, dieser wunderlichen Schattenspiele des Lebens, zum Lachen genau nach." (Zitiert in der Rowohlt-Monographie *Kafka* von Klaus Wagenbach, Reinbek 1964, 144.)
Dem Thema „Kafka and the Dream" hat Selma Fraiberg eine Untersuchung gewidmet, in: W. Phillips (Ed.), *Art and Psychoanalysis,* New York 1957. Ausgehend von der Freudschen Unterscheidung von manifestem und latentem Inhalt im Traum, die auch für Dichtung gilt, kommt sie zu dem Resultat: „Kafkas so-called dream-technique springs from a conception of the dream as a work of art. Kafka explored the aesthetic properties of the dream. He understood the primary relationship between unconscious mental processes and the form and composition of the dream. By taking the dream as his model in his own compositions he achieved the perfect formal conditions for the representation of unconscious experience." (A. a. O., 27).
Die Deutung Kafkascher Texte als Traumtexte erschließt einen neuen Zugang zur Symbolik: „In the dream a metaphor is represented in its literal aspects" (A. a. O., 31) kann auch auf Kafkas Werk übertragen werden: Gregor Samsa z. B. fühlt sich nicht *wie* ein Käfer, sondern ist, bzw. wird ein Käfer.
Die Wechselbeziehungen von Biographie und Symbolik, speziell Tiersymbolik, macht Joachim H. Seyppel zu seinem methodischen Ausgangspunkt (*The animal theme and totemism in Franz Kafka,* in: *American Imago* 13, 1956, 69 – 93). Seyppel sieht in Kafkas Ödipussituation den Schlüssel zum Verständnis; aus ihr resultiert der Todeswunsch – entweder extravertiert gegen den Vater oder intro-

vertiert gegen sich selbst; in Kafkas Fall weist das auf den psychosomatischen Charakter seiner Krankheit: „The metamorphosis of Gregor Samsa alias Franz Kafka alias Georg Bendemann into a vermin represents the introverted death-wish ending with a semisuicide in the case of Gregor (. . .) with a direct suicide in the case of Georg who jumps to his death, and with an indirect suicide in the case of Franz Kafka himself who said to Max Brod, referring to his tuberculosis, that his head had made an appointment with his lungs behind his back. He made his own mind responsible for his eventual mortal infection." (A. a. O., 84)
Von den genannten Arbeiten unterscheidet sich Charles Neider, *The Frozen Sea. A Study of Franz Kafka,* New York 1948, dadurch, daß er sich nicht auf gewisse Teilaspekte beschränkt, sondern eine durchgängige psychoanalytische Interpretation des Gesamtwerks liefern will. Kafkas Werk besteht nach Neider aus einer Vielzahl von Sexualsymbolen, die es lediglich zu entziffern gilt, um den Schlüssel zum Kafka-Verständnis in Händen zu haben. Diesem methodischen Ausschließlichkeitsanspruch werden Neiders Ergebnisse in ihrer Dürftigkeit nicht gerecht.
Zum Thema „Psychoanalytische Interpretation Kafkas" wichtig: Lawrence Ryan, *Zum letztenmal Psychologie! Zur psychologischen Deutbarkeit der Werke Franz Kafka – Tragik und Komik. Zur Struktur seiner Kunst,* München, Wien 1964, und *ster Kolloquium zur modernen deutschen Literatur,* Heidelberg 1971, 157 – 173. (Darin auch Auseinandersetzung mit den Beiträgen Walter Sokels: W. S., *Franz Kafka – Tragik und Komik. Zur Struktur seiner Kunst,* München, Wien 1964 und W. S., *Franz Kafka.* Columbia Essays on Modern Writers 19, New York 1966.)
Mit der Erwähnung dieser Beiträge ist die umfangreiche psychoanalytische Literatur zu Kafka (vor allem in den USA und Frankreich) natürlich keineswegs erschöpft; hier geht es nur darum, die Richtung dieser Kafka-Interpretation anzudeuten.

419 Siehe dazu: Hans Wysling, *Mythos und Psychologie bei Thomas Mann,* Zürich 1969, und vor allem Manfred Dierks, *Thomas Manns Verhältnis zur Psychoanalyse,* in: Manfred Dierks, *Studien zu Mythos und Psychologie bei Thomas Mann. An seinem Nachlaß orientierte Untersuchungen zum „Tod in Venedig", zum „Zauberberg" und zur „Joseph"-Tetralogie,* Bern, München 1972, 127 – 168

420 Wolfgang F. Michael, *Thomas Mann auf dem Weg zu Freud,* in: *Modern Language Notes* 65, 1950, 165 – 171

421 Thomas Mann, *Sämtliche Erzählungen,* Frankfurt 1963, 360. – Eine subtile psychoanalytische Analyse dieser Erzählung gibt Heinz Kohut, *„Tod in Venedig". Über die Desintegration künstlerischer Sublimierung,* in: *The Psychoanalytic Quarterly* 26, 1957, 206ff., jetzt auch in: Alexander Mitscherlich (Hg.), *Psycho-Pathographien I. Schriftsteller und Psychoanalyse,* Frankfurt 1972, 142 – 167

422 Dierks, a. a. O., 129

423 Manfred Dierks, *Thomas Manns psychoanalytischer Priester. Die Rolle der Psychoanalyse im „Zauberberg",* in: Götz Grossklaus (Hg.), *Geistesgeschichtliche Perspektiven. Festgabe für Rudolf Fahrner zu seinem 65. Geburtstag,* Bonn 1969, 238

424 Ich erinnere an die Affinität von Kind und Künstler (Thomas Mann, *Doktor Faustus* Berlin–Frankfurt 1974, 43); an die Darstellung der Regression und des Wiederholungszwanges (a. a. O., 46); zweifellos gibt es weitere Parallelen.

425 Gemeint ist der Privatdozent Dr. Schleppfuß. Hans Mayer, *Thomas Mann. Werk und Entwicklung,* Berlin 1950, 352

426 Vgl. Thomas Mann, *Briefe 1937 – 1947,* hg. v. Erika Mann, Frankfurt 1963, 413

427 Dazu Adèle Bloch, *Archetypal Influences in Thomas Mann's Joseph and his brothers,* in: *Germanic Review* 38, 1963, 151 – 155. Auch: Joachim Schulze, *Traumdeutung und Mythos. Über den Einfluß der Psychoanalyse auf Thomas Manns Josephsroman,* in: *Poetica* II, 1968, 501 – 520
Manfred Dierks meint in seiner zitierten Arbeit: „(. . .) reicht der Einfluß der Psychoanalyse auch in der Zeit häufiger Berufungen auf Freud nie in die Schicht der primären Ideenstrukturen seiner Werke, bleibt selbst im Joseph an der Oberfläche." A. a. O., 228. Dierks' Bemerkung über die Art der Mannschen Psychoanalyse-Adaption halte ich für zutreffend: „Wie so oft fühlte er sich hier in ihm prinzipiell zugängliche Tendenzen ein, die im Meinungsklima der Zeit lagen." A. a. O., 227

428 „Es ist für mich kein Zweifel, daß die bisherige Stifter-Kritik viel zu sinnig und gutmütig war, um ihrem durchaus seltsamen und oft recht unheimlichen Gegenstand gerecht zu werden. Diesen aber nun der strikten psychoanalytischen Methode unterworfen zu sehen, ist auch wieder nicht recht nach meinem Geschmack, nicht weil ich diese Methode pietätlos finde, obgleich freilich das analytische Vokabular in einem krassen und oft komischen Widerspruch zur Bewunderung steht –, sondern weil ich nicht umhin kann, den Gesichtspunkt als einigermaßen eng und doktrinär zu empfinden. Eine solche Kritik erinnert mich an gewisse streng kommunistische Betrachtungen des Geistigen und Dichterischen. Ich möchte die Tiefenpsychologie nicht als allein seligmachend auf alle großen Erscheinungen der Literatur angewandt sehen." Thomas Mann in einem Brief vom 6.12.1947 an den Psychoanalytiker von Winterstein, der eine Adalbert-Stifter-Pathographie verfaßt hatte, in: *Briefe 1937 – 1947,* a. a. O., 573

429 Hesse spricht von „fahnenflüchtigen Philologen, die mit Freuds Grundbegriffen Mißbrauch treiben", in: *Die Neue Rundschau* 41, 1930, 768f.

430 Hofmannthals Äußerungen sind zitiert bei Paul Stöcklein, *Literatursoziologie,* in R. Grimm und C. Wiedemann (Hg.), *Literatur und Geistesgeschichte, Festschrift für Heinz Otto Burger,* Berlin 1968, 420

431 „Die bedeutsamste Rolle für die sozialkritische Aufspaltung der ‚guten alten Zeit' hat die Psychoanalyse von Sigmund Freud gespielt. (. . .) Otto Groß hatte in seinen Münchener Jahren einen Kreis von Anhängern um sich versammelt, die zum größten Teil mit ihm nach Ascona gegangen sind; (. . .) Groß hatte den Plan, in Ascona eine freie Hochschule zu gründen, von der aus er die westliche Zivilisation anzugreifen gedachte, die Zwangsvorstellungen der inneren wie äußeren Autorität, die von dieser getragenen sozialen Bindungen, das Zerrbild einer parasitären Gesellschaftsform, in der zwangsläufig jeder von jedem zu leben genötigt ist, um weiter existieren zu können. (. . .) Aus der heilsamen Explosion, die selbst von der medizinisch-therapeutischen Anwendung der Psychoanalyse in ihren ersten Anfängen ausgelöst worden ist, hätte sich eine revolutionäre Bewegung entwickeln können weit über die engere politische und soziale Zielsetzung hinaus, hätte nicht Freud den opponierenden, weil ungeduldigen Schülern selbst die Tür zugeschlagen mit dem unheilvollen Ausspruch: wir sind Ärzte und wollen Ärzte bleiben." Franz Jung, *Der Weg nach unten,* Neuwied 1961, 71ff.

432 Die Konstellation Führer–ergebenes Gefolge war in dieser Zeit nicht selten, wie Kreuzer bemerkt: „Bohemische wie nicht bohemische ‚Führer' – zum Beispiel Otto Groß, Derleth. George – entschieden für ihre Gefolgschaft auch in Fragen, die nach neuzeitlich-individualistischem Empfinden nur selbstverantwortlich ent-

schieden werden können. (Man denke an das Eheverbot für Gundolf oder Anna Derleth oder an die Eingriffe von Groß in die Liebesverhältnisse seines Kreises, die Trennung und Zuordnung von Paaren gemäß den Postulaten seiner psychoanalytischen Komplex- und Beziehungslehre.)" Helmut Kreuzer, *Die Boheme, Beiträge zu ihrer Beschreibung,* Stuttgart 1968, 186

433 Siehe dazu das zitierte Werk von Helmut Kreuzer. Über Stanislaw Przybyszewski und sein Wirken in der Boheme siehe a. a. O., 123 – 125.
184 wird die Schilderung wiedergegeben, die der Maler Richard Seewald in seiner Autobiographie von Dr. Gösch, einem Psychoanalytiker der Münchner Boheme, gibt.

434 Einen Grund gibt Tobias Brocher an: „Der nationalistische Hintergrund wird im Gegensatz zur kosmopolitischen Orientierung der Literatur als einengende Ursache an zahlreichen Stellen erkennbar." Tobias Brocher, *Die Rezeption Freuds in Deutschland,* in: *Das Nürnberger Gespräch 1966,* Freiburg 1967, 203
Ab 1974 soll erscheinen: Johannes Cremerius/Bernd Urban (Hg.), *Die Literaten und Sigmund Freud. Die Rezeption der Psychoanalyse durch deutschsprachige Dichter und Schriftsteller in der ersten Jahrhunderthälfte,* 2 Bände, Frankfurt.

435 Stefan Zweig, *Eros Matutinus,* in: *Die Welt von gestern. Erinnerungen eines Europäers,* Wien 1952, 70 – 91

436 Victor Klemperer, *LTI. Die unbewältigte Sprache,* München 1969, 108

437 Oskar Walzel, *Gehalt und Gestalt . . .,* a. a. O., 107
Dazu Hermann Glaser, *Eros in der Politik. Eine sozialpathologische Untersuchung,* Köln 1967, 75ff.: *Die Psychoanalyse als Sündenbock.*
Folgenschwer für das Schicksal der Psychoanalyse in Deutschland war vor allem die Polemik Oswald Bumkes, eines Münchner Psychiatrie-Professors: *Die Psychoanalyse und ihre Kinder,* Berlin ²1938. Bumke schreibt unter anderem: „. . . scheint es mir doch geboten, diese ‚Wissenschaft' als das zu entlarven, was sie in Wirklichkeit ist: ein rein dialektischer raffinierter Versuch, den Menschen alle, aber auch alle Ideale zu rauben." (Zitiert nach Brückner/Leithäuser/Kriesel, *Psychoanalyse. Zum 60. Geburtstag von Alexander Mitscherlich,* Frankfurt 1968, 60).
Ebenso ablehnend äußerte sich der Philosoph Jaspers (1946): „Meinem Blick zeigte sich, als ich mich vor Jahrzehnten mit Freud beschäftigte, nur das existenzlose nihilistische Prinzip, das mir gleichzeitig wissenschaftszerstörend und philosophiezerstörend erschien. Später habe ich weder ihn noch seine Anhänger außer in gelegentlichen bestätigenden Stichproben gelesen. Doch von solchen auf den Grund gehenden Wertschätzungen läßt sich schwerlich der andere überzeugen. Ein jeder, der überhaupt sieht, sieht es mit einem Schlage." Brückner/Leithäuser/Kriesel, a. a. O., 92
Dazu die Replik des Schweizer Pfarrers Oskar Pfister, *Karl Jaspers als Sigmund Freuds Widersacher,* in: *Psyche* 6, 1952, 241 – 275

438 S. F., XIV, 105/106

439 S. F., a. a. O., 105. – Über die Parallele zu Platos „Eros" vgl. M. Nachmansohn, *Freuds Libidotheorie verglichen mit der Eroslehre Platos,* in: *Internationale Zeitschrift für Psychoanalyse* 3, 1915, 65 – 83, und: Oskar Pfister, *Plato als Vorläufer der Psychoanalyse,* in: *Internationale Zeitschrift für Psychoanalyse* 7, 1921, 264 – 269

440 S. F., XVII, 51

441 S. F., *Selbstdarstellung,* XIV, 34
442 S. F., II/III, 202/203
443 S. F., XIV, 34
444 Brief vom 16.12.1883, in: S. F., *Briefe 1873 – 1939,* hg. von Ernst L. Freud, Frankfurt 1960, 76
445 Siehe *Traumdeutung,* S. F., II/III, 144. Die zunehmend antisemitische Stimmung in Wien schildert für den Zeitraum 1862 – 1889 Arthur Schnitzler, *Jugend in Wien. Eine Autobiographie,* München 1971. Vgl. auch: Peter G. J. Pulzer, *Die Entstehung des politischen Antisemitismus in Deutschland und Österreich 1867 bis 1914,* Gütersloh 1966
446 S. F., XIV, 109
447 S. F., XIV, 110
448 S. F., XVII, 51
449 S. F. im Brief vom 23.7.1908 in: S. F./Karl Abraham, *Briefe 1907 – 1926,* a. a. O., 57
450 Ernst Simon, *Sigmund Freud, the Jew.* In: *Year Book,* II, London 1957 *(Publications of the Leo Baeck Institute of Jews from Germany),* 301/302
451 A. a. O., 291
452 Simon, a. a. O., 292
453 David Bakan, *Sigmund Freud and the Jewish Mystical Tradition,* New York 1958, 148
454 A. a. O., 151
455 A. a. O., 180
456 Bakan, a. a. O., 247
457 A. a. O., 76
458 A. a. O., 76
459 A. a. O., 77
460 A. a. O., 25
461 A. a. O., 37
462 Wolfgang Kunkel, *Der Professor im 3. Reich,* in: *Die deutsche Universität im 3. Reich. Eine Vortragsreihe der Universität München,* München 1966, 109
463 Klaus Ziegler, *Deutsche Sprach- und Literaturwissenschaft im Dritten Reich,* in: *Deutsches Geistesleben und Nationalsozialismus,* hg. von A. Flitner, Tübingen 1965, 144
464 S. F., XV, 196
465 S. F., XV, 194/195
466 „. . . sind die Musageten der modernen Reaktion, wie Schopenhauer und Wagner Nietzsche und Freud, Heidegger und Klages, nicht zufällig ausnahmslos Deutsche internationale Führer in einem viel größeren Stil als die reaktionären Ideologen anderer Nationen.“ Georg Lukáçs, *Faust und Faustus. Ausgewählte Schriften,* II. Neuwied 1967, 277; vgl. auch 251
467 Vgl. dazu *Kritik des Neo-Freudianischen Revisionismus,* bei Herbert Marcuse, *Triebstruktur und Gesellschaft,* Frankfurt 1968, 234ff.
468 S. F. XIV, 107/108
469 So Wolfgang Fritz Haug, *Der hilflose Antifaschismus,* Frankfurt 1968, 122
470 Karl Jaspers, *Kleine Schule des philosophischen Denkens,* München 1965, 107. Der folgende Satz bei Japers fällt aus der Logik der Argumentation heraus, er läßt sich nur mit der Absicht der Diffamierung erklären: „1933 sagte mir ein da-

mals prominenter Psychoanalytiker: Hitlers Tat ist der größte psychotherapeutische Akte der Geschichte."

471 Erich Fromm, *Sigmund Freuds Sendung,* Frankfurt, Berlin 1961, 141f.

472 David Riesman, *Freud und die Psychoanalyse,* Frankfurt 1964, 42ff.

473 Herbert Marcuse, a. a. O., 146f.

474 Zum Thema Psychoanalyse und Marxismus: Reuben Osborn, *Freud and Marx,* London 1937. (Neuauflage Frankfurt 1971). Als Zitatensammlung nützlich ist Dieter Wyss, *Marx und Freud. Ihr Verhältnis zur modernen Anthropologie,* Göttingen 1969. Die Auseinandersetzung zwischen Marxisten und Freudianern, die in Europa vor allem in den 20er Jahren geführt wurde, ist jetzt gut dokumentiert bei Hans-Peter Gente (Hg.), *Psychoanalyse und Marxismus*, Frankfurt 1970, und Hans Jörg Sandkühler (Hg.), *Psychoanalyse und Marxismus. Dokumentation einer Kontroverse,* Frankfurt 1970. In dem letztgenannten Band, der Aufsätze von Bernfeld, Reich, Jurinetz, Sapir und Stoljarov vereint, findet sich auch eine umfangreiche Bibliographie zum Thema.

Einen freieren, unorthodoxen Zugang zu Freuds Erkenntnissen haben die Neomarxisten. Paul A. Baran schreibt in seinem Buch *Unterdrückung und Fortschritt,* Frankfurt 1966, 78/79: „Obschon Freuds Grundanschauungen nicht gänzlich frei von irrationalistischen Momenten sind, so ist sein Werk doch alles andere eher als ein Versuch, Irrationalismus zu etablieren. (. . .) Keinesfalls hat Freud behauptet, das Irrationale sei ein Elementarphänomen, dem man durch wissenschaftliche Analyse nicht beikommen könne: Im Gegenteil: die zentrale Absicht seines Werkes ist es, die irrationalen Antriebe menschlichen Handelns rational aufzuschließen und zu erläutern. (. . .) Es gehört daher – und man sollte es nicht betonen müssen – zu den obersten Aufgaben der marxistischen Theorie, Freuds Arbeit da wieder aufzunehmen, wo er sie selbst liegen ließ, und seine Hinweise einer neuen Theorie des menschlichen Handelns sinnvoll zu integrieren." So auch Reimut Reiche, der in seinem Buch *Sexualität und Klassenkampf. Zur Abwehr repressiver Entsublimierung,* Frankfurt 1969, als Ziel formulierte:

„Die aktuelle Aufgabe der Psychoanalyse beginnt gerade dort, wo heute Politiker gleichermaßen deren Erkenntnisschranke setzen: an der Bestimmung des Dreierverhältnisses von sozioökonomischer Organisationsform, kulturellem Ausdruck und kultureller Verfestigung dieser Organisationsform und der individuellen Weise, auf beide zu reagieren, sich in sie einzupassen oder sie zu verändern." (23)

Eine Kritik psychoanalytischer Gedanken von links tragen die Autoren Peter Brückner, Thomas Leithäuser und Werner Kriesel vor: *Psychoanalyse. Zum 60. Geburtstag von Alexander Mitscherlich,* Frankfurt 1968, sowie Michael Schneider, *Neurose und Klassenkampf. Materialistische Kritik und Versuch einer emanzipativen Neubegründung der Psychoanalyse,* Reinbek 1973.

Ganz anders die Situation in der DDR. Pawlow, gepriesenes Beispiel materialistischer, das heißt auf physiologischer Grundlage basierender Psychologie, beherrscht die Diskussion. So wird in der einzigen mir bekannten Auseinandersetzung mit Sigmund Freud aus der DDR Freud ständig an der Autorität Pawlow gemessen. Der Autor, ein ehemaliger Freudianer, schwankt zwischen Hochachtung für die Persönlichkeit und die Leistungen Freuds und zwischen Zurückweisung der Psychoanalyse als „unwissenschaftlich-spekulativ". Mit einem Wort: Freud kannte Pawlow nicht. Entstanden ist die Abhandlung anläßlich von Freuds 100. Geburtstag im Jahr 1956: Alexander Mette, *Sigmund Freud. Mit einem Anhang: Von Freud zu Pawlow,* Berlin (DDR) ^{3}1958

475 1921 relativiert Freud in der Einleitung zu *Massenpsychologie und Ich-Analyse* den Unterschied zwischen Individual- und Sozialpsychologie: „Die Individualpsychologie ist zwar auf den einzelnen Menschen eingestellt und verfolgt, auf welchen Wegen derselbe die Befriedigung seiner Triebregungen zu erreichen sucht, allein sie kommt dabei nur selten, unter bestimmten Ausnahmebedingungen, in die Lage, von den Beziehungen dieses Einzelnen zu anderen Individuen abzusehen. Im Seelenleben des Einzelnen kommt ganz regelmäßig der Andere als Vorbild, als Objekt, als Helfer und als Gegner in Betracht und die Individualpsychologie ist daher von Anfang an auch gleichzeitig Sozialpsychologie in diesem erweiterten und durchaus berechtigten Sinne." S. F., XIII, 73

476 Ich verweise auf die letzte in Deutschland erschienene Arbeit von Fromm, die unter dem Titel *Analytische Sozialpsychologie und Gesellschaftstheorie* Aufsätze aus den Jahren 1932 bis 1970 vereint (Frankfurt 1971).

477 Alexander Mitscherlich, in: *Porträts zur deutschjüdischen Geistesgeschichte,* hg. v. Thilo Koch, Köln 1961, 253

478 Peter Brückner, *Sigmund Freuds Privatlektüre* in: *Psyche* 15, 1962, 881/882. Typisch dafür sind beispielsweise die Bemerkungen des an der Universität München lehrenden Psychologen Albert Görres in seinem Buch *Methode und Erfahrung der Psychoanalyse,* München 1958, 20, wo die Psychoanalyse im Sinne eines katholischen Existenzialismus umgedeutet wird. Görres empfiehlt, die Psychologie Freuds „aus ihren philosophischen Voraussetzungen (. . .) zu lösen (. . .) und den reellen Gehalt an Methoden, Erfahrungen und Theorien zu prüfen".
Vgl. auch den Aufsatz *Heilung und Heil. Zur Kritik der Psychoanalyse* in Görres Buch *An den Grenzen der Psychoanalyse,* München 1968.
Auch bei Romano Guardini, der sich 1956 anläßlich des 100. Geburtstags von Freud um Aufgeschlossenheit und Gerechtigkeit gegenüber Freud bemüht, kehren theologisch-idealistische Bedenken wieder:
„Im Menschen gibt es nicht nur Physis und Psyche, sondern auch den Geist. Nicht den isolierten, aus sich und für sich allein tätigen: immer ist er Geist des Menschen, in jedem Akt wie in jedem Ergebnis mit dem Physisch-Psychischen verbunden. (. . .) Phänomene wie (. . .) die griechische Plastik, das Römische Recht, die gotische Kathedrale, Dantes Göttliche Komödie, die Musik von J. S. Bach, die Relativitätstheorie, gar die in der Einsamkeit des Gewissens vollzogene ethische Entscheidung – alle diese Gegebenheiten, die Werke selbst wie die sie tragenden Akte enthalten Anderes, als ein bloßer psychologischer Ablauf enthält. Und zwar qualitativ Anderes. Es nicht zu sehen, bedeutet Phänomenblindheit.
Dieses Andere, Andersartige liegt einmal im Wesensgehalt dessen, was da hervorgebracht wird; in der Gültigkeit des Wahren, im Verpflichtungscharakter des Guten, in der Autorität des Gesetzes, in der inneren Freiheit der künstlerischen Form usf. Darin bezeugt sich etwas, das im eigenen Sinn begründet ist, absoluten Anspruch erhebt und niemals von Funktionen irgendwelcher Art, seien es psychische oder physische, abgeleitet werden kann. Der Sinn dieser Gebilde liegt in ihrer eigenen Hoheit; niemals in den körperlich-seelischen Mechanismen, die bei ihrer Hervorbringung in Gang kommen, oder in den ökonomischen, hygienischen, sozialen usw. Funktionen, die von ihnen ausgeübt werden.
Das Andersartige des Geistigen besteht zweitens in der Eigenart des Vorgangs als solchem. Die Akte, welche die wissenschaftliche Erkenntnis, das künstlerische Werk, die Ordnung des Rechts, die personale Beziehung, die sittliche Stel-

lungnahme hervorbringen, haben jenen Charakter, den Kant ‚apriorisch' genannt hat; den man aber richtiger als ein Angerufensein durch das Absolute bezeichnet, und der nur in personaler Freiheit verwirklicht werden kann." Romano Guardini, *Philosophische Anmerkungen zu Sigmund Freuds Psychologie,* in: *Sigmund Freud. Gedenkfeier zur 100. Wiederkehr seines Geburtstages am 7. Juli 1956,* München 1956, 31/32

479 Oft kurzschlüssiger Art: Der Freud- und Wilhelm Reich-Euphorie folgte die Enttäuschung auf dem Fuße: „Die kritische Rezeption Wilhelm Reichs, Freuds und der psychoanalytischen Literatur der 20er Jahre, die allmählich durch Raubdrucke zugänglich wurde, erbrachte keine Perspektive für eine politisch sinnvolle Arbeit von Psychologen. Das galt umso radikaler, desto deutlicher es wurde, daß deren Theorie in der Unterstützung von Klassenkämpfen und einer Reorganisation der Arbeiterbewegung hätte praktisch werden müssen. Aus dem Gestrüpp des historischen Streits zwischen Marxismus und Psychoanalyse eine Theorie für sozialistische Psychologen zu entwickeln, mußte auch deshalb vage bleiben, weil die Ausarbeitung einer materialistischen Grundlage, von der aus die idealistischen Überwucherungen hätten gereinigt werden können, fehlte." So Bernhard Wilhelmer, *Zur konkreten Negation der herrschenden Psychologie,* in: Jürgen Klüver/F. O. Wolf (Hg.), *Wissenschaftskritik und sozialistische Praxis. Konsequenzen aus der Studentenbewegung,* Stuttgart 1971, 106. Alle Beiträge des Bandes sind aufschlußreich für die Bewertung der Kritischen Theorie, der idealistischen Momente angelastet werden; zum anderen für die stark neo-orthodoxe Wendung, die diese Konsequenzen aus der Studentenbewegung genommen haben.

480 Worüber nicht vergessen werden soll, daß gerade in der Psychiatrie die Ablehnung der Psychoanalyse die Anerkennung immer noch bei weitem überwiegt; hierauf wird in dem Beitrag *Wissenschaftliche Entwicklung als politischer Prozeß* in Brückner/Leithäuser/Kriesel, *Psychoanalyse. Zum 60. Geburtstag von A. Mitscherlich,* Frankfurt 1968, 93/94 hingewiesen.

481 Beispiele: Erich Simenauer, *Rainer Maria Rilke. Legende und Mythos,* Frankfurt 1953. Gerhard Schmidt, *Die Krankheit zum Tode, Goethes Todesneurose,* Stuttgart 1968. Peter Dettmering, *Dichtung und Psychoanalyse. Thomas Mann – Rainer Maria Rilke – Richard Wagner,* München 1969

482 Ernst Robert Curtius, *Europäische Literatur und lateinisches Mittelalter,* Bern [7]1969, 9; siehe auch S. 112 und 132

483 Hugo Kuhn, *Parzival,* in: *DVJS* 30, 1956, 161 – 201, hier 178

484 Gottfried Diener, *Fausts Weg zu Helena. Urphänomen und Archetypus,* Stuttgart 1961, 17/18

485 A. a. O., 18

486 Gottfried Diener, *Pandora. Zu Goethes Metaphorik,* Homburg, Berlin, Zürich 1968, 66

487 Gottfried Diener, *Goethes „Lila". Heilung eines „Wahnsinns" durch „psychische Kur",* Frankfurt 1971

488 Jost Hermand, *Synthetisches Interpretieren. Zur Methodik der Literaturwissenschaft,* München 1968, 90/91

489 Michael Kaiser, *Adalbert Stifter. Eine literaturpsychologische Untersuchung seiner Erzählungen,* Bonn 1971, 7

490 A. a. O., 19

491 Winfried Georg Sebald, *Carl Sternheim. Kritiker und Opfer der Wilhelminischen Ära,* Stuttgart 1969

492 Robert Minder, *Jean Paul in Frankreich,* in: R. M., *Acht Essays zur Literatur,* Hamburg 1969, 151

493 Zum folgenden siehe auch meine Rezension des Buches von Sebald in: *Frankfurter Hefte* 10, 1971, 775 – 779

494 Das gilt auch angesichts des ambitionierten Versuchs von Norbert Groeben, *Literaturpsychologie. Literaturwissenschaft zwischen Hermeneutik und Empirie,* Stuttgart 1972

495 Als Beispiel Michael Pehlke in: Jürgen Kolbe (Hg.), *Ansichten einer künftigen Germanistik,* München 1969, 41

496 Klaus Peter hat versucht, mit Hilfe der Gesellschaftstheorien Freuds und Herbert Marcuses sowie des Buches *Die Liebe und das Abendland* von Denis de Rougemont den *Tristan* neu zu deuten. Die *Utopie des Glücks* – so der Titel des Aufsatzes – sieht Peter aufs engste mit dem jeweiligen Gesellschaftszustand verbunden, bzw. ihm antithetisch entgegengesetzt.
Rainer Gruenter hat Peters Aufsatz zwar in *Euphorion* aufgenommen, ihn aber mit Vorbemerkungen versehen, die mir bezeichnend scheinen: „Der Euphorion hat im letzten Jahrzehnt der Gotfrid-Forschung, der er zahlreiche Beiträge verdankt, besondere Aufmerksamkeit gewidmet. Wenn wir den ‚neuen Versuch' einer Deutung von Klaus Peter veröffentlichen, so rechnen wir mit Widerspruch. Peters Thesen und Argumente zu widerlegen, die das vielberedete Minne-Problem in Gotfrids ‚Tristan' nicht zuletzt durch Sigmund Freuds heute so überschätzte kulturphilosophische Theorien in seinem Essay ‚Das Unbehagen in der Kultur' lösen möchten, sollte jedem historisch Geschulten nicht schwerfallen. Die Verständnishilfen, die Peter bei dem Modephilosophen der jüngsten marxistischen Kulturkritik sucht, werden manchem abwegig erscheinen, ja ärgerlich sein. Dennoch enthält Peters ‚neuer Versuch', Gedanken genug, die zu prüfen sich lohnt, auch wenn sie dieser Prüfung nicht standhalten. Vor allem liegt uns daran, die Mediävisten – und nicht nur sie – zu bewegen, das Werk des bedeutenden Essayisten Denis de Rougemont zur Kenntnis zu nehmen, dessen Studien zum ‚Mythos' der abendländischen Liebe stärkere Beachtung als bisher verdienen." Klaus Peter, *Die Utopie des Glücks. Ein neuer Versuch über Gottfried von Straßburg,* in: *Euphorion* 62, 1968, 317 – 344, hier 317.

BIBLIOGRAPHIE

Abraham, Karl: Traum und Mythus, Leipzig, Wien 1909
Adler, Alfred: Praxis und Theorie der Individualpsychologie, München, Wiesbaden 1920
ders.: Studie über Minderwertigkeit von Organen, München 1927
ders.: Menschenkenntnis, Leipzig 1927
ders.: Die Technik der Individualpsychologie, Berlin 1928
ders.: Über den nervösen Charakter, München [4]1928
Adorno, Theodor W.: Ästhetische Theorie, Frankfurt 1973
Albertsen, Elisabeth: Ratio und „Mystik" im Werk Robert Musils, München 1969
Andreas-Salomé, Lou: In der Schule bei Freud. Tagebuch eines Jahres 1912/13, Zürich 1958
Apel, Karl-Otto: Szientistik, Hermeneutik, Ideologiekritik. Entwurf einer Wissenschaftslehre in erkenntnisanthropologischer Sicht, in: Wiener Jahrbuch für Philosophie 1 (1968), 15 – 45
Aulhorn, Edith: Dichtung und Psychoanalyse, in: GRM 10 (1922), 273 – 279
Baily, Percival: Sigmund the Unserene, Springfield, Ill. 1965.
Bakan, David: Sigmund Freud and the Jewish Mystical Tradition, New York 1958
Balmer, Heinrich H.: Die Archetypentheorie von C. G. Jung. Eine Kritik, Berlin, Heidelberg, New York 1972
Baran, Paul A.: Unterdrückung und Fortschritt, Frankfurt 1966
Béguin, Albert: L'âme romantique et le rêve, Marseille 1937
Behaghel, Otto: Bewußtes und Unbewußtes im dichterischen Schaffen, Leipzig 1907
Beharriell, Frederick J.: Schnitzler, Freuds Doppelgänger, in: Literatur und Kritik 19 (1967), 546 – 555
Beit, Hedwig von: Symbolik des Märchens, Bd. 1 – 3, Bern [2]1960 – 1965
Benda, Oskar: Der gegenwärtige Stand der deutschen Literaturwissenschaft, Wien 1928
Berger, Alfred von: Chirurgie der Seele, in: Wiener Morgenpresse, 2.2.1896, teilweise abgedruckt in: Die psychoanalytische Bewegung 4 (1932), 73 – 76
Berghahn, Wilfried: Robert Musil in Selbstzeugnissen und Bilddokumenten, Reinbek 1967
Beutin, Wolfgang (Hg.): Literatur und Psychoanalyse. Ansätze zu einer psychoanalytischen Textinterpretation, München 1972
Binswanger, Ludwig: Erfahren, Verstehen, Deuten in der Psychoanalyse, in: Imago 12 (1926), 223 – 237
ders.: Erinnerungen an Sigmund Freud, Bern 1956
ders.: Mein Weg zu Freud, in: Freud in der Gegenwart. Vortragszyklus der Universitäten Frankfurt und Heidelberg zum 100. Geburtstag, Frankfurt 1957, 207 – 225
Bloch, Adèle: Archetypal Influences in Thomas Mann's Joseph and his brothers, in: Germanic Review 38 (1963), 151 – 155
Bloch, Ernst: Das Prinzip Hoffnung, Frankfurt 1959
ders.: Zerstörung, Rettung des Mythos durch Licht, in: Literarische Aufsätze, Frankfurt 1965, 338 – 347
Blüher, Hans: Niels Lyhne von J. P. Jakobsen und das Problem der Bisexualität, in: Imago 1 (1912), 386 – 400
Brill, A. A.: Über Dichtung und orale Befriedigung, in: Imago 19, 145 – 167
Brinkmann, Donald: Romantik und Tiefenpsychologie, in: Universitas 9 (1954), 749 – 754
Brocher, Tobias: Die Rezeption Freuds in Deutschland, in: Das Nürnberger Gespräch 1966 – Aufklärung heute – Probleme der deutschen Gesellschaft, hg. v. Hermann Glaser, Freiburg 1967, 205 – 217
Brome, Vincent: Sigmund Freud und sein Kreis. Wege und Irrwege der Psychoanalyse, München 1969

Brückner, Peter: Sigmund Freuds Privatlektüre, in: Psyche 15 (1962), 881 – 902; Psyche 16 (1963), 721 – 743, 881 – 895

ders., Leithäuser, Thomas, Kriesel, Werner: Psychoanalyse. Zum 60. Geburtstag von Alexander Mitscherlich, Frankfurt 1968

Bürger-Prinz, Hans: Ein Psychiater berichtet, Hamburg 1971

Bumke, Oswald: Die Psychoanalyse und ihre Kinder. Eine Auseinandersetzung mit Freud, Adler und Jung, Berlin ²1938

Burke, Kenneth: Die Rhetorik in Hitlers „Mein Kampf" und andere Essays zur Strategie der Überredung, Frankfurt 1967

Carus, Carl Gustav: Psyche. 1846 – 1860, ed. Ludwig Klages, Jena 1926

Cassirer Bernfeld, Suzanne: Freud and Archeology, in: The American Imago 8 (1951), 107 – 128

Cohen, H.: Mythologische Vorstellungen von Gott und Seele, 1868 und 1869

Cremerius, Johannes (Hg.): Neurose und Genialität, Frankfurt 1971

Curtius, Ernst Robert: Europäische Literatur und lateinisches Mittelalter, Bern 1948

Cysarz, Herbert: Literaturgeschichte als Geisteswissenschaft. Kritik und System, Halle 1926

Dehorn, Walter: Psychoanalyse und neuere Dichtung, in: The Germanic Review 7 (1932), 245 – 261, 330 – 358; wieder in: Urban, Bernd (Hg.): Psychoanalyse und Literaturwissenschaft, Tübingen 1973, 177 – 219

Demetz, Peter: René Rilkes Prager Jahre, Düsseldorf 1953

Dettmering, Peter: Dichtung und Psychoanalyse. Thomas Mann – Rainer Maria Rilke – Richard Wagner, München 1969

Deutsch, Helene: Freud and his Pupils. A footnote to the history of the psychoanalytic Movement, in: The Psychoanalytic Quarterly 9 (1940), 184 – 194

Diener, Gottfried: Fausts Weg zu Helena. Urphänomen und Archetypus, Stuttgart 1961

ders.: Pandora. Zu Goethes Metaphorik, Homburg, Berlin, Zürich 1968

ders.: Goethes „Lila". Heilung eines „Wahnsinns" durch „psychische Kur", Frankfurt 1971

Dierks, Manfred: Thomas Manns psychoanalytischer Priester. Die Rolle der Psychoanalyse im „Zauberberg", in: Grossklaus, Götz (Hg.): Geistesgeschichtliche Perspektiven. Festgabe für Rudolf Fahrner zu seinem 65. Geburtstag, Bonn 1969, 227 – 240

ders.: Studien zu Mythos und Psychologie bei Thomas Mann. An seinem Nachlaß orientierte Untersuchungen zum „Tod in Venedig", zum „Zauberberg" und zur „Joseph"-Tetralogie, Bern, München 1972

Dilthey, Wilhelm: Ideen über eine beschreibende und eine zergliedernde Psychologie, in: Gesammelte Schriften, Bd. 5, Leipzig, Berlin 1924

ders.: Dichterische Einbildungskraft und Wahnsinn, in: Gesammelte Schriften, Bd. 6, Leipzig, Berlin 1924

ders.: Das Erlebnis und die Dichtung, Göttingen ¹²1950

Dimitrov, Christo, Jablenski, Assen: Nietzsche und Freud, in: Zeitschrift für psychosomatische Medizin und Psychoanalyse 13 (1967), 282 – 298

Döblin, Alfred: Zum 70. Geburtstag Sigmund Freuds, in: Almanach für das Jahr 1927, hg. v. A. J. Storfer, Wien 1927, 28 – 39

Dorer, Maria: Historische Grundlagen der Psychoanalyse, Leipzig 1932

Eissler, Kurt R.: An Unknown Autobiographical Letter by Freud and a short Comment, in: International Journal of Psychoanalysis 32, (1951), 319 – 324

ders.: Goethe. A Psychoanalytic Study, Bd. 1., 2., Detroit 1963

ders.: The Relation of Explaining and Understanding in Psychoanalysis. Demonstrated by One Aspect of Freud's Approach to Literature, in: The Psychoanalytic Study of the Child 23 (1968), 141 – 177

Ellenberger, Henri F.: The Discovery of the Unconscious, New York 1970
Emrich, Wilhelm: Das Problem der Symbolinterpretation im Hinblick auf Goethes „Wanderjahre“, in: DVJS 26 (1952), 331 – 352
ders.: Symbolinterpretation und Mythenforschung. Möglichkeiten und Grenzen eines neuen Goetheverständnisses, in: Euphorion 47 (1953), 38 – 67
Ermatinger, Emil: Das dichterische Kunstwerk, Leipzig 1921
ders.: Die deutsche Literaturwissenschaft in der geistigen Bewegung der Gegenwart, in: Zeitschrift für Deutschkunde, 1925, 241 – 261
ders. (Hg.): Philosophie der Literaturwissenschaft, Berlin 1930
Eysenk, Hans Jürgen: Woran krankt die Psychoanalyse? Versuch einer Kritik, in: Der Monat 8 (1956), Heft 88, 19 – 28
Fechner, Gustav Theodor: Vorschule der Ästhetik, Tl. 1.2., 1876, Leipzig ^{3}1925
Frenzel, Elisabeth: Stoff-, Motiv- und Symbolforschung, Stuttgart ^{2}1966
Freud, Sigmund: Gesammelte Werke. Chronologisch geordnet. Unter Mitwirkung von Marie Bonaparte hg. v. Anna Freud (u. a.), Bd. 1 – 18, [fotomechanischer Nachdruck der Ausgabe London 1940 – 1951], Frankfurt
ders.: Studienausgabe, hg. v. A. Mitscherlich, A. Richards, J. Strachey, Bd. 10, Frankfurt 1969
ders.: Einleitung zu: Thomas Woodrow Wilson. Eine psychologische Studie (1930), in: Cremerius, Johannes (Hg.): Neurose und Genialität, Frankfurt 1971, 31ff.
ders.: Briefe 1873 – 1939, hg. v. Ernst L. Freud, Frankfurt 1960; 2. um 17 Briefe erweiterte Auflage, hg. v. Ernst L. Freud und Lucie Freud, Frankfurt 1968
ders.: Aus den Anfängen der Psychoanalyse. Briefe an Wilhelm Fließ. Abhandlungen und Notizen aus den Jahren 1887 bis 1902, hg. v. Marie Bonaparte, Anna Freud und Ernst Kris, Frankfurt 1962
ders., Abraham, Karl: Briefe 1907 – 1926, hg. v. Hilda C. Abraham und Ernst L. Freud, Frankfurt 1965
ders., Andreas-Salomé, Lou: Briefwechsel, hg. v. Ernst Pfeiffer, Frankfurt 1966
ders., Pfister, Oskar: Briefe 1909 – 1939, hg. v. Ernst L. Freud und Heinrich Meng, Frankfurt 1963
ders., Zweig, Arnold: Briefwechsel, hg. v. Ernst L. Freud, Frankfurt 1968
Frey-Rohn, Liliane: Von Freud zu Jung. Eine vergleichende Studie zur Psychologie des Unbewußten, Zürich, Stuttgart 1969
Fromm, Erich: Sigmund Freuds Sendung, Frankfurt, Berlin 1961
ders.: Analytische Sozialpsychologie und Gesellschaftstheorie, Frankfurt 1971
Gente, Hans-Peter (Hg.): Psychoanalyse und Marxismus, Frankfurt 1970
Germanistik – eine deutsche Wissenschaft. Beiträge von E. Lämmert, W. Killy, K. O. Conrady, P. v. Polenz, Frankfurt 1967
Glaser, Hermann: Eros in der Politik. Eine sozialpathologische Untersuchung, Köln 1967
Glover, Edward: Freud or Jung, London 1950
Görres, Albert: Methode und Erfahrung der Psychoanalyse, München 1958
ders.: An den Grenzen der Psychoanalyse, München 1968
Gombrich, Ernst H.: Freuds Ästhetik, in: Literatur und Kritik 19 (1967), 511 – 528
Gorsen, Peter: Das Bild Pygmalions, Reinbek 1969
Gress, Franz: Germanistik und Politik. Kritische Beiträge zur Geschichte einer nationalen Wissenschaft, Stuttgart – Bad Cannstatt 1971
Grillparzer, Franz: Sämtliche Werke, hg. v. August Sauer und Reinhold Backmann, Bd. 10, Wien 1932

Groddeck, Georg: Der Mensch und sein Es, Hg. v. Margaretha Honegger, Wiesbaden 1970
Groeben, Norbert: Literaturpsychologie. Literaturwissenschaft zwischen Hermeneutik und Empirie, Stuttgart 1972
Grolman, Adolf von: Literaturwissenschaft und Psychoanalyse, aus: Literarische Betrachtung. Beiträge zur Praxis der Anschauung von Künstlerschicksal und Kunstform, Berlin 1930, 77 – 94; wieder in: Urban, Bernd (Hg.): Psychoanalyse und Literaturwissenschaft, Tübingen 1973, 137 – 155
Guardini, Romano: Philosophische Anmerkungen zu Sigmund Freuds Psychologie, in: Sigmund Freud. Gedenkfeier zur 100. Wiederkehr seines Geburtstages am 7. Juli 1956, München 1956, 25 – 37
Habermas, Jürgen: Der deutsche Idealismus der jüdischen Philosophen, in: Koch, Thilo (Hg.), Porträts zur deutsch-jüdischen Geistesgeschichte, Köln 1961, 99 – 125
ders.: Erkenntnis und Interesse, Frankfurt 1968
Hamann, Richard, Hermand, Jost: Deutsche Kunst und Kultur von der Gründerzeit bis zum Expressionismus, Bd. 2: Naturalismus, Berlin 1968
Harnik, J.: Psychoanalytisches aus und über Goethes „Wahlverwandtschaften", in: Imago 1 (1912), 507 – 518
Hartmann, Heinz: Die Grundlagen der Psychoanalyse, Leipzig 1927
Haseloff, Otto Walter: Psychoanalyse im Wechselbad, in: Der Monat 8 (1956), Heft 92, 85 – 91
Haug, Wolfgang Fritz: Der hilflose Antifaschismus. Zur Kritik der Vorlesungsreihen über Wissenschaft und NS an deutschen Universitäten, Frankfurt 1968
Hauser, Arnold: Philosophie der Kunstgeschichte, München 1958
ders.: Sozialgeschichte der Kunst und Literatur, München 1967
Hering, Robert: Der Prosahymnus „Die Natur" und sein Verfasser, in: Jahrbuch der Goethe-Gesellschaft 13 (1927), 138 – 156
Heringer, Alexander: Goethe und Freud, in: Die psychoanalytische Bewegung 3 (1931), 19 – 31
Hermand, Jost: Spittelers Imago. Über das Verhältnis von Dichtung und Psychoanalyse, in: GRM 36 (1955), 223 – 234
ders.: Literaturwissenschaft und Kunstwissenschaft. Methodische Wechselbeziehungen seit 1900, Stuttgart 1965
ders.: Synthetisches Interpretieren. Zur Methodik der Literaturwissenschaft, München 1968
ders.: Die Regression zum zeichnerischen Ausdruck bei Goethe, in: Imago 10 (1924), 431 – 433
Hesse, Hermann: Künstler und Psychoanalyse, in: Almanach für das Jahr 1926, hg. v. A. J. Storfer, Wien 1926, 34 – 39
Hinrichsen, Otto: Zur Psychologie und Psychopathologie des Dichters, Wiesbaden 1911
Hitschmann, Eduard: Schopenhauer. Versuch einer Psychoanalyse des Philosophen, in: Imago 2 (1913), 101 – 174
ders.: Goethe als Vatersymbol, in: Intern. Zeitschrift für Psychoanalyse 1 (1913), 569 – 570
ders.: Eckermann über Goethe und Träume, in: Internationale Zeitschrift für Psychoanalyse 1 (1913), 273
ders.: Über Träume Gottfried Kellers, in: Intern. Zeitschrift für Psychoanalyse 2 (1914), 41 – 42
ders.: Gottfried Keller, in: Imago 4 (1916), 223 – 247; 274 – 316

ders.: Gottfried Keller, Wien 1919
ders.: Psychoanalytisches zur Persönlichkeit Goethes, Wien 1932
Hochheimer, Wolfgang: Psychologie und Psychoanalyse. Zur „wissenschaftlichen" Kritik in der Psychologie, in: Der Monat 8 (1956), Heft 93, 75 – 81
Hoffman, Frederick J.: Freudianism and the Literary Mind, Baton Rouge 1945
Honegger, Margaretha (Hg.): Georg Groddeck. Der Mensch und sein Es, Wiesbaden 1970
Huch, Ricarda: Die Romantik, Leipzig$^{6/7}$, 1920
Huizinga, Johan: Homo Ludens. Vom Ursprung der Kultur im Spiel, Reinbek 1965
Hultberg, Helge: Eine instrumentale Werttheorie, in: Orbis Litterarum 21 (1966), 39 – 48
Jacobi, Jolande: Die Psychologie von C. G. Jung, Zürich 1940
dies.: Komplex, Archetypus, Symbol, Zürich 1945
Jacoby, Mario: The Analytical Psychology of C. G. Jung and the Problem of Literary Evaluation, in: Problems of Literary Evaluation, ed. by Joseph Strelka, University Park and London 1969, 99 – 128
Jaffé, Aniela: Bilder und Symbole aus E. T. A. Hoffmanns Märchen „Der gold'ne Topf", in: C. G. Jung: Gestaltungen des Unbewußten, Zürich 1950, 239 – 593
Jaffé, Aniela: Aus Leben und Werkstatt von C. G. Jung. Parapsychologie, Alchemie, Nationalsozialismus, Erinnerungen aus den letzten Jahren, Zürich 1968
Jaspers, Karl: Strindberg und Van Gogh. Versuch einer pathographischen Analyse unter vergleichender Heranziehung von Swedenborg und Hölderlin, Bremen ^{3}1949
Jens, Walter: Freuds Briefe, in: Zueignungen. 11 literarische Porträts, München 1962, 63 – 68
Jones, Ernest: On „Dying together", with special reference to Heinrich von Kleist's Suicide, in: Intern. Zeitschrift für Psychoanalyse 1 (1913), 563 – 567
Jung, Carl Gustav: Zur Psychoanalyse, in: Wissen und Leben 5 (1912)
ders.: Wandlungen und Symbole der Libido, Leipzig, Wien 1912
ders.: Vorwort zu Kranefeldt, W. M.: Die Psychoanalyse; psychoanalytische Psychologie, Berlin, Leipzig 1930
ders.: Psychologie und Dichtung, in: Ermatinger, Emil (Hg.): Philosophie der Literaturwissenschaft, Berlin 1930
ders.: Seelenprobleme der Gegenwart, Zürich 1931
ders.: Von den Wurzeln des Bewußtseins, Zürich 1954
ders.: Sigmund Freud, in: Gesammelte Werke Bd. 15, 53 – 62
ders.: Psychologische Typen, Zürich, Stuttgart ^{6}1960
ders.: Erinnerungen, Träume und Gedanken von C. G. Jung, aufgezeichnet und herausgegeben von A. Jaffé, Zürich, Stuttgart 1963
Jung, Franz: Der Weg nach unten, Neuwied 1961
Kafka, Franz: Tagebücher 1910 – 1923, Frankfurt 1951
ders.: Hochzeitsvorbereitungen auf dem Lande und andere Prosa aus dem Nachlaß, Frankfurt 1953
Kainz, Friedrich: Literaturwissenschaft und neue Psychologie, in: Euphorion 28 (1929), 172 – 195
Kaiser, Hellmuth: Kleists Prinz von Homburg, in: Imago 16 (1930), 119 – 137
ders.: Franz Kafkas Inferno. Eine psychologische Deutung seiner Strafphantasie, in: Imago 17 (1931), 41 – 104
Kaiser, Michael: Adalbert Stifter. Eine literaturpsychologische Untersuchung seiner Erzählungen, Bonn 1971
Kielholz, A.: Jakob Böhme. Ein pathographischer Beitrag zur Psychologie der Mystik. Schriften zur angewandten Seelenkunde, Heft 17, Leipzig 1919

Klee, Felix (Hg.): Tagebücher von Paul Klee, 1898 – 1918, Köln 1957
Klemperer, Victor: LTI. Die unbewältigte Sprache, München 1969
Klüver, Jürgen, Wolf, Friedrich Otto (Hg.): Wissenschaftskritik und sozialistische Praxis. Konsequenzen aus der Studentenbewegung, Stuttgart 1971
Koch, Thilo (Hg.): Porträts zur deutsch-jüdischen Geistesgeschichte, Köln 1961
Körner, Josef: Psychoanalyse des Stils, in: Das literarische Echo 21 (1919), 1089ff.
ders.: Erlebnis – Motiv – Stoff, in: Wahle, J. und Klemperer, V. (Hg.): Vom Geiste neuer Literaturforschung. Festschrift für Oskar Walzel, Potsdam 1924, 80 – 90
Kohut, Heinz: „Tod in Venedig". Über die Desintegration künstlerischer Sublimierung, in: The Psychoanalytic Quarterly 26 (1957), 206ff.; wieder in: Mitscherlich, Alexander (Hg.): Psycho-Pathographien, I, Schriftsteller und Psychoanalyse, Frankfurt 1972, 142 – 167
Kolbe, Jürgen (Hg.): Ansichten einer künftigen Germanistik, München 1969
Krafft-Ebing, Richard: Psychopathia sexualis, Stuttgart 1886
Kreuzer, Helmut: Trivialliteratur als Forschungsproblem. Zur Kritik des deutschen Trivialromans seit der Aufklärung, in: DVJS 41 (1967), 173 – 191
ders.: Die Boheme. Beiträge zu ihrer Beschreibung, Stuttgart 1968
Kris, Ernst: Psychoanalytic Explorations in Art, New York 1953
Krogmann, Willy: Motivanalyse, in: Zeitschrift für angewandte Psychologie 42 (1932), 264 – 272
ders.: Das Friederikenmotiv in den Dichtungen Goethes. Eine Motivanalyse, Germanische Studien 113, 1932
ders.: Motivübertragung und ihre Bedeutung für die literar-historische Forschung in: Neophilologus 17 (1932), 17 – 32
ders.: Die Stoffgestaltung des Dichters als Resultante seiner Erlebnisse, in: Archiv für das Studium der neueren Sprachen und Literaturen 165 (1934), 161 – 186
Kubie, Lawrence, S.: Psychoanalyse und Genie, Hamburg 1966
Kuhn, Adalbert: Über die Herabkunft des Feuers und des Göttertranks, 1859
Kuhn, Hugo: Parzival, in: DVJS 30 (1956), 161 – 201
Kuiper, P. C.: Verstehende Psychologie und Psychoanalyse, in: Psyche 18 (1964), 15 – 32
ders.: Diltheys Psychologie und ihre Beziehung zur Psychoanalyse, in: Psyche 19 (1965), 242 – 249
Kunne-Ibsch, Elrud: Die Stellung Nietzsches in der Entwicklung der modernen Literaturwissenschaft, Tübingen 1972
Laiblin, Wilhelm (Hg.): Märchenforschung und Tiefenpsychologie, Darmstadt 1969
Landquist, John: Das künstlerische Symbol, in: Imago 6 (1920) 297 – 322
Lange-Eichbaum, Wilhelm, Kurth, Wolfram: Genie, Irrsinn und Ruhm. Genie-Mythus und Pathographie des Genies, München, Basel ^{6}1967
Langer, Susanne K.: The Philosophy of Ernst Cassirer, in: The Library of Living Philosophers, Vol. VI, Evanston 1949
Lehmann, Herbert: Freud, Zweig and biography, in: The Psychoanalytic Quarterly 32 (1963), 94 – 97
Leviné, Israel: Das Unbewußte (The Unconscious, übers. v. Anna Freud), Leipzig, Wien, Zürich 1926
Leyen, Friedrich von der: Traum und Märchen, in: Laiblin, Wilhelm (Hg.): Märchenforschung und Tiefenpsychologie, Darmstadt 1969, 1 – 12
Lieber, Hans-Joachim: Die deutsche Lebensphilosophie und ihre Folgen, in: Nationalsozialismus und die deutsche Universität. Universitätstage 1966 der Freien Universität Berlin, Berlin 1966, 92 – 107

Lombroso, Cesare: Genie und Wahnsinn, 1864; deutsch 1887
Lorenzer, Alfred: Kritik des psychoanalytischen Symbolbegriffs, Frankfurt 1970
ders.: Sprachzerstörung und Rekonstruktion, Frankfurt 1970
ders.: Dahmer, Helmut, Horn, Klaus, Brede, Karola, Schwanenberg, Enno: Psychoanalyse als Sozialwissenschaft, Frankfurt 1971
Lukács, Georg: Von Nietzsche zu Hitler oder der Irrationalismus und die deutsche Politik, Frankfurt 1966
ders.: Faust und Faustus. Ausgewählte Schriften, II, Neuwied 1967
Mahrholz, Werner: Literaturgeschichte und Literaturwissenschaft, Leipzig ^{2}1932
Mann, Thomas: Doktor Faustus, Berlin, Frankfurt 1947
ders.: Briefe 1937 – 1947, hg. v. Erika Mann, Frankfurt 1963
ders.: Sämtliche Erzählungen, Frankfurt 1963
ders.: Reden und Aufsätze, I, Frankfurt 1965
ders.: Freud und die Zukunft (1936), in: Gesammelte Werke, Bd. 9, Frankfurt 1960, 478 – 501
ders.: Die Stellung Freuds in der modernen Geistesgeschichte (1929), in: Gesammelte Werke, Bd. 10, Frankfurt 1960, 256 – 280
ders.: Mein Verhältnis zur Psychoanalyse (1925), in: Gesammelte Werke, Bd. 11, Frankfurt 1960, 748
Mannoni, Oscar: Sigmund Freud in Selbstzeugnissen und Bilddokumenten, Reinbek 1971
Marcuse, Herbert: Triebstruktur und Gesellschaft. Ein philosophischer Beitrag zu Sigmund Freud, Frankfurt 1968
Marcuse, Ludwig: Die deutsche Literatur im Werke Freuds, in: German Quarterly 29 (1956), 85 – 96
ders.: Freuds Ästhetik, in: PMLA 72 (1957), 446 – 463
ders.: Sigmund Freud. Sein Bild vom Menschen, Hamburg 1964
ders.: Mein 20. Jahrhundert, Auf dem Weg zu einer Autobiographie, Hamburg 1968
Marquard, Odo: Über einige Beziehungen zwischen Ästhetik und Therapeutik in der Philosophie des 19. Jahrhunderts, in: Literatur und Gesellschaft. Festschrift für Benno von Wiese, Bonn 1963, 22 – 55
Matt, Peter von: Literaturwissenschaft und Psychoanalyse. Eine Einführung, Freiburg 1972
Matthews, F. H.: The Americanization of Sigmund Freud, in: Journal of American Studies 1 (1967), 39 – 62
Mayer, Hans: Thomas Mann. Werk und Entwicklung, Berlin 1950
Maylan, Charles E.: Freuds tragischer Komplex. Eine Analyse der Psychoanalyse, München 1929
Maync, Harry: Die Entwicklung der deutschen Literaturwissenschaft, Bern 1927
Meinertz, Josef: Philosophie, Tiefenpsychologie, Existenz. Tiefenpsychologische Keime und Probleme in der Philosophie des deutschen Idealismus und in der Existenzphilosophie, München, Basel 1958
Mette, Alexander: Sigmund Freud. Mit einem Anhang: Von Freud zu Pawlow, Berlin (DDR) ^{3}1958
Michael, Wolfgang F.: Thomas Mann auf dem Weg zu Freud, in: Modern Language Notes 65 (1950), 165 – 171
Minder, Robert: Acht Essays zur Literatur, Hamburg 1969
Mitscherlich, Alexander: Erwiderung 38 oder Die unbotmäßige Psychoanalyse, in: Der Monat 8 (1956), Heft 89, 56 – 60
ders.: Sigmund Freud. Fragment einer großen Begegnung, in: Koch, Thilo (Hg.): Porträts zur deutsch-jüdischen Geistesgeschichte, Köln 1961, 229 – 254

ders. (Hg.): Psycho-Pathographien, I, Schriftsteller und Psychoanalyse, Frankfurt 1972

Moreau de Tours, J.: La psychologie morbide dans ses rapports avec la philosophie d'histoire ou l'influence des névropathies sur le dynamisme intellectuel, Paris 1859

Morrison, Claudia C.: Freud and the Critic. The Early Use of Depth Psychology in Literary Criticism, Chapel Hill 1968

Müller-Freienfels, Richard: Psychologie und Literaturforschung, in: Das literarische Echo, 25 (1922), 15.10.1922; 15.12.1922

Muschg, Walter: Psychoanalyse und Literaturwissenschaft, Berlin 1930

ders.: Dichtung als archaisches Erbe, in: Imago 19 (1933), 99 – 112

ders.: Studien zur tragischen Literaturgeschichte, Bern ²1953

ders.: Die Zerstörung der deutschen Literatur, Bern ³1956

Musil, Robert: Der Mann ohne Eigenschaften, Hamburg 1965

Nachmansohn, H.: Freuds Libidotheorie verglichen mit der Eroslehre Platos, in: Intern. Zeitschrift für Psychoanalyse 3 (1915), 65 – 83

Neider, Charles: The Frozen Sea. A Study of Franz Kafka, New York 1948

Neumann, Erich: Kunst und schöpferisches Unbewußtes, Zürich 1954

Neumann, Erich: Die große Mutter. Der Archetypus des großen Weiblichen, Zürich 1956.

Neumann, Erich: Der schöpferische Mensch, Zürich 1959.

Niederland, William G.: The First Application of Psychoanalysis to a Literary Work, in: The Psychoanalytic Quarterly 29 (1960), 228 – 235

Nietzsche, Friedrich: Werke, hg. v. Max Brahn, Leipzig 1922ff.

Nivelle, Armand: Frühromantische Dichtungstheorie, Berlin 1970

Novalis: Schriften, hg. v. Paul Kluckhohn und Richard Samuel, Darmstadt ²1960

Oberndorf, Clarence P.: A History of Psychoanalysis in America, New York 1953

Osborn, Reuben: Freud and Marx, London 1937, Frankfurt 1971

Paulsen, Wolfgang (Hg.): Psychologie in der Literaturwissenschaft. Viertes Amherster Kolloquium zur modernen deutschen Literatur 1970, Heidelberg 1971

Peter, Klaus: Die Utopie des Glücks. Ein neuer Versuch über Gottfried von Straßburg, in: Euphorion 62 (1968), 317 – 344

Petersen, Julius: Literaturwissenschaft und Deutschkunde, in: Zeitschrift für Deutschkunde, 1924, 403 – 415

Pfennig, R.: Wilhelm Fließ und seine Nachentdecker: O. Weininger und H. Swoboda, Berlin 1906

Pfister, Oskar: Die Entstehung der künstlerischen Inspiration, in: Imago 2 (1913), 481 – 512

ders.: Plato als Vorläufer der Psychoanalyse, in: Intern. Zeitschrift für Psychoanalyse 7 (1921), 264 – 269

ders.: Die Frömmigkeit des Grafen Ludwig von Zinzendorf. Eine psychoanalytische Studie, Leipzig, Wien ²1925

ders.: Karl Jaspers als Sigmund Freuds Widersacher, in: Psyche 6 (1952), 241 – 275

Philippi-Barron, Joelle: Das Nietzsche-Bild in der deutschen Zeitschriftenpresse der Jahrhundertwende, Diss. Saarbrücken 1970

Phillips, John Hickman: Psychoanalyse und Symbolik, Bern, Stuttgart 1962

Phillips, W. (Ed.): Art and Psychoanalysis, New York 1957

Plack, Arno: Die Gesellschaft und das Böse. Eine Kritik der herrschenden Moral, München ⁴1969

Pöggeler, Otto: Schopenhauer und das Wesen der Kunst, in: Zeitschrift für philosophische Forschung 14 (1960), 353 – 389

ders.: Dichtungstheorie und Toposforschung, in: Jahrbuch für Ästhetik und allgemeine Kunstwissenschaft 5 (1960), 89 – 201
Politzer, Heinz: Das Kafka-Buch, Hamburg 1965
ders.: Diagnose und Dichtung. Zum Werk Arthur Schnitzlers, in: Das Schweigen der Sirenen. Studien zur deutschen und österreichischen Literatur, Stuttgart 1968, 110 – 141
Pongs, Hermann: Psychoanalyse und Dichtung, in: Euphorion 34 (1933), 38 – 72; unter dem Titel: Tiefenpsychologie und Dichtung auch in: Das Bild in der Dichtung, Bd. 2, Voruntersuchungen zum Symbol, Marburg 1939, ³1967, 21 – 25
ders.: Das dichterische Bild und das Unbewußte, zuerst französisch in: Journal de Psychologie 1933, 120ff.; auch in: Das Bild in der Dichtung, Bd. 2, Voruntersuchungen zum Symbol, Marburg ³1967, 55 – 94
ders.: Neue Aufgaben der Literaturwissenschaft, in: Dichtung und Volkstum 1937, 1 – 17; 273 – 324
Praz, Mario: Liebe, Tod und Teufel. Die schwarze Romantik, München 1963
Pulzer, Peter G. J.: Die Entstehung des politischen Antisemitismus in Deutschland und Österreich 1867 – 1914, Gütersloh 1966
Rank, Otto: Schopenhauer über den Wahnsinn, in: Zentralblatt für Psychoanalyse 1 (1911), 69 – 71
ders., Sachs, Hanns: Die Bedeutung der Psychoanalyse für die Geisteswissenschaften, Wiesbaden 1913; Amsterdam 1965
ders.: Das Inzestmotiv in Dichtung und Sage, Leipzig 1912
ders.: Die Nacktheit in Sage und Dichtung, in: Imago 2 (1913), 267 – 301; 409 – 446
ders.: Psychoanalytische Beiträge zur Mythenforschung, Leipzig, Wien 1919
ders.: Der Mythus von der Geburt des Helden, Leipzig, Wien ²1922
ders.: Seelenglaube und Psychologie, Leipzig 1930
Rapaport, David: Die Struktur der psychoanalytischen Theorie, Stuttgart 1962
Read, Herbert: Psychoanalysis and the Problem of Aesthetic Value, in: International Journal of Psychoanalysis 32 (1951), 73 – 82
Reiche, Reimut: Sexualität und Klassenkampf. Zur Abwehr repressiver Entsublimierung, Frankfurt 1969
Reichel, G.: Zinzendorfs Frömmigkeit im Licht der Psychoanalyse, Tübingen 1911
Reik, Theodor: Arthur Schnitzler als Psycholog, München 1914
ders.: Wir Freud-Schüler, in: Die psychoanalytische Bewegung 2 (1930), 512 – 519
Reiss, Gunter (Hg.): Materialien zur Ideologiegeschichte der deutschen Literaturwissenschaft, Bd. 1.2., Tübingen 1973
Riesman, David: Freud und die Psychoanalyse, Frankfurt 1964
Riklin, Franz: Wunscherfüllung und Symbolik im Märchen, Leipzig, Wien 1908
Ring, Theodor: Warum verließ Goethe Friederike? , Wien 1930
Robert, Marthe: Die Revolution der Psychoanalyse. Leben und Werk von Sigmund Freud, Frankfurt, Hamburg 1967
Rose, William: Psychologie und Literaturwissenschaft, in: Sinn und Form 8 (1956), Heft 5/6, 789 – 812
Roth, Marie-Louise: Robert Musil. Ethik und Ästhetik. Zum theoretischen Werk des Dichters, München 1972
Royce, Joseph (Ed.): Psychology and the Symbol, New York 1965
Rycroft, Charles: Ursache und Sinn in der Psychoanalyse, in: Literatur und Kritik 19 (1967), 529 – 536
Sachs, Hanns: Kunst und Persönlichkeit, in: Imago 15 (1929), 1 – 14

ders.: Kitsch, in: Die psychoanalytische Bewegung 4 (1932), 455 – 461
ders.: Freud. Meister und Freund, London 1950
Sadger, Isidor: Heinrich von Kleist. Eine pathographisch-psychologische Studie, Wiesbaden 191
ders.: Über das Unbewußte und die Träume bei Hebbel, in: Imago 2 (1913), 336 – 356
ders.: Freudsche Mechanismen bei Hebbel, in: Intern. Zeitschrift für Psychoanalyse 1 (1913), 165 – 168
ders.: Friedrich Hebbel. Ein psychoanalytischer Versuch, Wien 1920
Salm, Peter: Drei Richtungen der Literaturwissenschaft. Scherer-Walzel-Staiger, Tübingen 1970
Sandkühler, Hans Jörg (Hg.): Psychoanalyse und Marxismus. Dokumentation einer Kontroverse, Frankfurt 1970
Sarazin, Philipp: Goethes Mignon, Wien 1930
Schapiro, Meyer: Leonardo and Freud; An Art-Historical Study, in: Journal of the History of Ideas 17 (1956), 147 – 158
Schmidl, Fritz: Freud and Dostojewski, in: The Journal of the American Psychoanalytic Association 13 (1965), 518 – 531
Schmidt, Gerhard: Die Krankheit zum Tode. Goethes Todesneurose, Stuttgart 1968
Schneider, Michael: Neurose und Klassenkampf. Materialistische Kritik und Versuch einer emanzipativen Neubegründung der Psychoanalyse, Reinbek 1973
Schnitzler, Arthur: Jugend in Wien. Eine Autobiographie, München 1971
Schnitzler, Heinrich (Hg.): Briefe an Arthur Schnitzler, in: Die neue Rundschau LXVI (1955), 96 – 97
Schönau, Walter: Sigmund Freuds Prosa. Literarische Elemente seines Stils, Stuttgart 1968
Schopenhauer, Arthur: Die Welt als Wille und Vorstellung, Bd. 1, in: Schopenhauer, Arthur: Sämtliche Werke, hg. v. A. Hübscher, Wiesbaden 1949
Schrey, Gisela: Carl Sternheim – „Kritiker und Opfer" seiner Zeit, in: Frankfurter Hefte 10 (1971), 775 – 779
Schulze, Joachim: Traumdeutung und Mythos. Über den Einfluß der Psychoanalyse auf Thomas Manns Josephsroman, in: Poetica 2 (1968), 501 – 520
Sebald, Winfried Georg: Carl Sternheim. Kritiker und Opfer der Wilhelminischen Ära, Stuttgart 1969
Sengle, Friedrich: Zur Einheit von Literaturgeschichte und Literaturkritik, in: Zmegac, Victor (Hg.): Methoden der deutschen Literaturwissenschaft, Frankfurt 1971, 235 – 248
Seyppel, Joachim H.: The animal theme and totemism in Franz Kafka, in: American Imago 13 (1956), 69 – 93
Silberer, Herbert: Phantasie und Mythos, in: Jahrbuch für psychoanalytische und psychopathologische Forschungen 2 (1910), 541 – 622
ders.: Symbolik des Erwachens und Schwellensymbolik, 1911
ders.: Über die Symbolbildung, in: Jahrbuch für psychoanalytische und psychopathologische Forschungen 3 (1911/12)
ders.: Probleme der Mystik und ihrer Symbolik, Wien 1914
Simenauer, Erich: Rainer Maria Rilke. Legende und Mythos, Frankfurt 1953
Somin, Ernst: Sigmund Freud, the Jew. In: Year Book 2, London 1957 (= Publications of the Leo Baeck Institute of Jews from Germany), 270 – 305
Sontheimer, Kurt: Antidemokratisches Denken in der Weimarer Republik. Die politischen Ideen des deutschen Nationalismus zwischen 1918 und 1933, München ²1968
Spector, Jack J.: Freud und die Ästhetik. Psychoanalyse, Literatur und Kunst, München 1973
Sperber, Hans, Spitzer, Leo: Motiv und Wort. Studien zur Literatur- und Sprachpsychologie, Leipzig 1918

Sperber, Manès: Alfred Adler oder Das Elend der Psychologie, Wien 1970
Starobinski, Jean: Psychoanalyse und Literatur, Frankfurt 1973
Steinthal, Heymann: Die Prometheussage in ihrer ursprünglichen Gestalt, 1862
Stekel, Wilhelm: Die Träume der Dichter. Eine vergleichende Untersuchung der unbewußten Triebkräfte bei Dichtern, Neurotikern und Verbrechern. Bausteine zur Psychologie des Künstlers und des Kunstwerks, Wiesbaden 1912
Sterba, Richard: The Problem of Art in Freuds Writings, in: Psychoanalytic Quarterly 9 (1940), 256 – 268
Stöcklein, Paul: Literatursoziologie, in: Grimm, Reinhold, und Wiedemann, Conrad (Hg.): Literatur und Geistesgeschichte. Festschrift für Heinz Otto Burger, Berlin 1968, 406 bis 421
Storfer, Adolf Joseph: Beitrag zur Bibliographie der psychoanalytischen Biographik, in: Die psychoanalytische Bewegung 2 (1930), 385 – 393
Strelka, Joseph, Hinderer, Walter (Hg.): Moderne amerikanische Literaturtheorien, Frankfurt 1970
Trilling, Lionel: The Liberal Imagination, London 1961
Unger, Rudolf: Aufsätze zur Prinzipienlehre der Literaturgeschichte, Berlin 1929
Urban, Bernd (Hg.): Psychoanalyse und Literaturwissenschaft. Texte zur Geschichte ihrer Beziehungen, Tübingen 1973
ders.: Franz Werfel, Freud und die Psychoanalyse. Zu unveröffentlichten Dokumenten, in: DVJS 47 (1973), 267 – 285
Viëtor, Karl: Deutsche Literaturgeschichte als Geistesgeschichte. Ein Rückblick, in: PMLA 3 (1945), 899 – 916, wieder in: Zmegac, Victor (Hg.): Methoden der deutschen Literaturwissenschaft, Frankfurt 1971, 178 – 198
Volhard, Ewald: Literaturwissenschaft und Psychoanalyse, in: Prinzhorn, Hans (Hg.): Krisis der Psychoanalyse, Bd. 1, Leipzig 1928, 134 – 152; wieder in: Urban, Bernd (Hg.): Psychoanalyse und Literaturwissenschaft. Texte zur Geschichte ihrer Beziehungen, Tübingen 1973, 103 – 123
Vordtriede, Werner: Novalis und die französischen Symbolisten. Zur Entstehungsgeschichte des dichterischen Symbols, Stuttgart 1963
Wagenbach, Klaus: Franz Kafka. Eine Biographie seiner Jugend, Bern 1958
Wagenbach, Klaus: Franz Kafka in Selbstzeugnissen und Bilddokumenten, Reinbek 1964
Wais, Kurt K. T.: Das Vater-Sohn-Motiv in der Dichtung, Erster Teil: Bis 1880, Zweiter Teil: 1880 – 1930, Berlin 1931
Walzel, Oskar: Gehalt und Gestalt im Kunstwerk des Dichters, Berlin 1923
Wehler, Hans-Ulrich (Hg.): Geschichte und Psychoanalyse, Köln 1971
Wehrli, Max: Allgemeine Literaturwissenschaft, Bern 1951
Weininger, Otto: Geschlecht und Charakter, Wien 1903
ders.: Über die letzten Dinge, Wien, Leipzig 1907
Whyte, Lancelot Law: The Unconscious before Freud, New York 1962
Wilhelmer, Bernhard: Zur konkreten Negation der herrschenden Psychologie, in: Klüver, J., Wolf, F. O. (Hg.): Wissenschaftskritik und sozialistische Praxis. Konsequenzen aus der Studentenbewegung, Stuttgart 1971, 99 – 128
Winterstein, Alfred von: Freud und Goethe. Die inneren Beziehungen des Menschen und Forschers Freud zu Goethe, in: Wort in der Zeit 2 (1956), 263 – 270
Wittels, Fritz: Sigmund Freud. Der Mann, die Lehre, die Schule, Leipzig, Wien, Zürich 1924
ders.: Freud und Goethe, in: Die psychoanalytische Bewegung 2 (1930), 430 – 466
Witzleben, Henry von: Goethe und Freud, in: Studium Generale 19 (1966), 606 – 627

Wollheim, Richard: Freud und das Kunstverständnis, in: British Journal of Aesthetics 10 (1970), 211 – 224
Wortis, Joseph: Fragments of an Analysis with Freud, New York 1954
Wundt, Wilhelm: Völkerpsychologie, Bd. 2, Mythus und Religion, Teil 1, Leipzig 1905
Wysling, Hans: Mythos und Psychologie bei Thomas Mann, Zürich 1969
Wyss, Dieter: Marx und Freud. Ihr Verhältnis zur modernen Anthropologie, Göttingen 1969
Ziegler, Klaus: Mythos und Dichtung, in: Merker–Stammlers Reallexikon der deutschen Literaturgeschichte, Bd. 2, Berlin ²1965
Zilsel, Edgar: Die Geniereligion. Ein kritischer Versuch über das moderne Persönlichkeitsideal, Wien 1918
ders.: Die Entstehung des Geniebegriffes. Ein Beitrag zur Ideengeschichte der Antike und des Frühkapitalismus, Tübingen 1926
Zmegac, Viktor, Skreb, Zdenko (Hg.): Zur Kritik literaturwissenschaftlicher Methodologie, Frankfurt 1973
Zweig, Stefan: Die Heilung durch den Geist. Mesmer-Mary Baker-Eddy-Freud, Leipzig 1931
ders.: Worte am Grabe Sigmund Freuds. Gesprochen am 26.9.1939, in: Erbe und Zukunft. Zeitschrift für Literatur, Musik, Geschichte und Philosophie 2 (1947), 101 – 102
ders.: Die Welt von gestern. Erinnerungen eines Europäers, Wien 1952